岩波現代文庫／社会 290

同時代人はどう見ていたか

# アジア・太平洋戦争史（下）

山中 恒



岩波書店

# 目　次

# 上巻目次

# 第 11 章

# 盧溝橋事件

盧溝橋上を守備する中国軍第 29 軍の兵士

## 1 盧溝橋――戦意昂揚の発火点

最初に教科書『初等科国史 下』「大東亜戦争」の項の日中戦争の部分を見ておこう。

ところが支那の政府は、わが誠意を解せず、欧米の援助を頼みに排日を続け、盛んに軍備を整えて、日・満両国にせまろうとしました。

果たして、昭和十二年七月七日、支那兵が、北京近くの蘆溝橋で、演習中のわが軍に発砲して戦をいどみ、更に、わが居留民に危害を加えるものさえ現れました。

わが国は、支那の不法を正し、さわぎをくい止めようとつとめましたが、支那の非道は、つのるばかりでした。ここに、暴支膺懲《ぼうしようちょう》の軍が派遣せられ、戦は、やがて北支から中支・南支へとひろがりました。

文中の「更に、わが居留民に危害を加えるものさえ現れました」というのは、おそらく通州事件(後述)をさすものと思われる。しかしこれなども、何でもかんでも中国が悪いとする論法で、少国民に「中国人は悪い奴ら」なのだという意識をインプットさせようとしたのではないかという気がする。

もう一つ、子ども向けに出された大毎こども会編『歴史に輝く支那事変物語』(一九三

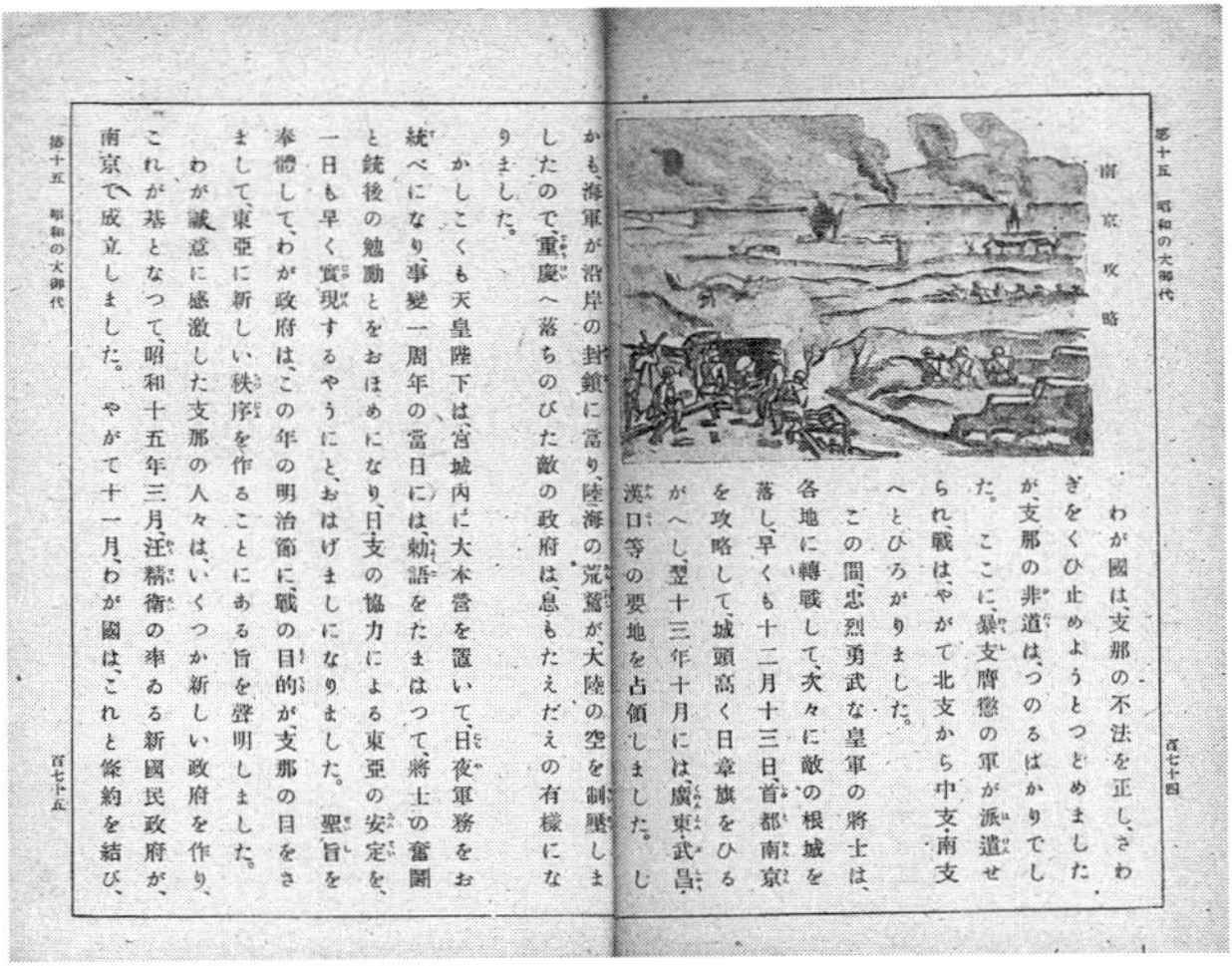
第十五　昭和の大御代

南京攻略

わが國は、支那の不法を正し、さわぎをくひ止めようとつとめましたが、支那の非道は、つのるばかりでした。　ここに、暴支膺懲の軍が派遣せられ、戰は、やがて北支から中支・南支へとひろがりました。

この間、忠烈勇武な皇軍の將士は、各地に轉戰して、次々に敵の根城を落し、早くも十二月十三日、首都南京を攻略して、城頭高く日章旗をひるがへし、翌十三年十月には、廣東・武昌・漢口等の要地を占領しました。　し

百七十四

かも、海軍が沿岸の封鎖に當り、陸海の荒鷲が、大陸の空を制壓しましたので、重慶へ落ちのびた敵の政府は、息もたえだえの有樣になりました。

かしこくも天皇陛下は、宮城内に大本營を置いて、日夜軍務をお統べになり、事變一周年の當日には、勅語をたまはつて、將士の奮鬪と銃後の勉勵とをおほめになり、日支の協力による東亞の安定を、一日も早く實現するやうにと、おはげましになりました。　聖旨を奉體して、わが政府は、この年の明治節に、戰の目的が、支那の目をさまして、東亞に新しい秩序を作ることにある旨を聲明しました。

わが誠意に感激した支那の人々は、いくつか新しい政府を作り、これが基となつて、昭和十五年三月、汪精衛の率ゐる新國民政府が、南京で成立しました。　やがて十一月、わが國は、これと條約を結び、

第十五　昭和の大御代　百七十五

国民学校教科書『初等科国史 下』

七年一一月・盛光社)を見てもらおう。これは事変勃発から、わずか四カ月後の出版である。

【七月七日】

「もう我慢出来ぬ。国を賭しても正義の為に起つ!」日本にも、もう決心がついていた。何か一寸の争いでも起これば日本は支那を(否! 日本は日本に刃向かうものの誰彼の容赦なく)膺懲せずにはすまされぬ、一触即発の状態となって来た。遂にその日は来た。昭和十二年七月七日!! 昭和十二年七月七日!!

今ぞ日本正義の力、一億肉弾大和魂、腰間にたばさむ秋水三尺、人触るれば人を切り、馬触るれば

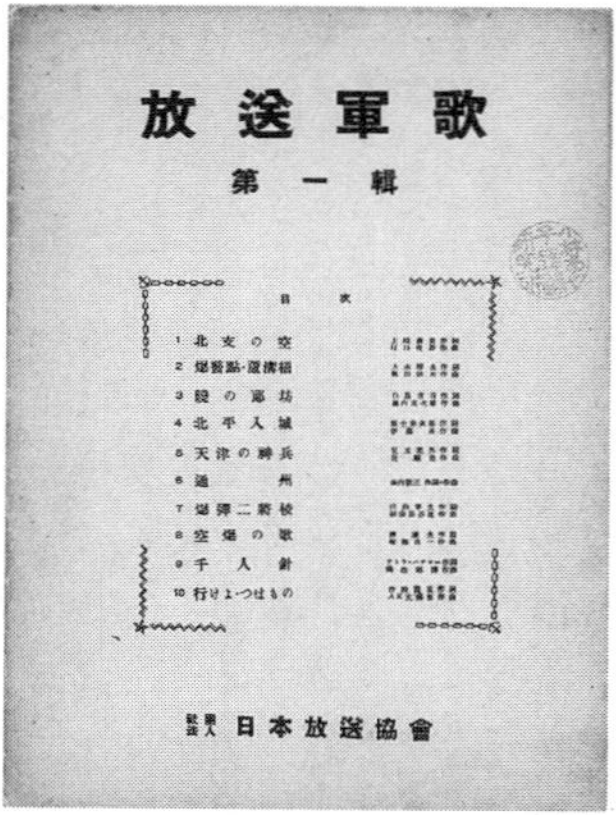
放送軍歌
第一輯
目次
1 北支の空
4 北平入城
8 空爆の歌
9 千人針
10 行けよ・つはもの
日本放送協會

『放送軍歌』第一輯

馬を斬る。正義天を貫き、力巌《いわお》も徹す大日本帝国が！　見よ!!　獅子奮迅!!　日の丸の旗押し立てて飛び交う砲煙弾雨のうち、進軍また進軍！　突撃また突撃！　邪悪膺懲の聖戦の幕はここに切っておとされたのである。

（北支）［蘆溝橋の戦］　正義の刃は抜かれた。破邪の銃火は切られた。時に七月七日午後十一時ごろ、蘆溝橋付近で夜間演習中、支那軍から不法射撃をうけたため、止むなく起ったわが軍は、翌八日午前五時半ごろから二時間にわたって猛烈に敵軍を攻め立てた。砲煙弾雨のもと、高粱の茂みをふみわけて、勇敢なるわが将士は突撃また突撃、さながら肉弾の嵐だ。

なんとも、「！」大安売りのものすごい文章である。ただ「日本にも、もう決心がついていた」というのを見ると、最初から日本軍がやる気であったことを子どもにも理解させようとしており、そのためにも、中国の暴虐非道ぶりを強調したかったのであろう。

ところで当時の出版物は「ろこうきょう」を「蘆溝橋」と表記しているが、正しくは「盧溝橋《ルーゴウチアオ》」である。「蘆」ではなく「盧」が正しい。

もう一つ見てほしい。日華事変勃発当時、日本放送協会のラジオを通じ「国民歌謡」の枠の中で放送された「放送軍歌」である。

「爆発点・蘆溝橋」(作詞＝大木惇夫、作曲＝飯田信夫)

一　暗雲空に立ちこめて　夜は更け沈む蘆溝橋　わが演習の最中に
何を血迷う支那兵の　不法射撃ぞおぞましき

二　正義の兜われにあり　流血の非を諭せども　暴戻《ぼうれい》二十九軍は
暗にまぎれて襲い撃つ　恃《たの》む多勢の鬨《とき》の声

三　夜戦は続くあかつきに　十字の砲火絶えまなし　篠つく雨や泥濘《ぬかるみ》や
膝も埋まる進軍は　敵を遥かに追い散らす

四　水勢迅し永定河　停戦しばし見守れば　誓いを破る卑怯者
もはや赦さじ全戦の　猛射怒りの火となりぬ

軍歌は戦意昂揚とプロパガンダを目的としている。その点からいうと、「爆発点・蘆溝橋」は、陸軍省新聞班が発表した「北支派兵に至る経緯」や派兵を決定した近衛首相の「華北派兵に関する政府声明」(一九三七年七月一一日)を下敷きにしている。

日中全面戦争への第一歩ともいえる「華北派兵に関する政府声明」は次のように国民に説明した。

相踵《つ》ぐ支那側の侮日行為に対し、支那駐屯軍は隠忍静観中の処、従来我と提携して北支の治安に任じありし第二九軍の、七月七日夜半蘆溝橋付近に於ける不法射撃に端を発し、該軍と衝突の已《や》むなきに至れり。ために平津方面の情勢逼迫し、我在留民は正に危殆に瀕するに至りしも、我方は和平解決の望を棄てず事件不拡大の方針に基き局地的解決に努力し、一旦第二九軍側に於て和平的解決を承諾したるに拘わらず、突如七月一〇日夜に至り、彼は不法にも更に我を攻撃し再び我軍に相当の死傷を生ずるに至らしめ、而も頻りに第一線の兵力を増加し更に西苑の部隊を南進せしめ、中央軍に出動を命ずる等武力的準備を進むると共に平和的交渉に応ずるの誠意なく、遂に北平に於ける交渉を全面的に拒否するに至れり。以上の事実に鑑み今次事件は全く支那側の計画的武力抗日なること最早疑の余地なし。

思うに北支治安の維持が帝国及び満洲国にとり緊急の事たるは茲《ここ》に贅言を要せざる処にして、支那側が不法行為は勿論排日侮日行為に対する謝罪をなし、及び今後かかる行為なからしむる為の適当なる保障等をなすことは東亜の平和維持上極めて緊要なり。仍《よっ》て政府は本日の閣議に於て重大決意を為し、北支派兵に関し政府として執るべき所要の措置をなす事に決せり。

然れども東亜平和の維持は帝国の常に顧念する所なるを以て、政府は今後共局面不拡大の為平和的折衝の望を捨てず、支那側の速かなる反省によりて事態の円満なる解決を希望す。又列国権益の保全に就ては固《もと》より十分之を考慮せんとするものなり。

近衛文麿は盧溝橋事件の一カ月ほど前、六月四日に内閣総理大臣になったばかりだった。近衛首相は初めは派兵には反対で不拡大方針をとったが、陸軍の圧力に負けて七月一一日、派兵を閣議決定し、「華北派兵に関する政府声明」を発表した。以後マスメディアが盧溝橋事件を扱う場合は「華北派兵に関する政府声明」や「北支派兵に至る経緯」に準拠することになった。

## 2　盧溝橋が事変の発火点になった理由

ところで盧溝橋は日華事変の発火点になったが、日中両軍が盧溝橋を発火点とみなした理由を考えてみたい。

永定河《ヨンディンフー》をまたぐ宏大な石橋「盧溝橋」は北京の西南、約一五キロの所にある。盧溝は元来河の名であって、別名を永定河と呼ぶ。山西省の源から桑乾河《サンチェンフー》として流れ、東進し察哈爾《チャハル》省に入り桑溝河《サンゴウフー》となる。洋河と合流して懐来盆地を流れて河北省に入り、そこから渾河《フンフー》となって北京に近づくと、盧溝《ルーゴウ》、永定河と名を変え、南下し天津に向かい、白河に合流して渤海に注ぐ。上流は非常な急流のために、崖をけずり岩をうがち両岸を切り裂き、峡谷となり、万馬《まんば》奔騰《ほんとう》の勢いで土砂を押して流れるが、盧溝橋付近から流れは穏やかになる。そんなわけで永定河はいくつもの別名を持っており、古くは「桑乾河」「盧溝」「小黄河」「渾河」と呼んだ。水中の泥土が多いところから「渾河」「小黄河」と呼び、北方では不純物を「盧」といったので「盧溝」とも呼んだ。永定河は上流が急流のために河水の氾濫が多く、下流の天津に甚大な被害をもたらした。

石橋は一二世紀、金の時代に起工し、一一九二年に完成した。石橋の幅は一〇騎が並んで通ることが可能なほど広く立派である。この石橋は初めは広利橋と命名されたが、やがて盧溝橋と呼ぶようになった。一二七五年頃、北京を訪れたマルコ・ポーロは盧溝橋を渡り、『東方見聞録』はその宏大さを賞賛している。それで盧溝橋を「マルコ・ポーロ橋」とも呼ぶ。盧溝橋は何度も修復され、明代の修復で橋の両側の石の欄干に二八〇余の大理石の石柱を立て、石柱頭に石で刻んだ唐獅子像を並べた。永定河の東岸(北京側)の盧溝橋の畔には清朝の乾隆帝の「盧溝暁月《ろこうぎょうげつ》」の石碑が今も立っている。盧溝橋は燕京(北京)八景の一つとして、詩や絵画に描かれている。

古くから南北交通の要衝だった盧溝橋は、北京に近いためにここに坊城《ファンチョン》(宛平城《イエンピンチョン》)を築いて防衛の拠点とした。一九二八(民国一七)年、国民政府は行政区画を定め、北京を特別市にした。盧溝橋(石橋)は河北省宛平県に入れられ、盧溝橋の付近一帯を盧溝橋と呼んだ。この事情を理解しないと、盧溝橋事件は石橋の直ぐそばで起きたと誤解する。

石橋盧溝橋の約一キロ北に、京漢《ジンハン》線の鉄橋(全長九四〇メートル)があり、その直ぐ先

盧溝橋とその鳥瞰図

に盧溝橋駅がある。日華事変勃発当時、北京市は人口一五〇万を抱えていた。けれども近郊から収穫される食糧は極めて少量で、不足の大部分は北京を中心とする京漢(北京—漢口)、京綏《ジンスイ》(北京—綏遠《スイユエン》—包頭)、北寧《ベイニン》(北京—奉天)鉄道の三線によって北京に輸送した。盧溝橋は古くから北京を防衛する水利上の要害であると同時に、流通、経済上も極めて重要だったので「北京の咽喉」に喩えられた。一九二四年の第二次奉直戦争の際、鉄道が軍用に占有されると物流が停滞し、北京は食糧飢饉に陥り、人心不安を招き物価が騰貴した。

豊台《フォンタイ》は盧溝橋の東六キロ、北京前門《チエンメン》站(站は駅)より二〇キロの地点にある。長辛店《チャンシンディエン》は盧溝橋の西南六キロの地点にあり、いずれも宛平県に属している。豊台駅は京漢・北寧・京綏鉄道の交叉点。長辛店には車庫・機関庫、修理工場その他があり、豊台、盧溝橋、長辛店はお互いに輔車の関係にあり、華北の交通、軍事、経済上の要地だった。

明の時代に、山海関《シャンハイグアン》、居庸関《ジュヨングアン》、八達嶺《バーダーリン》などに長城(要塞)を築き、北方からの害敵の侵入を防ぎ北京を防備した。一方、南方の平地からの害敵の侵入の防備を負ったのが、石橋盧溝橋だった。宋が北京の地を回復することができなかったのは、盧溝橋を手中に収めることができず、それより三、四〇キロも離れた白溝河《バイゴウフー》において遼と接していたからだと言われている。金は盧溝橋によって北京に都を定め、永く中原を支配した。その後の明・清代においても盧溝橋は極めて重視され、石橋に防衛上の工夫を凝らした。明代に盧溝橋を防衛するために城を築いた。国民政府はこの城に河北省宛平県の県庁を置き宛平県城と呼んだ。北の長城、南の盧溝橋が落とされたら、北京の存亡も危うくなる。そのような歴史的背景があって盧溝橋は日華事変の発火点になったのである。

## 3 盧溝橋事件の発端

北清事変後、日・英・米・独・仏・露・伊・墺の連合八カ国は、「北清事変に関する最終議定書」(一九〇一年九月七日)に基づき公使館がある北京と海港をつなぐ交通線の警備のため、軍隊を駐屯させる権利を得た。これによって、日本は兵力数一五七〇の駐屯を認められ、清国駐屯軍を置くことになった。辛亥革命で中華民国になると、支那駐屯軍と名称を変えてそのまま居座った。

一九三六年四月一七日、広田内閣は閣議で支那駐屯軍の兵力を増強することを決め、実施は五月一四、一五日にした。これで日本陸軍は、前年の一七七一名から一挙に三倍の五七七四名に増加した。従来は歩兵二個大隊強に過ぎない兵力を諸兵連合の混成一個旅団相当に増強し、支那駐屯軍の地位も格上げした。軍司令官は、天皇自ら任命する親補職となり、一年交替制だった駐屯部隊を永駐制に改正した。つまり支那駐屯軍を関東軍と同列に引上げたのである。広田内閣は支那駐屯軍増強の理由について、華北の共産軍の脅威に備え、近年増加した在留邦人の保護を全うするため、つまり自衛のためだと説明した。

辛亥革命以来、中華民国は主権を回復するために帝国主義的権益の解消と不平等条約撤廃を叫んできた。それを無視して日本は清朝時代の議定書を楯に、中国に無断で兵力を増強した。国民政府は正式に抗議し、この増兵は広田前外相の不脅威・不侵略政策に反すると指摘した。五月末から約一カ月にわたり、全国で「華北増兵反対」を叫ぶ学生運動が展開され、抗日救国運動は一層激化していった。

日本軍は増兵した結果、第一大隊を北平に、第二大隊を天津に、第三大隊(一木大隊)を豊台に置くことにした。

一九三六(昭和一一)年九月一八日(満洲事変五周年記念日)、豊台駅前で日本軍と中国

軍が擦れ違った時、小競り合いが起きた。中隊の後から乗馬でやって来た小岩井光夫中尉は、中国兵の中へ飛び込み、争いを拡大した。豊台事件である。日本軍は中国軍の兵舎を包囲し、両軍がにらみ合った。しかし直ぐに中国側が折れて陳謝し、関係者の処分、豊台の中国軍兵営の撤去を条件にして事件を解決した。支那駐屯軍は旧都北京に近い戦略的にも重要な豊台に駐屯し、勝手に兵営を設けた。豊台の戦略的地位を考え、新たにしかも中国に無断で駐屯すれば、中国側とトラブルが起きるのは当然である。支那駐屯軍は確信犯的にそのトラブルを利用した。その上、演習場でもない畑や草原で、傍若無人に演習を続けた。これでは中国側の神経を刺激し怒りを買って当然だった。

支那駐屯軍は、一九三七年七月中旬の査閲(軍事教育の実地検査)に備えるという名目で、連日、中隊ごとの演習を繰り返していた。盧溝橋事件が勃発すると、心あるものは露骨に口外しなかったが、「これは日本軍の陰謀に違いない、第二の柳条湖事件だ」と、眉をひそめあった。というのは、東京では既に六月末から「七月七日の夜を期して華北で事件が起きる」という噂がささやかれていたからだ。北京でも「いつかははっきりしないが、盧溝橋で事件が起きる」という噂が流れていた。

中国側は「支那駐屯軍は豊台に続いて戦略的要衝盧溝橋を占拠しようとしている。盧溝橋が占拠されたら北平は満洲事変における奉天と同じ運命をたどるしかない」と、危機感を抱いた。また日中両国の一部関係者や在華外国人ジャーナリストたちも、その噂を耳にしていて、「近々盧溝橋で武力衝突事件が起き、それをきっかけにして第二の満洲事変が起きる恐れがある」と予測していた。

当時、日本軍の兵力の輸送は、鉄道か船舶で送るしかない。盧溝橋事件が起きる前に、日本軍は豊台に駐屯した。これは事件が起きた時に迅速に満洲国の奉天や関東軍の軍港大連から日本軍を増派するための措置である。また事件が拡大した場合、豊台から日本軍は津浦《ジンプー》線の要地の天津、済南さらに南京まで攻め込める。豊台から京漢線への連結地点のすぐそばに盧溝橋駅があり、その先に鉄橋が架かっている。日本軍が盧溝橋駅と鉄橋を押さえたら、国民政府軍は京漢線を北上して北京へ接近できなくなる。逆に日本軍は豊台と盧溝橋を押さえれば、中国の全土に攻め込むことができる。だから盧溝橋できっと事件が起きると中国側が危機感を募らせたのもよく理解できる。

豊台に駐屯していた支那駐屯軍の第三大隊(大隊長は一木清直少佐)の第八中隊は、中隊長清水節郎大尉の下で、七月七日、実戦さながらの夜間演習を行ったが、問題は演習地の位置だった。清水大尉は、京漢線の長辛店駅と盧溝橋駅の間の鉄橋北側、永定河の堤防付近にある竜王廟《ロンワンミァオ》と大瓦窰《ダーワーヤオ》の中間を演習地とした。実際に行ってみると、この演習地は石橋盧溝橋とはかなり距離がある。第二九軍第三七師第二一九団(吉星文《ジーシンウェン》団長)は、要衝の地である盧溝橋一帯で、日本軍が連日連夜、演習を行うので警戒を強めた。

七月七日、事件の夜、竜王廟には第二九軍の兵隊がいたが、清水大尉はその存在を無視するかのように竜王廟を背にし、つまり中国軍に背中を向けて日本軍の兵隊を置いた。そしてその前方の大瓦窰の部落の前に仮設敵(日本軍)を置いて演習を行った。実際にこの位置関係を図に書いてみると、背後から撃ってくださいといわんばかりだ。『ロンドン・タイムズ』は、事件後、「これで何らかの事件が起こらなければ、それこそ奇蹟だ」という記事を書いた。緊迫した状況下で、中国軍を挑発するかのように行った夜間演習中に遂に事件が起きた。

午後一〇時三〇分頃、清水大尉はいったん演習を中止しようとし、それを命令するために伝令を仮設敵側に派遣した。するとまだ演習だと思った大瓦窰側の仮設敵は、伝令の接近を敵の接近と間違えて二丁の軽機関銃(演習なので空砲を使用)を、西の竜王廟側にいる日本軍に向けて射撃した。そしてまさにその時、竜王廟の南側(鉄橋寄り)の堤防から三発の銃声が聞こえた。清水中隊長は、その銃声に続き弾丸の飛行音を聞き、これは実弾だ、中国側の不法射撃だと感じた。そこで直ちに部下を集合させるために集合ラッパを吹かせた。すると再び堤防上から十数発の銃声が響き、頭上を弾丸の飛行音がかすめたという。集合後、人員を点呼すると一名が行方不明だった。清水大尉は、直ちに豊台兵営の一木大隊長に伝令を走らせ「中国側の不法射撃、兵一名行方不明」と報告させた。

これが盧溝橋事件の発端の概略である。「中国側の不法射撃」に関しては誰が撃ったのかはいまだに謎である。実はこのような発砲騒ぎは時々起こっており、また清水大尉が最初に聞いた銃声は、中国兵が射撃したものかどうかも、今日まで不明である。兵一名行方不明に関しては、初年兵の一人が夜間演習中に用便のために隊を離れたこと、そして迷って竜王廟側の中国兵の陣地に近づき発砲され、初年兵はあわてて自分の隊に戻ったことが判明している。清水大尉は二〇分後に行方不明一名を発見したが、なぜかその事実を直ぐに豊台の一木大隊長に報告しなかった。

午後一二時少し前、「中国側の不法射撃、兵一名行方不明」という報告を受け取った一木大隊長は、直ちに北京の連隊長牟田口《むたぐち》廉也《れんや》大佐に報告した。牟田口大佐は、兵一名行方不明という事実を重視し、一木大隊の出動を承認し、中国側と交渉し謝罪させるために、連隊付きの森田徹中佐を現地に派遣した。

一木大隊長は、大隊の緊急呼集を命令し、豊台に残っていた二個中隊と機関銃中隊・歩兵砲隊を現地に出動させた。八日午前三時過ぎ、宛平県城の東方の通称「一文字山」に大

攻撃命令を出した河辺正三旅団長（左）と牟田口廉也連隊長

隊の主力を集結させていると三発の銃声が聞こえた。午前四時をやや過ぎた頃、一木少佐は牟田口連隊長に電話で「午前三時二五分、竜王廟方向にて三発の銃声を聞く。支那軍が二回も発砲するは純然たる敵対行為なりと認む、如何にすべきや」と報告し、指示を仰いだ。牟田口は午前四時二〇分、「支那軍が二回までも射撃するは純然たる敵対行為である。断乎戦闘を開始して可なり」と一木大隊長に命令した。

盧溝橋と宛平県城は古来から戦略的要衝地である。そこで機関銃中隊・歩兵砲隊を持つ一個大隊に戦闘命令を下し、敵対行為を開始したら、もはや単なる事件で終わらない。中国側が全面抗戦に打って出れば日中全面戦争になる。牟田口廉也は日中全面戦争も辞さない覚悟で、一木大隊長に戦闘開始命令を下した。勿論一木大隊長もそれを理解し、事の重大性を痛感して再度命令を確認し、この後、戦争状態に入ることを視野に入れて牟田口と「午前四時二三分」と時計の照合までしたのである。

戦闘許可を受けた一木大隊は、午前五時三〇分、いっせいに攻撃前進を開始し、一文字山から宛平県城の北側を通過して、竜王廟付近の永定河堤防にいた中国軍を攻撃した。日本軍は京漢線の鉄橋に攻撃を集中した。歩兵の機関銃に砲撃まで加えた本格的攻撃によって、一木大隊はあっというまに永定河の東岸堤防を占拠した。竜王廟、盧溝橋北側の中国軍はほぼ全滅に近い損害を受けた。日本軍は宛平県城にも銃弾を浴びせ、両軍の交戦が約一時間続いた。また日本軍は竜王廟から永定河の中洲と西岸に進出し、対岸の長辛店を奪取しようと試みたが、中国軍の反撃に一時中断した。

これが一九三七年日中全面戦争のきっかけになった盧溝橋事件の経緯である。

## 4　不拡大か、拡大か

東京の陸軍中央部が盧溝橋事件の報告を受けたのは、七月八日早朝だった。支那駐屯軍司令部から報告を受け、次いで一〇時二〇分に永定河堤防を占拠したという第二電が入ると、参謀本部や陸軍省は騒然となった。これまでの武力衝突事件と違い、中国に正面を切って戦争を挑んだも同じだからだ。軍部は二派に分かれた。事件の早期解決を臨む不拡大派と、これを機会に中国に打撃を加え、懸案を一気に解決しようという拡大派に分かれた。

**不拡大派＝対中国戦争否定派**　この時、参謀本部では閑院宮(皇族)参謀総長は老齢で軍務から遠ざかり、参謀次長の今井清中将は病気療養中だった。このため参謀本部の第一(作戦)部長の石原莞爾《かんじ》少将が事実上のトップだった。石原は板垣とともに満洲事変を引き起こしたが、盧溝橋事件では不拡大方針を主張した。石原は満洲国の建設と対ソ連戦に備えて軍備の充実を図ることを第一と考えていた。高度国防国家の建設ができないうちに、中国に手を出して全面戦争になったら、日本は抜きさしならない困難に陥ると考えた。石原の国防国家建設と対ソ戦略思想を支持していた参謀本部の戦争指導課や陸軍省軍務課の多くは、対中国戦争を否定し、不拡大論を主張した。

**拡大派＝対中国戦争強行派**　拡大派の中心はいうまでもなく関東軍である。関東軍は満洲国の治安の安定、華北分離工作、その他の懸案を一挙に解決するために、断乎たる決意をもって武力を加え屈服させるべきだと主張した。関東軍は、この際支那駐屯軍に兵力を増派すれば、中国を断乎膺懲することができると考えたからだ。関東軍以外にも陸軍中央部の幕僚の多くが拡大派の強硬論に同調した。石原莞爾の部下で反石原派の作戦課長武藤章大佐、陸軍省でも陸軍大臣杉山元をはじめ軍事課長田中新一大佐らは拡大派だった。朝鮮軍でも拡大派が強く、軍司令官小磯国昭中将以下拡大派の多くは関東軍と同様の強硬な態度をとった。

軍部の中に拡大・不拡大をめぐって意見の対立があったが、統帥部である参謀本部の実質的中心である石原作戦部長は、不拡大・現地解決の方針を固めるために努力した。閑院宮参謀総長の同意を得て、八日午後六時四〇分、支那駐屯軍司令官に対して、参謀総長の指示として「事件の拡大を防止するため、さらに進んで兵力を行使することを避くべし」と発令した。

それとは関係なく、中国では現地解決をするために、天津と北平で日華双方が交渉を開始した。八日深夜から交渉を始め九日午前二時頃、次のような協議が成立した。

一、両軍は直ちに戦闘、銃撃を停止する。

二、永定河右岸(長辛店方面)に進出した日本軍は、永定河の左岸、豊台に撤退し、中国軍は永定河の右岸つまり盧溝橋以西に撤退する。

三、中国軍が撤退した後の宛平県城内の防備は、中国側の別の保安隊二、三百が担当し、九日午前九時に交替する。

とりあえず協議は成立したが、現地では日中両軍が依然として対峙し、緊迫した事態が続いていた。一〇日午後九時、牟田口連隊長は、中国軍が竜王廟付近の堤防に再び進出してきたとして、中国軍を夜襲し、ここを占拠した。この戦闘で両軍に多数の死傷者が出た。こうした不安定で緊迫した情勢下で、現地交渉は引き続き行われた。

国民政府は、一九三五年一二月一八日冀《き》察《さつ》政務委員会を設置し、宋哲元を委員長兼河北省主席に任命した。これによって第二九軍の四個師を持つ宋哲元は、内蒙古の察哈爾省と華北の中枢河北省を支配下に置いた。宋哲元《ソンジェーユアン》は第二九軍の幹部を重要なポストに置いた。秦徳純《チンドーチュン》を北平市長、張自忠《ジャンズーチョン》を天津市長、劉汝明《リュールーミン》を察哈爾省主席に任命し、華北の行政・軍事を掌握した。けれども宋哲元は国民政府の支配下に置かれ、国民政府の命令を無視することはできなかった。いってみれば日本軍と蒋介石の妥協の産物に過ぎなかった。そのために宋哲元はしょっちゅう日本軍から揺さぶりをかけられていた。

盧溝橋事件が起きた時、中国側の最高責任者である冀察政務委員会委員長宋哲元は、

宋哲元

北平にいなかった。日本軍があれこれ面倒を押しつけるので日本軍との接触を避けるために、山東省の故郷に滞在して所在不明にしていた。留守中は、北平市長秦徳純に第二九軍の軍政大権を、河北省主席を馮治安《フォンジーアン》に委せていた。

宋哲元の不在中に盧溝橋事件が起き、やむなく現地交渉の矢面に立った第二九軍の幹部たちは、宋哲元の地盤を維持するために妥協的な態度をとった。もちろん現地の支那駐屯軍も冀察政務委員会や第二九軍の幹部が妥協的態度をとらざるをえないことを承知していた。

七月九日、近衛内閣は首相・外相・陸相・海相の四相会議を開き、不拡大方針をとるが、中国側が無反省ならば機宜《きぎ》の措置をとること、政府の事件解決方針は中国軍の撤退、責任者の処罰と今後の保障であることなどを確認した。近衛文麿は、その性格は気弱で優柔不断だと言われていた。政府の不拡大方針はまさに近衛の性格通りで、断乎たる不拡大方針ではなかった。状況次第では拡大もやむなしという曖昧な方針であった。

近衛内閣は不拡大方針のもとに事件解決のための四条件を決め、参謀本部は支那駐屯軍に対して、「盧溝橋事件解決の為対支折衝方針に関する件」を通達した。

一、中国軍の永定河左岸すなわち盧溝橋からの撤退
二、将来の保障
三、責任者の処罰
四、謝罪

現地交渉は「中国軍(第二九軍)は永定河左岸すなわち盧溝橋から撤退すること」という条件をめぐって難航した。うかつに同意して盧溝橋から撤退した後に、日本軍に盧溝橋を占領されたら、冀察政務委員会の立場は危うくなるからだ。

またこの時、北京周辺に駐屯していた日本軍の兵力は歩兵二個大隊だけで、そのほとんどが盧溝橋付近に集結していた。天津に駐屯している支那駐屯軍の増援部隊はまだ到着しておらず、ここで一気に全面戦争に持ちこむのは、戦略上極めて不利だった。日本軍としても態勢を整える時間を稼ぐ必要があった。

そこで交渉を担当した今井(武夫少佐)武官は、冀察政務委員会側と支那駐屯軍側の双方の利害を調整し「中国側が日本軍の要求を承認すれば、日本軍は調印と同時に盧溝橋周辺から自発的に撤兵する」という妥協案を示した。七月一一日午後八時、日本軍代表松井特務機関長と中国軍代表張自忠の間で、次のような現地協定を結び調印した。その内容は、

一、冀察政務委員会第二九軍代表は日本軍に対し遺憾の意を表し、かつ責任者を処

分して、将来責任を以て再び斯くの如き事件の惹起を防止することを声明す。
二、中国軍は豊台駐屯日本軍と接近し過ぎ、事件を惹起し易きを以て、盧溝橋城廓及び竜王廟に軍を駐めず、保安隊を以て其《その》治安を維持す。
三、本事件は所謂、藍衣社(国民党右派の政治結社)、共産党其の他抗日系各種団体の指導に胚胎すること多きに鑑み、将来之が対策をなし、且つ取締を徹底す。
以上各項は悉《ことごと》く之を承諾す。

冀察政務委員会・第二九軍代表の宋哲元の名前こそ挙げないが、事件の責任をすべて中国側に押しつけた屈辱的な条件だった。宋哲元の冀察政務委員会側は、あえてこの条件をのんでも盧溝橋を日本軍に奪われたくなかった。盧溝橋を奪われたら日本軍との全面衝突は免れないからだ。もし日中全面衝突になれば第二九軍に勝目はなく、日本軍は必ず北平を占領するだろう。そうなれば華北における冀察政務委員会・第二九軍の地位は、根柢から崩れてしまう。

## 5　近衛内閣、派兵を決定――盧溝橋事件は拡大化へ

七月一一日、交渉が成立すると宋哲元もこの協定に同意を与えた。これによって現地の盧溝橋事件の当事者間(日本の支那駐屯軍と中国の第二九軍)で停戦協定が成立し、事

件は局地解決するはずだった。

だが、現地の停戦協定交渉とは別に、陸軍中央部では、拡大派が大勢を制し、兵力において劣勢な支那駐屯軍を見殺しにするなという兵力増派論が大勢を制し、派兵案をまとめた。七月一〇日夜、杉山陸相は風見章内閣書記官長に一一日に閣議を開催するよう申し入れ、近衛首相は杉山陸相の要求を受け入れるしかないと決心した。一九三六年の二・二六事件後に成立した広田内閣が、軍部の圧力に屈し陸軍大臣の現役武官制を復活させた。その結果が今になって、近衛首相を派兵に追い込んだのである。

これについて原田熊雄述『西園寺公と政局　第六巻』(一九五一年・岩波書店)は次のように記述している。


後からきくと、蘆溝橋の問題が起った時、陸軍大臣は閣議において、「五〇〇〇の兵隊を救うために早速三個師団の兵を国内からどうしても出したい。この点すべて自分に委せてもらいたい」と言ったとのことである。その時近衛総理は「いま日本が大軍を支那に送ることは国際的に重大なことであるから、よほど考えなければいけない。また内政的に見ても、今日そういう問題で軍を動かすことに国民は必ずしも賛成しまい。ますます軍と離反するようなことがあっては面白くない。だから自分は出兵には絶対に反対だ。従って陸軍大臣にすべての責任を委すわけには行かん。」

と、陸軍大臣の申出を蹴った。内務大臣も海軍大臣も外務大臣も、すべて近衛総理の申出に賛成し、結局陸軍大臣はその申出を撤回したということであった。

（中略）だが結局、陸軍大臣は天津にいる五〇〇〇の兵隊を援助することに決心し、「どうしても一つ今度は派兵をしてもらいたい」ということを閣議に申出た。そこで近衛総理は事態を拡大しないという条件で、「必要に応じて派兵もよかろうか」ということで、陸軍大臣に同意した。しかし総理は「もしこの際派兵に反対して陸軍の希望を入れない場合には、陸軍大臣は職を辞めなければならん。従って内閣も辞めなければならん。結局自分が辞めても誰かがまたこの地位に立たなければならないのであるし、とても軍を抑えて行く人はあるまいから、自分が責をとってこれに当るよりしようがあるまい」と言って、非常に悲壮な決心をしておられた。

というわけで七月一一日、現地では停戦協定が成立しかけていたのに、近衛内閣は派兵を閣議決定してしまった。では、どうして近衛が陸軍大臣の希望をきくしかないと考えたのだろうか。近衛もまた内閣制度の制限を受けていたからである。ここで内閣総理大臣の法制的位置づけを見ておこう。

内閣総理大臣が内閣の議長としてその総ての議事を主宰することは、その当然の任務に属する。しかして何を閣議に付するかも、総理大臣がその選定権を有する。ことに閣議の決定は、多数決に依ることを得ないから、内閣総理大臣は閣議において意見の一致を得ることに努力しなければならない。もし必要的閣議事項に属する重大な政策問題について、意見の一致が得られなければ、結局内閣は分裂の外はない。(山崎丹照『内閣制度の研究』一九四二年・高山書院)

内閣は国務各大臣によって組織される。そして内閣総理大臣はじめ各省大臣は、一国務大臣として閣議に臨む。天皇を輔弼《ほひつ》する(天皇の政治を行うのを助ける)責任を負う国務大臣は、それぞれ平等の立場で閣議で審議をするので、内閣の首班である総理大臣は、他の国務大臣の上に立って命令や指揮はできない。天皇を輔弼する権限は各国務大臣の間に何ら差はない。ただ内閣総理大臣だけが内閣を組閣し、閣議を取りまとめ、内閣の首班として天皇に機務を奏宣するのである。

内閣の閣議は、国務大臣全員一致をもって決定とする。だから閣議不一致のあげく国務大臣(陸軍大臣)が辞職したら、内閣はその責務を果たすことができなくなるので、総辞職に追い込まれる。新内閣を組閣するにも、陸軍が現役武官を出さなければ組閣はできない。近衛首相は、杉山陸相が陸軍を代表して閣議に派兵案を出してくる以上、反対はできない。もし反対すれば杉山陸相は辞職して内閣を倒すからだ。陸軍大臣の現役武官制は陸軍の横車の推進力になり、陸軍はそれをバックに、近衛首相に派兵を決意させたのである。

一九三七年七月一一日、近衛首相は閣議に先立ち首相官邸に杉山陸軍大臣、米内海軍大臣、広田外務大臣、賀屋大蔵大臣を招集して五相会議を開いた。そして内地から三個師団、朝鮮から一個師団、満洲から二個旅団の派兵を決定し、朝鮮と満洲の部隊に華北出動を命じることにした。五相会議の後で開いた閣議でこれを全員一致で正式に決定し、同日、派兵に関する政府声明を発表した。

こうして事件は拡大化することになり、「盧溝橋事件」は政府声明発表後は「北支事変」と呼称することになった。これで盧溝橋一帯の局地的紛争事件は一気に河北・山東・山西・察哈爾・綏遠《スイユエン》の華北五省にまで拡大する。

陸軍中央で強硬論が大勢を制したのは、兵力面で劣勢な支那駐屯軍が中国軍に包囲されて危険に陥るのを防ぐという理由のほかに、次のような理由や要求もあった。

一、河北・察哈爾両省が相変わらず抗日的な国民政府の下に従属していることは、満洲国の治安維持上の障碍になる。華北から抗日勢力を一掃しなければならない。

二、中国共産党の北上とその活動の結果、華北が赤化(共産化)するならば、満洲国の治安維持の障碍になるばかりか、満洲国がソビエト勢力によって包囲される。そうなると、日本は対ソ連戦争に際して軍事的に不利な地位に立たされる。それを防ぐために華北をソ連の赤化ルート中断地帯にしなければならない。

三、華北と日満ブロックとを結び日満華経済ブロックを作るために、華北を日本の工業が必要とする原料供給地とすると同時に、日本の生産品の市場とする。

事変に対する軍部の当初の読みは、「まず、兵力を増派して強力な大兵力をもって、華北の会戦で一大勝利を収め、国民政府の戦意を挫折させる。敵に講和するしかないと諦めさせて、速やかに事変を終結する」というものだった。最初に強烈な一発をお見舞いして、ノックダウンする。そして勝者の奢りを国民政府に押しつけ、かねてからの懸案を一挙に解決しようとした。

## 6　「盧溝橋事件」から「北支事変」、さらに「支那事変」へ

日本から増援軍が到着すると、七月末頃から戦闘は本格化した。日本軍はあっという間に北平や天津を占拠し、京漢、津浦、北寧鉄道を押さえ、中国軍が南方から鉄道を利用して北上して来るのを食い止めた。しかし、北平とその西側の安全を確保しておくためには、張家口《ジャンジャコウ》に至る綏遠鉄道の要衝で蒙古高原の入り口に当たる南口一帯を完全に支配する必要があった。日本軍は八月二四日に南口を占拠し、その先の張家口を三日後に占拠、二七日に入城した。

九月二日、政府は「北支事変」をさらに「支那事変」と改称した。盧溝橋事件は華北五省から中国全土に拡大した。日本軍は鉄道幹線の主要な要地を占領するために南下した。兵力の移動は鉄道を利用し、北平から保定《バオディン》、正定《ジョンディン》、鄭州《チョンチョウ》を経て漢口に至る京漢鉄

道と、天津から滄州《ツァンチョウ》、済南《ジーナン》、徐州《シュウチョウ》を経て浦口《プーコウ》に至る津浦線の鉄道に沿って、二部隊が東西に分かれて平行的に南下し縦断する形をとって進撃した。それと同時に他の一部隊は綏遠鉄道で西北の察哈爾省の張家口から内蒙古及び正太鉄道に沿って山西省の太原《タイユアン》に向かって進撃した。

南下部隊は九月二四日、京漢線の保定と津浦線の滄州を陥落させた。一〇月三日、山東省の境にある津浦線の徳州《ドゥーチョウ》、一〇月六日、山東省の省都済南の北五〇哩の平原《ピンユアン》を占拠した。こうして一一月中旬までに、日本軍は黄河の線まで到達した。

京漢線に沿って南下した部隊は、中国軍の激しい反撃にあった。戦略上、交通上極めて重要な正定と石家荘《シージアチュアン》(山西省省都太原に至る正太鉄道と京漢鉄道の連結点)で中国軍の激しい抵抗を受け、激戦の末に一〇月八日に正定を、一〇日にやっとのことで石家荘を占拠した。京漢線の順徳《チョンドゥー》は一〇月一六日、彰徳《ジャンドゥー》(河南省)は一一月四日に攻略した。

その間、北平の西北の綏遠省方面は、主として徳王麾下の蒙古軍を中心とした一部隊に戦わせた。九月二四日に平地泉《ピンディーチュアン》を、一〇月一四日には綏遠城、それから三日後には包頭を占拠した。日本軍から成る他の一部隊は、九月一三日に山西省の大同《ダートン》を占拠し、さらに長城を西北に迂回してきた中国軍を雁門関《イエンメングアン》後方に圧迫し、第三の南下戦線を山西省北部の原平に展開した。原平と太原を結ぶ鉄道沿線で交戦し、一〇月七日に原平、一一月九日に遂に太原を占拠した。

日本軍は華北五省と内蒙古を含む広大な地域で戦闘を行ったが、大山事件(後述)をきっかけに、八月一三日、上海でも日中両軍が武力衝突し、第二次上海事変が起きた。戦闘は華南、華中に拡がった。日本軍は鉄道に乗って破竹の勢いで進撃し中国軍を敗退させ次々と戦果をあげた。一九三七年末の日本軍の戦況を概括すると次のようだった。

▽**内蒙古の東南部**　察哈爾省の南部と綏遠省の大部分を占拠し支配した。一一月二二日には張家口の内蒙古政府の中核に一機関を設立して、これに「内蒙旗盟」等を包括した。

▽**華北**　河北省、山西省北部、山東省及び河南省の黄河以北の要地をほとんど占拠した。一一月二七日、河南省の彰徳に「河南自治政府」を創設した。一二月一一日、山西省の太原にも「山西自治政府」を樹立した。一二月一一日には、河北省の南部と山東省の北部に「治安維持会」を設立した。一二月一四日には、北京で「中華民国臨時政府」樹立を宣言させ、「冀東防共自治政府」及び「北京・天津共同治安維持会」をこれに合流させた。

▽**華中、華南**　上海方面の日本軍は中国軍を内地に圧迫した。一二月一三日、中華民国の首都南京《ナンジン》を攻略し、揚子江の河口から蕪湖《ウーフー》までを支配した。華南では海軍の艦隊と軍隊輸送船が活動した。第二次上海事変が起き、華南、華中に戦闘が拡大すると空爆も行った。特に九月には戦略上の要地及び鉄道連結点を目標として積極的に空爆した。一

一月、一二月には陝西省の西安や湖南省長沙等の奥地の諸都市も空爆した。中国経済を破壊し、揚子江流域の交通路を遮断するために、香港のすぐそばの九龍《ジュウロン》と広東《グアンドン》を結ぶ広九鉄道と、粤漢《ユエハン》鉄道(広東―武昌)を空爆した。海上では中国船舶の航行遮断を宣言した。

## 7 蔣介石の「最後の関頭」演説

日本軍は盧溝橋事件からわずか半年余で中国の広大な地域と北平・天津・済南・南京・上海・張家口・大同・太原・保定・石家荘などの要地を占拠した。中国の主な鉄道幹線を占拠し、鉄道沿線の石炭や鉄鉱石も押さえた。一九三七年一二月一三日、首都南京を陥落させたので、国民の大多数は、これで中国は降参して日華事変は勝利のうちに終わると喜んだ。ところが中国は南京が陥落しても降伏しなかった。

戦争は敵の抵抗力を挫き、敵がもうこれ以上戦っても勝算がないと諦めて降伏するまで害敵手段を加える。交戦国のどちらかが戦意を喪失して、降伏し講和を受け入れた時、始めた戦争は終わる。これは事変においても同様で、どんなに中国軍が戦闘で負けていても、中国側に絶対に諦めずに抵抗を続けるぞという抗戦意思があるうちは、事変は終わらない。

七月七日、盧溝橋事件が勃発した時、蔣介石は江西省の避暑地盧山《ルーシャン》で談話会を開催していた。七月一一日より連日国防会議を開いて対策を協議したが、蔣介石は抗日準備が不完全なことを理由に、抗戦の発動をためらっていた。しかし近衛首相が「重大決意」をして華北への派兵を決定すると、蔣介石は態度を硬化させた。

七月一七日、第二次談話の席上で、蔣介石自ら盧溝橋事件に関して報告演説を行い、事変に対する見解を表明した。

以下は『中央公論』昭和一二(一九三七)年九月号に掲載された「盧山時局談話」の「最後の関頭」に関する部分の抄訳である。

　我が国が既に一個の弱国である以上、もし「最後の関頭」に臨めば、ただ全民族の生命を賭しても国家の存続を求むべきである。その時に至って再び不徹底な妥協をなすことは許されない。不徹底な妥協の条件となるものが必ず完全なる投降、完全なる滅亡であることを吾人は知らねばならない。全国国民はいわゆる「最後の関頭」の意味を充分に認識すべきである。「最後の関頭」一度至れば、吾人にはただ徹底的犠牲あるのみ、徹底的抗戦あるのみ。ただ犠牲の決心をもつことによってのみ初めて最後の勝利を博することができるのである。もしなお彷徨して、苟安《こうあん》(一時しのぎ)を妄想するがごときことがあるなら、民族を永遠に救いがたき窮地に陥れることになるであろう。

（中略）

通州の城壁に拠り攻撃する日本軍

我が東北四省が失われてより既に六年の久しきに及び、塘沽《タンクー》協定これに次いで現れ、今や衝突の地点は既に北平門口の盧溝橋に到達している。もし盧溝橋がその圧迫によって強制的に占拠されれば、我らが五〇〇年の故都であり、北方における政治・文化の中心地であり、軍事上の重鎮である北平が、第二の奉天とならないとはいえないであろう。今日の北平がもし昔日の奉天となれば、今日の冀察はまた往年の東北四省となるべく、北平がもし奉天となれば南京がまたかつての北平と化することとなしとはいえないだろう。故に盧溝橋事変の推移如何は中国にとって実に全国家的な問題であり、この事変の収拾の能否は吾人の最後的関頭の境界であるのである。

(中略)

しかして一旦戦端が開かれれば、我国は弱国なるがゆえに、もはや妥協の機会はない。もし尺寸の土地と主権とを放棄するがごときことあれば、これすなわち中華民族千古の罪人である。その時こそは民族的生命を賭して最後の勝利を求めなければならないのである。

蔣介石が廬山で国防会議を開いている間、支那駐屯軍と冀察政権の交渉は順調に進んでいた。一七日夜、張自忠は日本側の七項目要求の大部を承認し、翌一八日、宋哲元は「新軍司令官への挨拶」という名目で香月清司軍司令官に謝罪を行った。一九日には細目協定が橋本参謀長と張自忠との間に調印されたが、宋哲元に不信感を抱いていた陸軍部内の大勢は出兵論に傾いていた。支那駐屯軍は宋哲元に対し、細目協定の履行を督促するとともに情勢の急変に対処する準備を進めた。

二五日夜、郎坊《ランファン》駅付近で日本軍一中隊と中国軍の武力衝突事件が起きた。香月軍司令官は直ちに陸軍中央部に攻撃開始の許可を求める一方、事態は猶予を許さないと判断して、独断で天津から一連隊を急派して攻撃を命じた。更に香月は宋哲元に対して、二八日正午までに北平から中国軍を完全に撤退させない時は、攻撃するぞという最後通告をした。

翌二六日の夕刻に広安門《グアンアンメン》事件が発生した。同夜、香月は従来の不拡大方針を放棄し、「平津地方の中国軍膺懲」のため二八日から武力行使すると決意した。二七日、陸軍中央部もこれを認め、内地師団動員案が閣議決定されると直ちに天皇の勅裁を仰いだ。そして二八日朝、支那駐屯軍は、第二〇師団及び関東軍からの二個旅団とともに南苑《ナンイエン》を攻撃し中国軍主力部隊を夕方までに撃破した。二九日には盧溝橋及びその南方に進出して永定河左岸地区を確保した。

通州の日本軍守備隊もこの総攻撃に参加するために、前日の二七日、少数の特務機関員を残して、深夜、南苑に向けて出発した。その留守の二九日に、殷汝耕《インルーゴン》警護の保安隊が反乱を起こし、日本人居留民約一八〇人が殺戮されるという通州事件が起きた。被害者の七割以上が朝鮮人であった。この朝鮮人たちが冀東密貿易の実働隊であったと思われる。この経緯についても諸説があるが、事件の真相は事変拡大の陰に隠されてしまった。

三〇日までに天津は日本軍によって占拠された。そして八月八日、日本軍は北平に入城した。

一方、華中では八月九日、緊張が高まっていた上海で、日本海軍陸戦隊の大山勇夫中尉と水兵一名が租界外の虹橋飛行場付近で中国の保安隊員に射殺されるという大山事件が起こり、この事件をきっかけにして、八月一三日、上海でも日中両軍の戦闘が開始された。

戦火が華北と上海で拡大の一途をたどっていた八月から九月にかけて、中国の抗戦体制は急速に統一されていった。既に七月一一日から開いていた盧山の国防会議に、中国共産党の代表として周恩来《チヨウウエンライ》を招き、一五日からは正式に会議に参加させた。同日、中国共産党中央は「国共合作を公布するについての宣言」を国民党に手渡した。国民党と共産党は三民主義の徹底実現、国民党政権を覆すための暴動政策と赤化運動の取り止め、地主の土地没収の停止、ソビエト政府の取り消し、紅軍の呼称の取り消しを約束した。ここで、第二次国共合作へ一歩近づいたが、これが実際に成立したのは、一九三七年九月二二日である。この日、国民党は中国共産党の国共合作宣言書を公表し、中国共産党中央は「精誠団結一致抗敵宣言」を公表した。翌二三日、蔣介石は中共の合法的地位承認の談話を発表し、ここで第二次国共合作が成立した。

七月二八日から華北で日本軍の総攻撃が始まると、蔣介石は南京で記者会見を開き、事態が「最後の関頭」に至ったことを認め、「今後、局部的解決の可能性はまったくない。国のために犠牲となる決心を持つように」全国民衆に呼びかけた。

八月七日、国防会議は全面抗戦を決定し、八月八日、蔣介石は「全将兵に告ぐ」と題して演説を行い、「今や、我らは全国一致して起ち上がり、侵略日本と生死をかけて戦わねばならない」と抗戦の決意を語った。そして持久消耗戦略の採用を決めた。八月一二日、国民政府は蔣介石を陸海空軍総司令とし、蔣介石を委員長とする軍事委員会を抗戦の最高統帥部とすることを決定した。蔣介石は、一四日未明を期して上海で総攻撃を決行するよう命令し、ここに中国は全面的な抗日戦に突入するに至った。一五日、蔣介石は抗日戦の総動員令を下すと、一六日、国防最高会議は蔣介石を三軍大元帥に任命した。

## 8　中国共産党の「抗日救国一〇大綱領」

一方、中国共産党は、一九三七年八月二二日から二五日まで、陝西省洛川《ルオチユアン》で、中国共産党中央政治局拡大会議を開いた。ここで「全国的・全民族的抗戦」の方針として有名な「抗日救国十大綱領」を決定して、全国人民にこれを提起した。

㈠　日本帝国主義を打倒する
㈡　全国軍隊を総動員する
㈢　全国人民を総動員する
㈣　政治機構を改革する
㈤　抗日の外交政策
㈥　戦時における財政・経済政策
㈦　人民の生活を改善する
㈧　抗日の教育政策
㈨　漢奸・売国奴・親日派を一掃して後方を強固にする
㈩　抗日の全民族の団結

「政府抗戦」(片面抗戦)か、「全民抗戦」(全面抗戦)か、という相異なる二つの方針は、現実に抗日戦の全期間を通じて国民党と共産党との主要な対立点となった。また中国共産党は洛川会議で、次のような重要方針を決定した。

> 敵(日本軍)の後方で独立自主の遊撃戦争を起こし、敵後方に抗日根拠地を建設する。
>
> 国民党統治区で抗日の大衆運動を起こし、全人民がもつべき政治的経済的権利を獲得する。
>
> 「減租《げんそ》減息《げんそく》」(租税と借金の利息を減じる)を、抗日戦争時期における農民問題解決の基本的政策とする。

一九三八年末までに、中国共産党は日本軍の後方に大小十余個の抗日根拠地と遊撃区を樹立し、そこの人口は五〇〇〇万人以上に達した。毛沢東は「抗日遊撃戦争の戦略問題(略称・遊撃戦論)」について、次のように述べている。

> 敵(日本軍)はわれわれのこの大国において、非常に広い地域を占領しているが、かれらの国は小国で、兵力が不足し、占領区に多くの空白地帯を残している。従って、抗日遊撃戦争は主として、内線で正規軍の戦役的作戦に呼応するのではなく、外線で単独作戦をするのである。その上、中国が進歩していること、つまり共産党の指導する強固な軍隊と広汎な人民大衆とが存在することによって、抗日遊撃戦争は小規模なものではなくて、大規模なものとなる。そこで戦略的防御、戦略的進攻

などという一連のものが発生する。戦争の長期性とそれに伴う残酷性によって、遊撃戦争では普通と違ったことを沢山しなくてはならないことが規定されている。そこで根拠地の問題、運動戦へ発展する問題なども起きてくる。そこで、中国の抗日遊撃戦争は、戦術の範囲から飛びだして戦略の門を叩いて、遊撃戦争の問題を戦略的観点から考察することを要求する。特に注意しなければならないのは、このような大規模な、また持久的な遊撃戦争は、全人類の戦争史においても大変目新しいことがらだということである。このことは、時代が二〇世紀の三、四〇年代まで進んできているということと切り離せないし、共産党及び赤軍の存在と切り離せないのであって、ここに問題の焦点がある。われわれの敵は、恐らくまだ元朝が宋朝を滅ぼし、清朝が明朝を滅ぼし、イギリスが北アメリカとインドを占領し、ラテン系の諸国が中南米を占領した時のような甘い夢をみているのであろう。そんな夢は、今日の中国ではもはや現実的な価値はない。なぜなら、今日の中国には、上述のような歴史に比べていくつかのものが増えているからであり、遊撃戦争という大変目新しいものがその一つである。もしわれわれの敵がこの点を見落とすならひどい目にあうに違いない。(『毛沢東選集2』一九六八年・北京外文出版社)

毛沢東は「このような大規模な、また持久的な遊撃戦争は、全人類の戦争史においても大変目新しいことがらだ」と述べているが、まったくその通りだった。日本軍は毛沢東の持久的遊撃戦争の特質を理解できなかった。日本軍の、大会戦をしかけて中国軍を惨敗させ、一気に敗戦に追い込もうとする計画は、中国側の持久的遊撃戦争によって反古にされた。

中国軍は日本側がしかける大会戦を避けて、日本軍を誘い込むように後方へずるずると撤退した。気がつけば戦線は途方もなく広がっていた。蔣介石、毛沢東の抗戦意欲は衰えず統一抗日戦線の維持を強化した。こうなると日本も長期戦を戦い続けるしかなくなった。これは日本軍の大誤算だった。日本軍は戦闘では中国軍に勝つが、事変を終結できない、戦勝国になれないという奇妙な状況に追い込まれてしまうのである。

# 第12章

# 聯銀券と北支開発

聯合銀行券と朝鮮銀行券

## 1 トラウトマン和平工作失敗
### ――近衛声明「国民政府を対手とせず」――

日本が盧溝橋事件を局地的事件として解決しないで、日華事変に訴えた理由は、次の三つだった。

一、満洲国に隣接する華北が、抗日的な国民政府の下に従属していることは、満洲国の治安を維持する上で障碍となる。

二、華北が共産化されたら、満洲国はソビエト勢力によって包囲される。そうなれば対ソ連戦争に際して、日本は軍事的に不利な立場に立たされるので、華北を赤化勢力から防衛しなければならない。

三、日本・満洲国・中国が一体となって「日満華ブロック経済」を確立し、経済的共存共栄関係を確立する。華北を日本の原料供給地にすると同時に日本の生産品の市場にする。

満洲国を建国した関東軍が打ち出した経済政策は、全体主義に基づく国家統制経済で、大衆資本の進出を歓迎し、財閥資本の進出を排撃した。だが満洲国はすべてを日本に依存して、独力で産業開発をする能力がない。しかも恐慌の最中に、巨額の資金を一般大衆からは調達できない。金融資本家、産業資本家、財閥系資本家の援助なくしては不可能だった。関東軍が非現実的な経済政策を強行したために、満洲産業開発五カ年計画（軍需物資の現地調弁を迅速に行うために重工業を確立する計画）は、関東軍の思い通りに進まなかった。

こうして見ると、日華事変の原因は、満洲事変と満洲国建設計画の頓挫にあったとしか思えない。だが、いったん全面戦争になったら「非はすべて中国側にあり」ということにしなければ名分が立たなくなる。

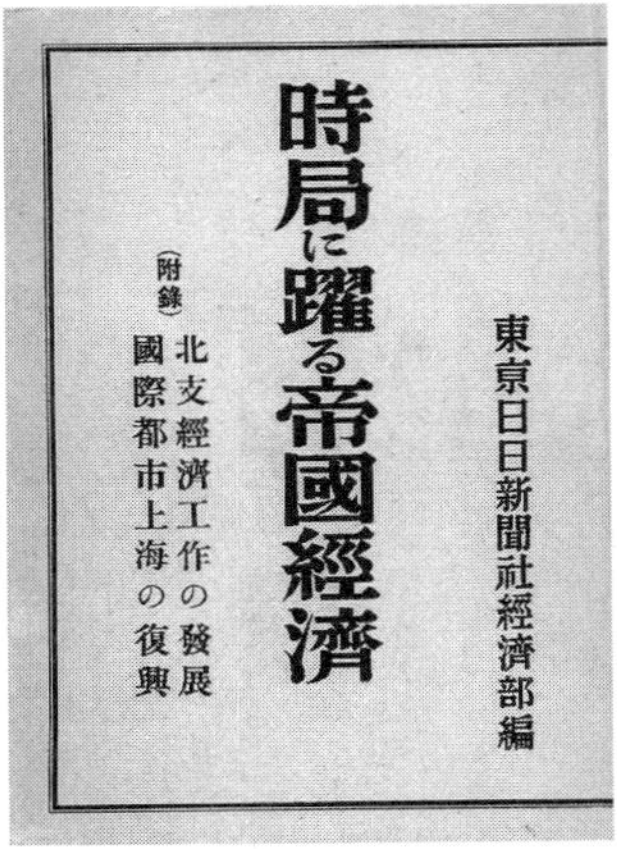


東京日日新聞社経済部編『時局に躍る帝国経済』

東京日日新聞社経済部編『時局に躍る帝国経済（付録）北支経済工作の発展 国際都市上海の復興』（一九三八年）は、「（付録）北支経済工作の発展」で次のように述べている。

満洲事変の前後、ここ一〇年の東洋は排外的南京政府と国民党の盲動にたえて暗雲の晴れる間のなかったものである。躍進日本、平和愛好の日本に常に前路に立ちふさがってこれが障碍を与えたものは暴戻なる彼等であった。然も平和愛好の日本は遂に今日の今日まで隠忍して来たのであった。しかるに蘆溝橋の彼等の挑戦は一面日本に国難でもあったが、他方まさしく天の与えたるチャンスでもあったではないか。日本が口を酸っぱくして平和的経済開発を奨めた北支の資源も彼等の手に空しく眠らせられるところいよいよ、人類の幸福のために日の目を見ようというのだ。

（中略）勇猛果敢なる皇軍の向かうところ、遂に北に南に膺懲の大目的を達して今や首都南京を陥れると共に、北支の建設は新たなるスタートを切らんとしている。即ち蔣政権の降伏の有無に拘わらず、北支は東亜の平和郷として八〇〇〇万住民と共に、日満支の東亜ブロックに颯爽として登場しようとしているのである。

これがために我が出先軍部は勿論、中央においては企画院を中心に具体案を錬り、内閣諸公や参議の参加によって北支政策の大綱は決し、帝国の東洋における盟主的地歩を確立する準備に入った。しかも支那内部及び国内における諸情勢はこれが決定の遷延を許さぬものがあるので、政府は近く一部を実行に移す。

『時局に躍る帝国経済』が発行された一九三八年一月一日は、南京陥落の直後だった。それもあって昂揚した戦勝気分に満ちている。

一九三七年八月九日、上海で大山事件が起き、一三日、日華両軍は上海で戦闘を開始した。第二次上海事変である。中国軍側が日本軍艦を爆撃すると、事態は一気に悪化した。八月一四日、近衛内閣は急遽閣議で、不拡大方針を放棄して全面戦争に踏み切ることを決定した。一五日、近衛首相は中国側の排日抗日運動を根絶し、このような不祥事の発生の根因を取り除くために、「支那軍の暴戻を膺懲し、南京政府の反省を促す」という内容の政府声明を発表した。北支事変の戦火が華中にまで広がると、政府は九月二日に「北支事変」を「支那事変(日華事変)」と改称した。日中両国ともに宣戦布告こそしないが、実態はまさに全面戦争になった。

九月一三日、中国は「日本は陸海空軍を動員して中国を侵略しており、これは明らかに中国の領土保全、政治的独立を侵害するもので、明らかな侵略行為である。よって国際連盟規約第一〇、一一、一七条によって検討されなければならない」と、国際連盟に提訴した。

国際連盟非加盟国のアメリカは、中国が連盟に提訴した翌九月一四日に「中立法(五月一日に改定)」を日華両国に準用することを決めた。中国の提訴を受けた連盟は理事会を開き協議し、九月二七日、日本の中国都市空爆に関する非難決議をしたが、肝腎の日本は既に国際連盟を脱退していた。一〇月一日、日本は国際連盟の非難決議に対して、日華間の紛争を国際的に処理することを拒否すると声明した。

一〇月六日の国際連盟総会の決議は、日本が連盟規約・九カ国条約・不戦条約に違反しているとし、ブリュッセルで九カ国条約国会議を開催することを決めただけで、制裁措置はとらなかった。

この時、英国はナチスドイツやイタリアのファッショ勢力に脅かされていた。米国では、一九三三年二月一四日のミシガン州の銀行休業が口火となり、三月に激烈な金融恐慌が始まった。広範囲にわたって猛烈な銀行預金の取付け騒ぎが起きた。三月四日、新大統領に就任したルーズベルト大統領は、三月六日から九日まで全国の銀行休業を断行した。米国はニューディール政策によって一応危機を脱し、一九三五、六年頃にやっと回復のきざしを見たばかりであった。

米国の世論は中立法により「武器弾薬を日華両国に輸出することを禁止せよ」と要求した。しかし米国政府は中立法の準用に止め、米国籍船舶が戦時禁制品を輸送することを禁止するという措置に止めた。中国は武器弾薬を輸入にのみ頼っていた。そのために日本軍が中国沿岸を封鎖すると、中国側は著しく不利な状況に陥った。中国の提訴を受けた国際連盟が「日本は九カ国条約に違反している」と非難決議を行うと、一〇月五日、ルーズベルト大統領も、シカゴで演説して「日本の対華行動は、九カ国及び不戦条約違反だ」と非難した。六日、国務省も同趣旨の非難声明を出した。一一月三日から二四日までブリュッセルで九カ国条約国会議を開いたが、ここでも日本の条約違反を非難するだけだった。満洲事変の時と同じく、中国側の期待に応えて経済制裁や武力干渉を行える国はなかった。

しかし上海事変が予想外の苦戦に陥ると事変の早期解決を望む声が高まった。一〇月一日、四相会議は「支那事変対処要綱」を決定した。そして、これをもとにして第三国の和平勧告を受け入れることにし、その旨を英・米・独・仏・伊五カ国の大使に伝えた。それを受けて五カ国は和平斡旋を申し入れた。広田外相は五カ国大使に仲介の斡旋を受け入れると回答し、中国に和議を求める姿勢を示した。広田外相は陸軍の意向も汲んで日独防共協定を結んでいるドイツに斡旋を依頼した。これを「トラウトマン和平工作」という。一一月五日、駐華ドイツ大使トラウトマンが和平斡旋に乗り出し、蔣介石に日本側の次のような和平条件を伝え、会談を開始した。

① 内蒙古に外蒙古と同じような自治政府を作る

② 華北不駐兵区域の拡大(華北の行政権は中央に属するが、日本を仇敵視する人物を華北の行政長官に任命しないように希望する)

③ 上海停戦区域の拡大と国際警察による管理

駐華ドイツ大使　トラウトマン

④ 排日の停止と排日問題の処理
⑤ 共同防共
⑥ 日本製品に対する関税を軽減し改善する
⑦ 外国人(日本人)の中国における権利を尊重する

蒋介石は一応、和平調停に応じる姿勢をした。一二月二日、トラウトマンに第二次会議に入る前提条件として、「ドイツが最後まで調停者になること。華北の冀察政務委員会を保持し、行政主権を最後まで維持すること」を決め、日本がこの前提条件を容認するなら和平交渉を進めてよいとトラウトマンに伝えた。だが日本軍の作戦は一一月から一二月にかけて有利に進展し、南京陥落も目前で、日本は早くも戦勝者意識を強めた。一二月二一日、日本政府は閣議で、中国側に対する和平の基礎条件として具体的に次の八項目を決定した。

① 日本の指定する地点への和平使節の派遣
② 中国の「満洲国」承認
③ 華北・内蒙・華中に非武装地域を設ける
④ 必要な期間、華北・内蒙・華中に、保障駐兵(条件を遵守させるために駐兵)する
⑤ 日満華三国は資源開発、関税、交易、航空、通信等に関して所要の協定を締結

する

⑥ 内蒙に防共自治政府を樹立

⑦ 華北に適当な機構を設け、広汎な権限を与えて日満華経済合作の実を挙げる

⑧ 和平協定成立後、休戦交渉に入る

前の和平条件と比べると、格段に苛酷で、敗戦国に対し降伏条件を提示したも同然だった。一二月二六日、トラウトマンはこの新条件を中国側に提示したが、日本は中国側に一九三八年一月一五日までに回答をするように迫った。一月一四日、中国側は「日本側の要求の性質と内容等の細目を知りたい。その細目を仔細に検討してから改めて態度を決定する」と回答した。日本政府はこれを拒否回答と受け取り、トラウトマン工作を打ち切った。はっきりいえば、日本は初めから本気で和平交渉をする気はなく、蔣介石が絶対にのめないような苛酷な条件をつけて交渉を打ち切ったとしか思えない。

近衛首相は、一月一六日「帝国政府は**爾後《じご》国民政府を対手《あいて》とせず**、帝国と真に提携するに足る新興支那政権の成立発展を期待し、これと両国国交を調整して、更生新支那の建設に協力せんとす」という政府声明を発表し、国民政府を徹底抗戦に追い込んだ。

## 2 華北資源開発に乗り出す――新政権樹立

日本軍は破竹の勢いで進撃し、短期間に華北や蒙疆の主要な都市を占拠した。華中の上海を攻略し、一二月一三日には首都南京を陥落させた。これで日華事変の勝敗はついたも同然と日本国民は歓喜した。南京陥落を祝って日本各地で旗行列や提灯行列が行われた。

当時、就学四カ月前の私は、小樽市で、昼間は市内小学生の旗行列、夜は青年団、在郷軍人会、町内会等の提灯行列を見て興奮した。そして母が四カ月早く生んでくれたら、自分も晴れがましく小学生の旗行列に参加できたのにと恨めしく思ったものだった。物見高い港街の土地柄か、こうした行事は恐ろしく派手で盛大だった。だが、幼な心にも、自分がこんな提灯行列に参加できるチャンスはもうないだろうと思った。というのは、周囲の大人たちが、南京が陥落したからこれで戦争は終わりだと話すのを耳にしたからだった。

しかし、大人たちの期待と予想は裏切られ、私が尋常小学校に入学しても日華事変は終わらなかった。ただ当時はきっと近いうちに事変は終わると思っていたし、もちろん日本軍が南京で虐殺事件を起こしたことなど知る由もなかった。

『時局に躍る帝国経済』と同日に発行された『実業之日本』新年号付録の『北支進出案内』の目次を見ると、華北を日本に併合したかと錯覚するほどだ。「北支の資源と経済開発の目標」「事変後の北支はどうなるか」「北支では今どんな商売がよいか」「北支商売繁盛記」「これから北支でどんな商売が有望か」という特集が組まれており、儲かりそうな商売に、旅館、料理屋と並んで看板屋があった。それを見たかどうかは不明だが、私の父親山中勝次は、事変勃発一周年の一九三八年夏、中国での戦争を自分の目で確かめたいと、単身、自費で華北へ出かけていった。彼は日本軍を慰問し、帰りに北京の司令部へ寄って献金した。母親の話では、その際、司令官か副官からか礼をいわれたばかりか、北京で看板店を開いてくれと懇請された。それだけでもう忠良なる臣民の山中勝次は舞い上がり、日本軍の支援を受けて、年末から単身で北京市内の王府井大街《ワンフージンダージェ》に看板店を開いた。店名も詳しい所在地も不明であるが、そこで六年間営業した。

一九三八年に入ると戦闘は黄河以南の華中に移り、華北の戦闘が一段落した。日本は日満華経済ブロックを確立するために華北の資源開発に乗り出した。日華事変の勝敗の結着がついていないのに、華北の資源や経済の開発を開始することにしたのである。さすがに、これは中国の主権を犯すことになる、国際的立場からみても不適切ではないかという議論があった。けれども企画院の池田純久陸軍中佐は、「日本が直ちに積極的に華北を開発することは、中国の憐れむべき民衆を救済することになり、人道上の聖業であり日本の皇道精神に悖《もと》る(そむく)ことはない。何ら世界に憚《はばか》ることはなく、開発を促進しなければならない」と主張した。

日華事変を終結させるため、東亜ブロック経済を確立するためには、一刻も早く華北の資源を開発しなければならない。高度国防国家を目指す陸軍に背中を押されるようにして、日本の財閥は華北資源の開発に乗り出した。

『時局に躍る帝国経済』は「支那の形勢は今や首都南京は陥落して、北支といわず中南支すなわち全支那は結局一政権としていわゆる防共親日の一政権に統一される運命にあり、北支八〇〇〇万人を追って四億人の民が挙《こぞ》って日満一億有余の大衆と握手し、その富源とその資本技術混然と一元化することは必ずしも唐人の夢ではない」と極めて楽天的に述べているが、事変の最中に敵中華民国の資源を開発するのは、容易ではなかった。

華北資源を開発するためには、最低でも次の三つを同時に達成することが必要だった。

一、親日的政治機構の確立

二、資源開発機関の確立と交通機関の復旧整備――いわゆるインフラの整備

三、華北金融の整備

日本は中国軍と戦闘をしながら、敵地でこの三つを同時に準備し進めていった。蔣介石と毛沢東は救国抗日戦を長期持久戦として戦い抜き、絶対に日本に屈服しないと宣言

した。これに対し日本陸軍は、「自分たちは、圧倒的に優勢な軍備と勇猛果敢な将兵を擁しているし、既に首都南京は陥落した。後は大会戦(双方、主力の大兵力で全体の勝敗を決する戦い)で中国軍を叩きつぶせば、敵は必ず屈服する」と考え、華北資源開発に着手させた。

**政治機構の確立**　日本は満洲事変でやったように武力占領後自治組織を樹立し、それを連合して新政権を樹立する方式をとった。だが今回は宋哲元の冀察政権のような中途半端な存在ではなく、冀東政権以上に強力な親日傀儡政権を樹立する必要があった。

関東軍は察哈爾《チャハル》省の要地を占拠すると、察哈爾・綏遠両省にまたがる蒙古人居住地域に蒙古連盟自治政府、察哈爾省南部には察南自治政府、山西省北部には晋北自治政府(晋は山西省の別名)を作り、一一月二二日に、この三自治政府を合わせて「蒙疆連合委員会」を樹立し、長城線以北の内蒙古地域を管轄させた。

これに対して北支方面軍は、冀察政務委員会の老政治家の王克敏《ワンクーミン》を引っぱり出して、一九三七年一二月一四日、北京で「中華民国臨時政府」を樹立すると、彼を行政委員長に据えた。王克敏はとっくに第一線を退いたアヘン中毒の老頭児《ロートル》(老人)といわれていたが、親日的でそれなりに権威のある人物は他に見あたらなかった。簡単にいえば王克敏しかいなかった。軍部は「新政権は軍閥や国民政府の圧政に苦しむ中国民衆の間から生まれた自治運動の結果で、清朝復活を企図したものではない。あくまでも中国民衆の自治精神に基づくものである」と強調して、傀儡の匂いを消そうとした。

中華民国臨時政府は、一応中華民国の中央政府であるという建前をとり蔣介石の国民政府に対抗させたが、「臨時政府」の名が示すように一時的存在で、南京陥落後、華中に樹立されるはずの新政権との関係が曖昧だった。北京の臨時政府も中央政府になるのか、華北の一地方政権で終わるのかも不明だった。だが一九三八年一月一六日に近衛首相が、「爾後国民政府を対手とせず」と声明した時点で、日本の対手となる新政府は北京の臨時政府しかなかった。また中支方面軍も北支方面軍に対抗して、一九三八年三月二八日、南京に梁鴻志《リアンホンジー》を行政院長とする中華民国維新政府を樹立した。

**資源開発機関と交通機関の復旧整備の確立**　日華事変までの対華政策は、華北を華中、華南から分離して日満ブロック圏内に採り入れる華北分離工作を主眼とした。政府、軍部の指導者たちは、まず手近な華北を獲得して固めてから、徐々に華中、華南経済工作に取り組もうと考えていた。わかりやすくいえば、中国の心臓部、国際都市上海がある華中に、いきなり手を出す勇気はなかった。けれども日華事変が中国全土に拡大すると、政府や軍部は華北、華中を統合する根本的な経済政策の樹立を迫られた。

日本政府には具体的な方針や施策がなかったので、実際に開発する段になると主導権をめぐって意見の食い違いが露呈した。対華中央統制機関設置に関して、これを内閣直属とすることに対し、外務省側は外交一元化の建前から強硬に反対を表明した。政府は対華中央統制機関の樹立を急ぐために、一九三八年三月二五日、内閣法制局案と外務省案を折中した内閣直属の臨時部会「対支経済事務局」と諮問機関「対支経済審議会」を設置した。こうして不充分ながらも対華中央統制機関を成立させると、四月三〇日、「北支那開発株式会社法」(資本金三億五〇〇〇万円)及び「中支那振興株式会社法」(資本金一億円)を公布し、一一月七日、両社を設立した。

国策会社の北支那開発株式会社は、日満華経済を緊密にして経済開発を促進し、華北の繁栄を図ることを目的とした。この開発会社の統制の下に子会社(民間企業)に鉄道運輸港湾事業、発電、通信、鉱産、塩業等の事業を行わせることにした。中支那振興株式会社は、華中の復興に重点を置き、産業や金融を主な業務とした。両社ともに適当な財界人を指導者として招致したが、国策会社の官僚と子会社を経営する財界人との折り合いが問題だった。また資金に関しては、とりあえず三井、三菱両財閥に北支開発株式会社に各々三〇〇〇万円を出資するよう要請した。いずれは華北の開発と華中の復興に要する資金は二、三〇億円の巨額に達するといわれ、どのような方法で巨額の資金を迅速に調達するかが難問だった。

**華北金融の整備**　日本軍は華北の要地を制圧すると、親日的な政権を樹立した。軍部が環境を整えると、日本の民間企業を華北へ進出させ、資源開発事業や鉄道事業を行わせることにした。けれども、日本にとって中国は外国であるから、日本の通貨は通用せず、中国の法幣《ほうへい》(中央・中国・交通・中国農民銀行が発券する銀行券)しか通用しない。日華事変勃発当時、日本銀行券と朝鮮銀行券、満洲中央銀行券は等価でリンクしていた。日本銀行券と等価交換できる朝鮮銀行券や満洲中央銀行券を円系通貨と呼んだ。円系通貨で金融や貿易や投資を行うことができる円ブロックを形成することで、日本と朝鮮と満洲国の結束を強固にした。

意外に知られていないが、日本軍は、俸給給与を除き、原則として必要とする物資は現地で調達することになっていた。政府は現地軍が使用する現地軍費支払い通貨を何にするかそのつど決めた。ちなみに満洲事変では関東軍は朝鮮銀行券を使用した。

日本の国庫から支出される軍事費と巨額の経済開発資金を中国に向けて放出するのだが、その日本円を中国でどのような通貨として使用するかが問題になった。

そこでこの問題を軍事費に重点を置いて考えてみたい。日華事変前から華北分離工作を進めてきた日本は、一九三五年一二月に傀儡冀東防共自治政府を樹立すると、三六年八月には冀東銀行を設立して銀行券を発行させ、親日的な金融機関にした。一九三七年七月二九日の通州事件の際、保安隊が冀東防共自治政府政庁及び冀東銀行の建物を破壊した。

## 3　通貨戦争開始——中国聯合準備銀行設立

七月二六日、日本政府は一般会計及び特別会計から第一次北支事件費予算案として九七〇二万四〇〇〇円を閣議決定した。この時、国庫から日本円で支出される事件費を、華北でどのような通貨として使用するかが問題になった。軍票(徴発証券)、満洲中央銀行券、朝鮮銀行券、日本銀行券等が候補に挙がった。政府は初めは事件の現地解決を望み不拡大方針をとったので、軍票は採用しなかった。蔣介石が一貫して満洲国を否認していた関係上、華北で満洲中央銀行券を使えば、中国人の民族感情を逆なでし、反日感情を増すのは明白であった。だからといって、日本銀行券を法幣に両替して使用すれば、すなわち円売り元(法幣の単位は元で表示)買いになる。円と元の需給バランスが崩れ、元の価値が騰貴し円の価値が下落する。これは日本の為替管理政策上耐え難く、日本銀行券を採用できない。

そうなると、結局は朝鮮銀行券を使用するしかなかった。事変前から朝鮮銀行天津支店は朝鮮銀行券を発行しており、華北の天津、済南、青島で少額だったが流通していた。そ朝鮮銀行券は関東州や大連でも流通しており、満洲事変では朝鮮銀行券を使用した。それもあって関東軍や支那駐屯軍が使い慣れた朝鮮銀行券を採用することを決め、さしあたり一〇〇〇万の朝鮮銀行券を用意して現地軍の軍費支払いに充当することにした。

## 第一次通貨工作(軍票代用として朝鮮銀行券)

朝鮮銀行券による軍費支払いは七月から始まった。七月は五〇万円だったが、盧溝橋事件から北支事変に拡大すると、八月一〇五〇万円、さらに日華事変に拡大すると九月一七六五万円に急増した。三七年末までに現地軍の軍費支払い総額は九三〇八万円に達した。同年一二月末の華北占領地における朝鮮銀行券の流通高は四三六八万円に上った。事変勃発前の六月末の三〇〇万円と比べるとその激増ぶりに驚く。

朝鮮銀行券は日本軍の威力と宣伝工作によって、日本軍の前線地域では比較的円滑に流通した。けれども華北の一般民衆の間には普及も通用もしなかった。朝鮮銀行券は日本銀行券に換わっても、ポンドやドル等の外貨に兌換できなかった。特に天津の外国租界内では兌換性のない朝鮮銀行券は通用せず、天津租界内の取引はすべて法幣で行われ、法幣でなければガソリンその他を買うことができなかった。朝鮮銀行券で物が買えないとなると、いやでも法幣を手に入れて買わなくてはならない。日本軍が法幣を使えば、事変の進展と拡大に伴い、法幣の需要がますます増加するのは当然である。

八月一三日、日中両軍が上海で交戦を開始すると、国民政府財政部は金融の動乱を防ぐために「モラトリアム令」を公布し、中国側銀行の預金払い出しを制限した。また法幣の価値を維持するためにデフレーション政策を強化した。華北の法幣を引上げて華中へ南送させ流通量を縮小させると、法幣は日を追って高騰した。国民政府は法幣の需要を高めることで法幣の価値を維持した。流通量が激減した法幣を日本軍が大量に需要するという現象が生じ、法幣の価値は上がり朝鮮銀行券の価値は下落した。

法幣と円系通貨(朝鮮銀行券や日本銀行券)の価値の変動は一〇〇円＝一〇〇元を基準として、一〇〇円で法幣何元を買えるかで表し、その時の実勢で定められた。たとえば朝鮮銀行券一〇〇円で法幣一二〇元、さらに一三〇元を買える時は、「朝鮮銀行券が昂騰した、法幣が下落した」と言った。

増発により急速に下落した朝鮮銀行券は、八月中旬、朝鮮銀行券一〇〇円に対して法幣七一元の安値にまで落ちこんだ。朝鮮銀行券の価値の下落は日本銀行券にも悪影響を与え、日本円の価値も下落した。今後ますます増加する軍の支払いに専ら朝鮮銀行券を使い続ければ、朝鮮銀行券は更に下落する。

外国で日本の通貨を用いてその価値を維持するには、正貨準備(金)で裏付けるか、物資兌換を保障する必要がある。けれども日本の正貨(金)が不足しているような状況では、朝鮮銀行券の正貨準備を増やすことは困難だった。また事変が勃発すると日本国内の物資生産は民需を制限し軍需向けを優先したので、物資不足に陥った。朝鮮銀行券の裏付けのために日本国内の物資をどしどし華北に輸出する余裕はなかった。そうなると最後の手段として華北に軍政を施行して強制的に朝鮮銀行券を通用させるしかない。けれども戦争なら占領地に軍政を布くのは容易であるが、日本は日満華ブロック経済を確立して三国の共栄共存を事変の目的としている以上、華北の占拠地に軍政を布くことはできない。仮に軍政を布いたとしても日本軍の支配も権力も及ばない天津租界がある以上、軍政の効果は期待できなかった。

現実問題として、日本は朝鮮銀行券の価値を高めることはできなかった。また中国民衆は、法幣のみを信用し、日本軍の軍費として使用される朝鮮銀行券を敵の貨幣とみなしたため、朝鮮銀行券を受け取らず、日本人に法幣を与えるのを拒んだ。こうなると日本軍が朝鮮銀行券を使えば使うほど法幣は高値になり、日本軍が必要とする物資を購入するのが困難になり、軍費がかさむばかりだった。

一九三七年九月一二日、日本政府は、華北金融の自主性を画策するために「北支金融対策要綱」をとりまとめ、軍の現地支払いは俸給給与を除き原則として河北省銀行券を使用することを決めた。また「華北の各銀行の共同出資による聯合準備庫制度」を創設することにした。「聯合準備庫」とは、複数の銀行の出資・発券準備の拠出により聯合して兌換銀行券を発行する制度である。

### 第二次通貨工作（河北省銀行券の採用）

日本は戦闘では勝ったが、通貨戦では日本側の朝鮮銀行券は中国の法幣に惨敗した。そこで日本の円系通貨（朝鮮銀行券）を使用することを止め、地元華北の河北省銀行券を使用することにした。河北省銀行は冀察政務委員会委員長の宋哲元の機関銀行で、華北では国民政府の機関銀行中国・交通銀行に次ぐ地盤と信用を持っていた。発券額も五〇〇〇万元前後もあり、法幣とほぼ等価のパーで流通していた。日本はそこに目をつけ、河北省銀行の紙幣を使ってなるべく法幣を使わないことにした。ところがこれもうまくいかなかった。

当時華北で最も民衆が信用していたのは中国銀行、次いで交通銀行だった。したがって華北の金融は中国・交通銀行に依存し、各銀行間の決済は最終的には中国・交通両銀行で行われたので、河北省銀行ではとうてい太刀打ちができなかった。日本は河北省銀行券の信用を高めるために、折から出回り始めた棉花の買付けは、すべて河北省銀行券に限定した。

ところが、日本人棉花商人が日本円を河北省銀行券に換えて買い付けようとすると、奥地の農民は「法幣でなければ棉花は売らない」という。しかたなく棉花商人は河北省銀行券を中国銀行・交通銀行で法幣と引替えた。中国銀行・交通銀行はこれに応じて引替えるが、引替えた河北省銀行券の額を両行にある河北省銀行の預金高から切落とし、河北省銀行券を河北省銀行に返却するという方法をとった。河北省銀行券は、河北省銀行と中国銀行の間を往復環流するだけで、民間に流通しなかった。結局、日本政府と軍部は、物資を購入できない河北省銀行券を軍費現地支払い通貨として使用することを断念した。

華北の金融は法幣を発行する中国・交通両銀行の支配下にあった。そこで日本政府は中国・交通両行を抱き込んで、日本軍の軍費現地支払い通貨問題や、華北開発資金調達問題を解決することにした。当時この問題の担当者は、中国・交通両行を動かして味方につければ、親日的な河北省銀行や冀東銀行はもちろん、金城・塩業・大陸・中南等の華北の有力銀行も自然についてくる。そうなれば華北金融の大勢を容易に支配できると考えた。

一九三七年一〇月末、華北の主要な銀行の出資及び発券準備の拠出により聯合銀行を創設し、これを華北の中央銀行として紙幣を発行することを決めた。一一月二六日、日本政府は新政府(中華民国臨時政府)樹立に先立ち「華北聯合銀行(仮称)設立要綱」を閣議決定した。そして新中央銀行の紙幣を軍費現地支払い通貨として使用する、華北の法幣は回収する、新中央銀行発行の紙幣の対外価値は日本の金円にリンクさせ、その比率は金円と等価とすること等を決議した。

一九三七年一二月一四日、北京で中華民国臨時政府(以下臨時政府と略す)が樹立された。臨時政府は日本の傀儡政権で、中国側は漢奸たちが日本に国を売って創った偽政府と非難した。一九三八年一月七日、臨時政府は、中国聯合準備銀行(以下聯銀と略す)設立に関する政府声明を発表し、設立準備委員を任命した。設立準備委員の中には中国銀行の卞《ビエン》寿孫《ショウスン》、交通銀行の徐柏園《シュポーユアン》も入っていた。これは軍部が脅迫にも等しい懇請をしたからだった。日本側は、聯銀の設立、経営、聯銀券の普及工作、法幣回収工作等すべてを臨時政府の名義で行わせた。けれども実際は顧問阪谷希一をはじめ、日本の金融専門家たちが中心となり、総掛かりで準備を進めた。

一九三八年一月二七日、日本側準備委員五名、三森良二朗(日本銀行)、南部龍音(満鉄)、和田喜一郎(満鉄)、城慶次(満洲中央銀行)、岩本軍男(阪谷顧問秘書)が、北京で中国側準備委員と合流して、開業準備を開始した。二月に入ると日本興業銀行の上山英三理事ら一行が、日本側銀行の聯銀に対する信用設定契約及び臨時政府の聯銀出資に関する借款契約のために、また上海から三菱銀行賛事吉田政治が、華北・華中金融経済問題の打ち合わせのために北京に集まった。

これでわかるように、聯銀は表向きは、臨時政府が華北経営をするために設立した中央発券銀行という装いだったが、その実態は日本の傀儡銀行だった。日本の真の目的は聯銀券を発行して華北から法幣を駆逐し、日本の円とリンクさせた華北独自の新幣制を確立することであった。それによって日本は日満華円ブロックを確立し、華北の資源開発と市場の独占化を容易に行い、投資利潤を確保しようとした。このような経済的目的が重要なのはいうまでもないが、それ以上に重要なのは、日本軍の軍費現地支払い機関としての役割であった。

## 4　聯銀券と法幣の戦い

一九三八年三月一〇日は日本の陸軍記念日だった。この日、中国聯合準備銀行は北京に総行を、天津に分行を置いて開業した。総裁には中国銀行満洲総経理の汪時璟《ワンシーチン》が就任し、日本側は満洲国の幣制改革と満洲中央銀行創設に貢献した満鉄理事の阪谷希一を顧問として送りこんだ。聯銀は公称資本金五〇〇〇万円の株式会社で、第一次株式払い込み分は半額の二五〇〇万円とした。その二五〇〇万円は、臨時政府が半分の一二五〇万円、残りの半分を中国側民間八銀行に払い込ませることにした。その内訳は、中国銀行が四五〇万円、交通銀行が三五〇万円、河北省、金城、塩業、大陸、中南の各銀行が八〇万円、冀東銀行が五〇万円を払い込んで合計二五〇〇万円をまとめる予定だった。

けれども共同出資分を払い込んだのは河北省銀行と冀東銀行だけで、他の銀行は出資を拒んだ。発券準備のための現銀引渡しにも応じず、中国・交通両銀行の支店長は、本店と協議をしてくると称して香港に逃げたまま戻らなかった。臨時政府の出資分一二五〇万円は、朝鮮銀行が六五〇万円、横浜正金銀行が三〇〇万円、日本興業銀行が三〇〇万円を融資した。聯合銀行といっても共同出資に応じたのは以前から親日的な河北省銀行と冀東銀行だけで、肝腎の中国・交通両行は全く協力しなかった。

これでわかるように、聯銀は日本の傀儡銀行で、抗日に燃える中国民衆からみれば中国風に仮装した敵国銀行だった。聯合準備銀行という名称を付して発足させたのに、発足当初から馬脚を現してしまった。

臨時政府は一九三八年二月五日「中国聯合準備銀行条例」を公布した。その日、北京の日本大使館で中国駐在財務官として着任した大野龍太の歓迎会が開かれた。その席で北支方面軍司令官寺内寿一大将が、「大野さん、日支事変はどっちが勝っているのですか？」と尋ねた。大野が「それはまたどういう訳ですか？　どんどん勝っているようではないですか。あなたの方が判断できるわけですが」と答えると、寺内が言った。

「いやそうでない。日本の円と支那の元とを比較すると、日本の円は一二〇円くらいでないと一〇〇元と換えられない。大野さん、一つ一〇〇円が一〇〇元に換えられるようにしてもらいたい。明日からそうしてほしい」

大野が「それは無理な注文で、これには種々の理由があることです」と断ると、寺内は、「それは立派な理由はありましょうが、とにかく明日からそうしてほしい」と譲らない。

なぜここで寺内が円元パー(等価)をごり押ししたのか。その理由は簡単である。前に述べたように、日本政府は聯銀設立に際して、聯銀券を日本円にリンクさせてその比率は日本円と等価とすること、法幣を回収することを閣議で決定していたからである。それではなぜ日本政府は、聯銀券を日本円と等価と定めたのか。その第一の理由は日本・満洲国・華北間の物資の交流を円滑に行うためである。日本・満洲国・華北の間に為替相場を存在させず、取引の基準である相互の通貨の価値を等価にすれば、三国間の貿易は国内の取引と同じように円滑にできる。

第二の理由は、日本及び満洲国から華北への投資を容易にするためである。華北にある豊富な資源を開発するためには資本が必要だ。事変下においては、この資本は日本からの投資による外はない。したがって華北に対する投資を円滑に促進するには等価関係を維持しなければならない。

また日本円と等価にした聯銀券で法幣を回収すると決定した以上、日本円が法幣より安値という事態は許されない。少なくとも日本円と法幣はパーか、日本円を高値にしないと、誰も法幣と聯銀券を交換しないだろう。もしそうなれば法幣を回収することは困難になる。

結局寺内の強引さに負けた朝鮮銀行と正金銀行は、現地当局と協議し、円による棉花の買い付けを中止させ、極力法幣を売り円を買って円価をつり上げ、ちょうど開業前日に苦心惨憺して円元パーを出現させた。これでとにかく円と聯銀券、聯銀券と法幣はパー兌換ということにして、聯銀は開業した。

今度は聯銀券を事変の最中に敵地で新幣制として中国人に押しつけた。朝鮮銀行券や河北省銀行券は民衆に受け入れられず物資購入や労賃の支払いができなかったことから、臨時政府の聯銀券は、政治力で強制的に通用させることにした。

　臨時政府は三月一一日、「旧通貨整理弁法」「中国聯合準備銀行の発行する紙幣を国幣となすことに関する政府命令」「金融攪乱取締に関する弁法」等を公布すると共に、「聯銀券は対外価値を日本円と等価とすることに関する政府声明」を発表した。聯銀券を華北の唯一法貨とし、聯銀券以外の旧通貨は順次整理回収することにした。日華事変前、華北(河北・山西・山東省)には法幣三億五〇〇〇万元が流通していた。これを期限付きで聯銀券と等価交換して回収することにした。臨時政府は法幣北方券(券面に天津、青島、山東の銘記がある中国・交通銀行券)は向こう一年間、法幣南方券(中央銀行及び天津、青島、山東の銘記がない中国・交通銀行券)は三カ月間をもって流通を禁止した。日本円と等価でリンクさせた聯銀券で、一年以内に華北から法幣を回収して聯銀券一色に統一することにしたのである。

　こうして聯銀券は、日本軍の軍費現地支払い通貨、華北経済開発用通貨に加えて、法幣駆逐工作の武器としての役割を課せられたのである。けれども聯銀券は、発券準備のための正貨は乏しく、一志《シリング》二片《ペンス》の日本円と等価でリンクしているというだけで、外貨のポンドやドルと兌換できないうえに、まだ民衆に馴染みがなく信用度も低かった。

　一方法幣は、正貨準備が充分にあり、流通高は巨額で国民に信用されているうえに、外貨と兌換でき英米の大銀行がバックについて為替平衡資金を有している。一九三五年一一月の幣制改革から二年余の間に法幣は民衆の間にしっかりと根を下ろしていた。

臨時政府や聯銀側は、「旧通貨整理弁法」によって期限後は法幣の使用を禁止する、そうなれば法幣は無価値の反故になるので期限内に等価で聯銀券と兌換せよと、あらゆる機会をとらえて華北の民衆に呼びかけた。けれども回収率は悪かった。その原因として、以下のことが挙げられる。

一、外国銀行が外貨と兌換できる法幣を支援したので、市場では聯銀券よりも法幣の価値が高かった。市場で高い法幣を安い聯銀券と兌換する者はいなかった。

二、中国民衆は蔣介石の国民政府軍が日本軍に戦闘で負けても、首都南京が陥落しても法幣を信頼した。中国民衆は日常取引において法幣で充分用が足りていた。中国民聯銀券は日本の政治的・軍事的・経済的理由で発行されたものであって、中国民衆の需要に応えるために発行されたわけではなかった。そのために中国民衆は聯銀券を敵貨とみなして別扱いした。聯銀券が法幣を圧迫すればするほど、交換よりも法幣を退蔵したり南方へ避難させたりした。

三、国民政府は聯銀券を所有することも使用することも禁じたので、農民たちは棉花商から聯銀券を受け取っても、すぐに法幣と両替した。

四、北支金融の中心地である天津の英仏租界では、聯銀券にプレミアを付けないと流通せず、また法幣でなければ外貨が買えなかった。

結局、聯銀券による法幣回収計画は中国民衆や国民政府の抵抗にあって失敗した。臨時政府は聯銀券の価値を高めるために、一九三八年八月に一割切下げを行い、続いて翌年二月八日に再び法幣の対聯銀券価値を三割切下げた。更に聯銀開業一周年の三月一〇日に、一切の法幣流通を禁止した。この間、機会あるごとに法幣はやがて無価値になると民衆に宣伝して交換を勧めたが、三月一〇日までに回収できた法幣は三億五〇〇〇万元のうち約二〇〇〇万元程度に過ぎなかった。国民政府系の新聞『申報』は三月二日付で、「日本は華北で円ブロック計画を実施し、種々の方法を設けて中国法幣を破壊せんとしたが、中国側の適当な処置と人民の法幣に対する絶対的信頼とによって、偽幣をもって法幣に代えんとした日本の政策は失敗に帰した」と凱歌をあげた。

実際、切下げを実施して、当然に強くなるはずの聯銀券は、三、四月と法幣に対して一段と下落して、五月二日には一三四円の最安値をつける有様だった。日本軍もこの現実を否定できず「法幣の強靭性(その反面わが方政治力不充分)を無視し、一挙に法幣を抹殺するの処置をとりたるため、かえって法幣の攻撃に逢い、一九三九年三月の法幣流通禁止と共に聯銀券は三、四割方暴落せり」と認めざるをえなかった。華北が最安値をつけると、上海でも五月二二日、日銀券が法幣に対して一一二円の最安値をつけた。日本軍は「戦勝国の通貨が敗戦国の通貨より弱いとは何事か」と悔しがったが、どうにもならなかった。

このような日本と中国の通貨戦を目の当たりにした香港の英国官憲は、本国に次のように打電した。「事変の勝敗は通貨戦によって多分決定されるであろう。中国の法幣の価値が維持されているかぎり、日本が軍事力による成果を強固にしようと努力しても、ほとんど失敗に終わるであろう。法幣が崩壊すれば、民衆の法幣に対する信用に依拠しているゲリラ戦も壊滅し、日本は意のままに貿易や経済を支配するに至る」

この英国官憲の分析は正しく、日本は事変以来、武力戦では勝つが、通貨戦では負けて武力戦の戦果を帳消しにするので、事変の結着をつけることができないというジレンマに陥った。

一九三九年初頭に、蔣介石は「果たして日本は中国の法幣制度を破壊しうるか」と題して次のように述べた。

「もし今次の抗戦が一九三五年(幣制改革の年)以前に発生したならば、中国はもっと早く敗亡し、あるいはすでに辱を忍んで和を求めていたかもしれない……現在は幸にして法幣制度が存在し、……これによって良好な金融及び経済的秩序を維持し、長期抗戦の基礎を定めることができる。……ために日本は朝野をあげて法幣制度破壊の対策を鳩首研究し、もっていわゆる速戦即決の迷夢を実現せしめんとしている。日本が中国法幣制度を破壊せんと欲する対策は……みな華中を対象としている。華中の問題を解決しさえすれば中国の問題全部は解決するとみているのである。……（しかし）華中方面の市場で需要するところの貨幣は少なくとも一〇億元以上で、もし現金の準備を一〇〇分の五〇で計算すれば少なくとも五億元の価値ある現金を必要とする。しかし、偽維新政府やあるいは日本にそんな能力があろうか」

蔣介石の言う通りであった。華北の法幣三億五〇〇〇万元さえろくに回収できないのに、華中の一〇億元とどうやって対抗するつもりなのか。日本側には「価値ある現金」の余裕はない。英米から資金援助を受ける蔣介石政権が法幣を守り抜くか、あるいは謀略もまじえた日本の通貨工作が法幣を攻撃して、どれほどその外貨準備を奪取できるか、円対元の通貨戦争は一九三九年春から正念場を迎えつつあった。

## 5　北支円元パーと一志二片の桎梏

日本軍は日本円の通用しない中華民国という外国を戦地にした。日華事変が始まると、最初は朝鮮銀行券を軍費現地支払い通貨に決定した。臨時軍事費特別会計から現地中国に軍費送金する場合、次のような手続きを要した。臨時軍事費特別会計の支出が天皇の裁可を受けると、陸海軍省支出官が小切手を振出し、国庫金として日本銀行本店から日銀代理店である横浜正金銀行在華北支店に等額の国庫勘定の円資金が振込まれ、現地で朝鮮銀行券が払い出されるという方法をとった。それで朝鮮銀行の行員はリュックサックに朝鮮銀行券を詰めて、軍隊に随行して、現地支出、あるいは預金業務を行った。けれども軍隊が現地支払いとして、朝鮮銀行券を現地の実需を無視して放出すると、朝鮮銀行券の対法幣相場は下落した。

日本政府は朝鮮銀行券、河北省銀行券に次いで聯銀券を使うことを決めると、その聯銀券をいかにして調達するかが問題になった。これを現地軍の側からいえば、いかに簡便に現地ですぐに使える軍費を受け取るかという問題になる。一九三七年一一月一六日、陸軍省経理局は大蔵省理財局長宛に、北支作戦地域の拡大に伴い、軍資金を日本銀行代理店である正金銀行の天津、北京支店まで行って受領することは不都合なので、華北に日銀代理店または出張所を増設してほしいと要請した。

日本軍は七月二八日に総攻撃を開始すると、破竹の勢いで進撃した。一〇月一〇日には戦略的要地の石家荘を陥落した。作戦の中心地ともいえる石家荘から北京までは列車で一〇時間の距離があった。軍費を受け取るために石家荘と北京を往復するのはたしかに不都合だった。大蔵省は陸軍省の依頼を受けて、石家荘に日銀代理店を設置し、その業務を朝鮮銀行に委託した。

このような背景のもとに聯銀が設立された。そこで一九三八年六月六日、朝鮮銀行在華北各支店、出張所及び派出所(以下朝鮮銀行と略す)における中国聯合準備銀行(聯銀)の金円当座預金並びに聯銀本支店における朝鮮銀行の聯銀券勘定当座預金について「預け合い契約」を結び三月一〇日に遡って実施した。これによって日本銀行から朝鮮銀行東京支店を通じて華北の各朝鮮銀行に送金してくる北支方面軍の軍費を、現地軍に聯銀における朝鮮銀行の聯銀券預け金として支出するという方法をとった。簡単にいえば、大蔵省の国家から出た軍事費「日本円」が現地軍の手に渡る時には預け合い契約によって聯銀券に変わる。まるで手品のような巧妙な方法だった。

従来は現地軍は日銀代理店である正金銀行の支店がある北京や天津まで軍費を受け取りに行ったが、その手間を省き、現地中国の通貨(聯銀券)の形で軍費を聯銀の窓口で受領できるようにした。その手続きを聯銀北京本店と朝鮮銀行北京支店間の預け合いで簡単に説明しておく。

聯銀北京本店と朝鮮銀行北京支店は預け合い契約を結び、お互いに当座預金口座を設け、これを預け金勘定とする。聯銀北京本店は、朝鮮銀行北京支店内に聯銀北京本店名義の日本円当座預金口座(以下円口座と略す)を開く。また朝鮮銀行北京支店は、聯銀北京本店内に朝鮮銀行北京支店名義の聯銀券当座預金口座(以下元口座と略す)を開く。

現地軍隊に軍費として五〇万円を渡す時は、朝鮮銀行北京支店は自行内にある聯銀北京本店名義の円口座に五〇万円を貸記(出金)し、すぐにそれを聯銀北京本店に通知する。この通知を受けた聯銀北京本店は、自行内の朝鮮銀行北京支店名義の元口座に五〇万元を貸記(出金)する。そして現地軍隊が聯銀北京本店に取りに来たら、聯銀券五〇万元を支払う。この預け合い契約により現地軍隊は、円と元を交換する手間を省くことができた。

聯銀と朝鮮銀行の「預け合い」によって、信用力を創出し、日本はさしあたり軍費現地支払いを延期させることができた。朝鮮銀行を通して聯銀から軍費を借入れたので、朝鮮銀行は聯銀名義の金円当座預金に利息をつけた。聯銀は聯銀券を印刷して現地軍に支払うことで利息を稼いだ。一方朝鮮銀行は預け合いによって生じた円預金のうち、軍事費関係分はソウル支店に移しこれで国債を買い、朝鮮銀行券の発券準備に充てた。日本政府は、軍資金を調達するために発行した国債を消化できる。なんとも複雑で巧妙な金融操作である。こうして日本は、終戦に至るまで聯銀に聯銀券を印刷させ、軍費現地支払い通貨として使用した。この聯銀と朝鮮銀行の預け合い契約を考えると、寺内が強引に円と元を等価でリンクし、一志二片を堅持させた意味も理解できる。

日本は対英為替「一志二片の堅持」を国策にしたが、それには次のような事情があった。金本位制停止以後は、対外為替相場の安定と維持をはかり、国際収支のバランスをとることが重要な課題となった。満洲事変以後、日本は準戦時経済体制へ移行した。一九三六年の二・二六事件以後は、高度国防国家の建設を目指して本格的に生産力(特に軍需工業の生産力)拡充に着手した。

それからまもなく日華事変が勃発し、戦時体制を整備確立する必要に迫られた。日華事変は未曽有の国家総力戦で、莫大な戦費を消費し、短期間に兵力や武器弾薬を消耗した。フル回転で軍需品を生産しても間に合わない状況だった。ところが資源に乏しい日本は、生産力の拡充に必須な原料(鉄鉱、無煙炭、アルミニウム、錫、工業塩その他)を輸入に依存していた。またその他の軍需資材も輸入に頼っていた。

したがって生産力を拡充すれば、必然的に輸入は増大し入超となり、国際収支が悪化する。国際収支が悪化すれば為替相場は円安になる。円安は輸出には有利だが輸入品の値段を上げる。事変下、生産力の拡充に必要な物資を可能なかぎり大量に輸入したい日本にとって、円安は好ましくない。輸入に支障をきたし必需品が品不足になれば国内物価の高騰を招く。

これを防ぐために、日華事変が勃発すると政府は厳重な貿易管理と為替管理を実施した。平和産業に必要な原料を切りつめ、国民の暮らしに多大な犠牲を強いても、飛行機、自動車、武器、火薬等々の生産能力を高めることにしたのである。戦時中の物不足の原因はここにある。

一九三七年の貨物貿易は六億三六〇〇万円の入超を告げ、巨額の金の輸出で決済して、ようやく国際収支の均衡を得たが、今後はどうやって輸入超過分を決済するかが問題になった。万一、対英一志二片が維持できないと、入超額はさらに増大し為替相場が下落する。入超増大、為替相場下落が加速度的に進展すると、悪性インフレが発生し国家財政が破産する恐れがある。そうなれば戦争を遂行することも不可能になる。

第一次世界大戦でドイツが敗れたのは、その悪性インフレによるものであった。だから日華事変下、政府が「一志二片をあくまでも堅持する」と幾度も表明せざるを得なかったのである。「一志二片ライン」は帝国の生命線である」と大日本帝国の深刻な事態を論じている当時の金融関係の図書を読むと、「日本は戦争できる国ではない」とつくづく思わずにはいられない。

## 6　外貨獲得も法幣駆逐もならず

聯銀が一九三八年三月一〇日に開業すると、日本は傀儡銀行が新たに発行する聯銀券を国幣とし、聯銀券によって法幣を回収し、これを上海に移送して為替兌換を要求し、法幣を売り崩して外貨を獲得する策に出るだろう、という風評が立った。事実それこそが日本側の目論見だった。法幣相場が崩落気配を示すと、国民政府は三月一二日付けで輸入為替を統制するために、「中央銀行弁理外匯《ワイフイ》請核弁法」及び「購売外匯請核規則」を公布し、一四日より実施した。外貨(外匯)の売出しは上海にある中央銀行本店と香港通訊処に集中して行うこと、外貨は、中央銀行本店または香港通訊処に申請書を提出し、審査を経て許可証を受けてはじめて可能であると規定した。中央銀行は申請書を審査して外貨を割当て、一志二片四分の一の公定相場で売り出すことにした。これによって国民政府は、法幣売り外貨買いによる資本の逃避や、聯銀券で回収した法幣による外貨買いを防止すると同時に、輸入統制を更に強化した。

冥国銀行(あの世銀行)券，聯銀券を揶揄したビラ．天津で撒かれたもの

その際当初は、上海に外貨売却取次所を設けず、また外貨割当は外国銀行の国籍によって不公平があった。その結果、外国銀行の法幣対外国為替相場維持に関するモラル・サポートは放棄され、上海に国民政府の統制を離れて外国為替の自由市場が出現すると、為替相場は中央銀行が売り出す一志二片四分の一公定相場と自由市場の実際相場(闇相場)に分立した。この実際相場において法幣は暴落に暴落を重ねた。五月には一志を割り、六、七月には八、九片になった。さらに八月八日、中央銀行が一般輸入貨物に対する外貨売りを停止すると、ついに法幣は八片台を割るようになった。その後は、中央銀行に代わって香港上海銀行(以下香上《ホンシャン》銀行と略す)が八片台で外貨を売り応じ、為替操作のす

べてを行った。

前に述べたように聯銀券は対外価値一志二片の日本円と等価でリンクしている円系通貨である。一方、法幣の対外価値は一志二片二分の一だった。臨時政府は聯銀券と法幣の対外価値の差二分の一片を無視して円元パー宣言をした。対外価値からみると法幣一元と聯銀券一元を交換した時点で、二分の一片儲かるわけである。

聯銀が開業すると上海で自由市場ができ、実際相場で法幣は暴落し八片台に落ちた。それなのに華北では法幣を聯銀券と等価(一志二片すなわち一四片)で扱ったので、同じ法幣が華北と華中で六片の差がついた。本来なら、ここで日本の一志二片の為替基準を変更するか取り消すか、円と聯銀券のパー及び聯銀券と法幣のパーを取り消すべきである。

けれども円と聯銀券を切り離すことは聯銀への援助を中止することを意味し、円ブロック結成を日華事変の目的としている以上、実行できない。また聯銀券と法幣の切り離しも事実上不可能だった。天津では聯銀券は法幣よりも安く、プレミアをつけないと兌換できなかった。聯銀券は法幣に引きずられる形で法幣とともに相場は浮き沈みしていた。

上海に戦火が及ぶと日本軍は軍票を使わずに円札(日銀券)を用いた。また日華事変後日本の為替管理が強化されると、一般商人や旅行者はたくさんの円札を持って中国に出かけた。そのために、上海市場に円札が氾濫した。法幣はその価値が下落しても自由に外貨と兌換でき、無制限に物資を購入できた。ところが上海の日本の銀行は円札では外貨を売らず、また日本政府も上海の円の価値を裏打ちするための日本品を上海に向けて充分輸出させせなかった。外貨に兌換できず物も充分に買えないので、上海では円札の価値は法幣以下に下落した。「戦勝国の日本円が敗戦国の中国の法幣に対して下落するとは不都合だ、日本の威信に関わる問題だ」と息巻く日本人もいた。

上海に自由市場ができ、そこに円札と軍票が加わると、華北と華中の法幣、聯銀、円札、軍票の価値に差が生じた。それでも華北の天津租界内の中国・交通銀行や外国銀行は、「円元パー」を逆手にとり、下落した法幣と聯銀券を同価値に取扱った。

華北における聯銀券と法幣、華中における円及び軍票と法幣、日本内地の円と華中の円、華北と華中の法幣等々、価値の相違を利用して、多種多様な、考えつく限りの犯罪、思惑買い、不当利得行為が横行した。単純な「円元たらい廻し」は華中と華北の間を法幣→聯銀券→軍票→円→法幣という調子に乗り換えて循環させて利ざやを稼ぐのである。たとえばまず上海において七片に落ちた法幣一元を買い、これを元手にして華北の北京の聯銀で聯銀券一元と兌換する。この聯銀券一元を日銀券一円と兌換し、天津租界の正金銀行で一志二片(一四片)に兌換する。すると元手の七片が倍の一四片になる。華中と華北を往復するだけでぼろ儲けができた。

在華日本商人は、下落した法幣を利用して八片で中国から輸出できた。けれども内地輸出商は日本の国策レート一志二片で輸出しなければならない。同じ品物でありながら製造国が違うために内地輸出商人は在華日本商人に太刀打ちができなかった。また在華日本商人は日本から円建て円決済で輸入した場合の決済に、上海で氾濫している安価な円を買って日系銀行に払い込み、不当利得を得た。また法幣の先安を見越して外貨の思惑買いなどが行われた。

このような犯罪、思惑買い、不当利得行為が横行した原因は、「円元パー」と日本の国策レート「一志二片」だった。

日本円は対外価値一志二片を国策レートとしたので、聯銀券の名目的価値も一志二片だった。同じ品物なら安い方が売れるに決まっているので、中国から輸出する場合は一志二片よりも八片の方が有利だ。一志二片でしか売ることができない日系輸出商は、対日満向け輸出以外は全く不振で休業状態に陥った。そうなると自然に輸出物資は八片で売る外国輸出商に流れ、輸出為替も自然に外国銀行に集中し、第三国からの輸入も外国銀行を通じて外国商人が独占するようになった。

こうして輸出入貿易が外国商人に独占された結果、華北経済開発のために必要な資材の輸入が困難になった。たとえば鉄鋼の製造に不可欠な山西省の無煙炭を開発するためには、鉄道を新設しなければならない。そのために必要な建設資材を日本から華北に供給することはできないので、事業者自身が第三国から建設資材を輸入するしかない。貿易は外国商人に独占され外貨を収得できず、必要な物資の輸入もままならず、華北経済開発は著しく遅延した。

日本は臨時政府を通じて外貨獲得と法幣駆逐のためにさまざまな対抗策を講じた。けれども天津租界があるために、法幣を徹底的に攻撃することができなかった。租界は、一八四五年、英国が上海に創設したことに始まり、租界設定国の経済的足場と居住民の安全居住区域を確保するために設けられた。租界は中国の主権から独立していたので、政変、天災、飢餓、戦乱等の危難から避難できる安全地帯だった。また租界は租界設定国以外の第三国の政治的、軍事的干渉を拒否できる。こうして安全と治外法権を保障された天津租界は、華北の金融、経済、商工業の中心地になり、銀行、商社、貿易商が軒を連ねた。臨時政府が法幣の発行を禁止しても、天津の英国租界にある中国・交通銀行は治外法権を利用して堂々と法幣を発行することができた。天津租界内で流通している法幣を駆逐することは不可能だった。

一九三八年一〇月、臨時政府は為替基金を利用させて一志二片貿易及び青島における貿易管理を強行した。だが為替基金の利用には、ひどく面倒な手続きを要し、また利便性を欠いたので、不評を買っただけで終わった。しかも青島で貿易管理を強行すると、天津租界の治外法権を利用して天津租界の埠頭から輸出したり、貿易管理をしない港から積み出したりしたので、貿易管理を強化しても効果はなかった。

## 7　日満華経済ブロックの皮算用

日華事変勃発で、中国は最後の関頭に立って徹底抗戦、持久戦、長期抗日戦を覚悟した。その中国にとって法幣は大きな抗戦力となった。これは日本にとっては大誤算だった。中国は日華事変が勃発すると、外国銀行と協力して法幣維持のために全力を傾注した。為替統制、貿易管理、物価対策、経済建設、輸出奨励、米中銀協定の強化、列強からの借款、為替平衡委員会設置等ありとあらゆる方法を積極的に採用し、法幣の維持と強化を図った。

中国は、敵国日本の法幣攻撃に対して次のような危惧を抱いた。

一、日本は聯銀を設立し、聯銀券を発行して法幣とともに流通させ、その後法幣の流通を禁止して法幣を回収して取得する。その法幣で外貨を獲得し、その外貨によって欧米から軍需及び建設資材を購入し、中国を敗戦させるつもりだ。

二、円紙幣、聯銀券、軍票を流通させて、中国の土産品を収買する。その土産品を法幣に換え、その法幣によって外貨を獲得する。

三、占領地区内の商品市場及び原料市場を支配して、そこで過剰商品または土産品を収集してこれを中国商人に販売、または輸出して法幣及び外貨を獲得する。

四、占領地区の税関を支配して、関税を通じて法幣を取得し外貨に換える。

そこで中国側はまず、円系通貨(聯銀券や軍票)を受け取ること、使用すること、収蔵することを禁止し、違反者は漢奸とみなして厳しく処罰した。日本の物資が中国内地に流入することを禁止すると同時に、内地に避難させた法幣を日本側に取得されないようにした。法幣の流通量が増すと、日本側に容易に取得されたり利用される惧《おそ》れがあるので、法幣の流通量を制限した。為替管理を強化して日本側が外貨を獲得するのを防止した。

日本軍はたしかに戦闘には勝った。だが金融戦、通貨戦、貿易戦では勝てなかった。日清戦争以来、日本は中国を過小評価し、中国人を蔑視した。中国人を幼稚な子どものようにみなして、そのパターナリズム(父権主義)から脱却できなかった。そのために中国人が投機的才能にたけ、商売上の戦術巧者であることを無視した。威圧的態度で臨めば何でもいうことをきくという思い込みが、いつも誤算を招き、失敗して大損害を被っても、それを認めようとしなかった。

聯銀券で法幣を回収できず、華北から法幣を駆逐できないと、これを全部、法幣と蔣介石政権を援助する英国のせいにした。天津租界を抗日の拠地にしている英国が悪い。華北経済開発が順調にいかないのも英米のせいだと責任転嫁し、両国を敵視するようになった。一九三九年の天津租界問題(次章の2で触れる)は、英国に対する不満の爆発だった。

軍部は、華北には鉄鉱、石炭、棉花、羊毛、塩等の資源が豊富にあり日本の開発を待っている、「日満華経済ブロック」によって自給自足経済《アウタルキー》が今にも確立できる、というような幻想を国民に振りまいた。けれども事変二年目に入り、いよいよ北支那開発株式会社が開発事業を開始することになり、主要な資源開発に関する問題を検討すると、深刻な現実が浮かび上がってきた。

**鉄鉱**　鉄鋼原料の自給自足は、日満華ブロックでは不可能である。鉄鉱埋蔵量は日本内地が八〇〇〇万トン、満洲国一二億トン、朝鮮一億二〇〇〇万トンで合計約一四億トン。これに対して、華北五省の鉄鉱埋蔵量は一億五〇〇〇万トン、華中の長江流域(大冶を除く)が三五〇〇万トンで、満洲の一二億トンに比べると貧弱なものだった。それを実際に生産するとなると察哈爾省の龍烟、山東省の金嶺鎮、山西省の陽泉の鉄鉱山はいずれも交通不便の地にあり、開発は容易ではない。龍烟鉄鉱の施設を整備して採掘できたとしても、これを日本に輸出すると運賃が割高になって儲けが出ない。したがって龍烟鉄鉱山を開発するためには新たに製鉄所を天津あたりに建設しなければならない。仮に日満華ブロックができても、鉄鉱原料不足は解消できないことが判明した。

**石炭**　石炭の埋蔵量は、華北、華中合計で実に一三三五億トンという巨大な数字となる。日本の埋蔵量一五二億トン、満洲の八七億トンに比べて、はるかに高い数値である。しかし、この豊富な資源も交通不便と資本及び技術不足のためにほとんど開発されず、実際の出炭高は一五〇〇万トンに過ぎなかった。したがって輸出高はわずか一三〇万トン見当である。今後四カ年のうちに日本内地への供給は一〇〇〇万トン、現地で液化する分を含めて大体三〇〇〇万トンの生産を目標とした。つまり一九三八年現在の二倍の増産を目標とした。増産計画の対象とされた主要炭鉱は、開灤《カイルアン》、井陘《ジンシン》、正豊《ジョンフォン》(以上山西省)、大同(綏遠省)、その他山東省などの炭鉱だった。ほとんど無尽蔵といわれる山西省の無煙炭は日本が最も必要とした資源であるが、いずれも交通不便である。津石鉄道を完成させて滄州まで輸送できるようになり、三〇〇〇万トン生産が実現すれば、日満華ブロックの石炭は完全自給できる。

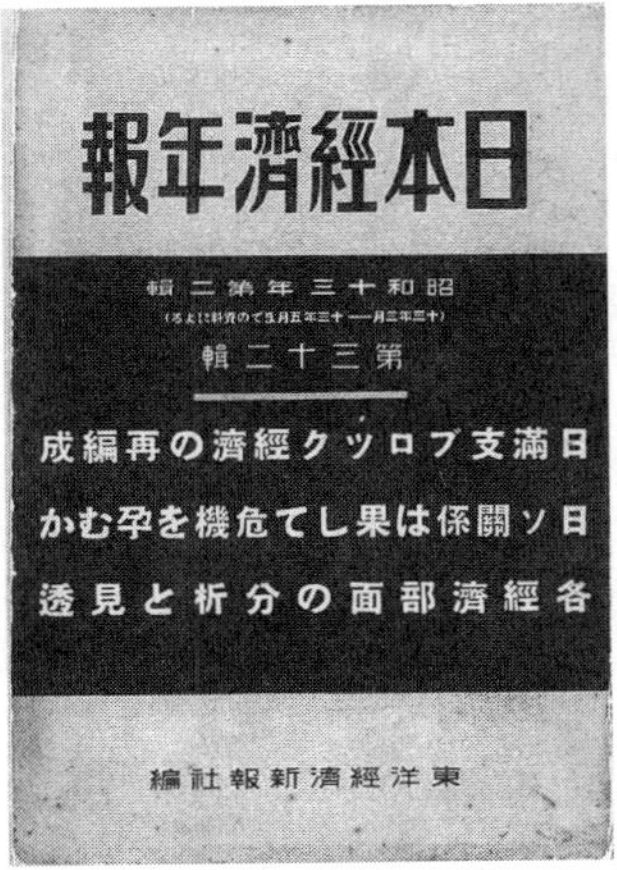


『日本経済年報・昭和13年第2輯』

**棉花**　中国の棉花は日本の紡績業に適す品種ではない。品種改良をして紡績用棉花を増産し、完全に日本の需要を満たすには二〇年、三〇年はかかる。

**羊毛**　中国では羊は食肉、毛皮用に育成されていたので、羊毛の品質が悪い。死毛が多く、土砂が混入し、毛足が不揃い、柔軟性を欠き、弾力が少ない等々の欠点をもっている。したがって羊毛はカーペットの原料になっても紡績には適さない。紡績用の羊毛を得るためには、品種改良をしなければならない。緬羊の品種改良は棉花のようにおいそれと容易にはできないので、自給の見込みは薄い。

**塩**　日本は必要とする塩の大部分を輸入に依存していた。輸入塩のうち二五％は満洲・中国から、残りの七五％は地中海・紅海方面から輸入した。工業塩の需要増加に対応するために、一九三六年に満洲産業開発五カ年計画を立て、満洲、関東州の塩の増産と、華北の山東塩、河北省の長蘆塩の開発にも着手した。日本が投資をして、設備を拡張し増産すれば、四カ年後には日満華ブロック内で日本の工業塩需要を完全に自給できる見通しである。問題は中国では塩は国家の専売で、輸出ができるかどうかは不明だった。

以上をざっとみても、華北の資源は、日華事変に訴えてまで獲得し開発する価値があるのだろうかと首をひねってしまう。『日本経済年報・昭和一三年第二輯』(一九三八年七月・東洋経済新報社)は次のように警告を発している。

以上重要国防資源たる鉄鉱、石炭、棉花、羊毛、塩について観てきた。北、中支は確かにこれら資源〔重要国防資源〕を豊富に保有している。しかしそれは現在では大部分眠れる資源である。従ってこれが開発には、まず鉄道を敷設し、港湾を築く等の基礎工作から施さなければならない。この意味で相当の資金と準備をもってかからねばならぬのだから、四年や五年で物にできるなどと考えることは楽観に過ぎるだろう。

そして、「これからの満支開発には巨額の資金を要するのは当然だが、我が国は果してこれを賄えるであろうか」との懸念を抱かせるような分析している。一九三六年秋、満洲国、関東軍、満鉄等の在満機関が協力して「満洲産業開発五カ年計画」(以下五カ年計画と略す)を樹立した。五カ年計画の最大の目的は、近年目覚ましい極東ソ連の経済的発展に対抗し、基礎産業と軍需生産の飛躍的増産を図ることであった。一九三七年度を初年度とする五カ年間で、満洲国の原料資源を積極的に開発し、現地調弁主義に基づき石炭・鉄鉱・製鉄の増産、石炭液化工業の確立、塩・金・自動車・兵器・飛行機・小麦・棉花・亜麻・その他食糧作物の増産を目指した。一九三六年一二月に発表された五カ年計画所要資金は、当初二三億五〇〇〇万円だったが、日華事変が勃発し軍需資材の需要が急増すると、事変の遂行に適応するために五カ年計画を大修正した。計画の第二年一九三八年度から第五年一九四一年度までの四年間の所要資金は約六〇億円と一気に二倍半に増加した。さらに今後四年間に、華北の資源開発に要する資金約一五、六億円、華中の復興建設資金二、三億円を要する。一九三八年度から一九四一年度までの四年間で、満洲国と華北、華中の産業開発所要資金は約八〇億円の巨額に達した。

さらに、「現在の日本は、対華戦のために八〇億の予算を組み、また生産力拡充に五二億の資金を必要としておるのだ。これをいかにして賄うかが大問題となっている際、さらに満華開発に一年二〇億余の資金を捻出する余裕があるであろうか。公債を出し、紙幣を増発すれば国内的には資金はいくらでも得られる理屈だが、肝心の物資の無いのが最大の悩みだ。従って満洲においては、対米クレジットを考えており、また中国でも外資の吸引には努力するようである。もちろんこれはおおいに必要なことに相違ないが、目下のところこれに大きな期待をかけるわけにはいかぬ。そこで日本官民の大覚悟が要求され、同時に大陸経営において『焦る』ことが禁物だ」というのである。

また田中直吉『国際政治から観た日支の抗争』(一九三七年・立命館出版部)の「北支と日本経済」も、「日華交戦による輸出の停頓、輸入の増大、戦費の著大とあいまって、華北開発は日本経済にとりますます重荷となる」と断言している。

当時の出版物を読むと、結構冷静に経済的利害を分析して、警告も発しているが、いったん戦争への道を歩みだした日本を止めることはできなかった。

# 第13章

# 天津租界問題とノモンハン事件

「支那事変」戦況要図

## 1　侵攻は鉄路に沿って

日本軍は盧溝橋事件が勃発すると、鉄道に沿って華北から華南まで進撃して政治、経済、軍事上重要な要地を攻撃し占拠した。これらの重要都市を占拠すると同時に中国国有鉄道を管理下に置き、抗日戦の補給路を断とうとした。以下は鉄道各線である。

**▼京漢鉄道**　北京から河北、河南、湖北省と南北に縦断して漢口に至る総延長約一四九五キロの国有鉄道。京漢鉄道の北京・盧溝橋・長辛店・保定・正定・石家荘・彰徳・鄭州・漢口で日本軍は中国軍と交戦した。日本軍は保定で会戦を行うつもりだった。「会戦」というのは、一挙に局面打開の目的で両軍主力の大兵団によって行われる決戦のことである。また決勝的効果をもたらすための兵団主力の戦闘及びその前後における行動であるとか、敵を圧倒的に壊滅するために通常軍以上の大兵団で行う戦闘及びその前後の機動をも含めて、会戦と総称する。保定は抗日勢力が強く中国軍の主力が集中していたので、日本軍は会戦で中国軍の主力を壊滅させる計画だった。けれどもいざ起動してみると中国軍は撤退していて会戦にならなかった。日本軍は空振りさせられた。

**▼石太鉄道**　京漢鉄道の石家荘から分岐して山西省の省城がある太原に至る。途中に経済的に重要な井陘《ジンシン》炭礦がある。日本軍は石家荘、井陘、太原を占領し、石太鉄道を日本軍の管理下に置いた。

**▼膠済鉄道**　山東省の青島から済南を結ぶ鉄道。

**▼津浦鉄道**　天津から浦口(南京の近く)に通じる総延長約一〇〇〇余キロの鉄道。天津・滄州・済南・徐州・蚌埠《バンプー》で日本軍は交戦した。

**▼隴海鉄道**　連雲より蘭州に至る一二五八キロ余の鉄道であるが、初めは甘粛省(別名は隴《ロン》)から陝西省、河南省を経て江蘇省の海州に出る線を予定線としたので隴海線と称する。海州・徐州間、徐州・開封間、開封・洛陽間、洛陽・潼関間、潼関・西安間の各線を併合統一したものである。各線連結点で戦闘が行われた。日本軍は津浦鉄道と隴海鉄道が連絡する徐州で北支方面軍と中支方面軍が協力して会戦を行った。

徐州作戦は徐州包囲戦ともいう。江蘇省にある徐州を包囲するために、津浦鉄道の済南、蚌埠及び隴海鉄道の海州と鄭州間を遮断した。交通と補給を遮断して徐州付近に集結する中国軍約五〇個師を包囲撃滅し、中国軍の主戦力を粉砕しようとした。五月五日、一斉に進撃を開始し、五月一二日、大黄河の敵前渡河を決行した。一四日、隴海鉄道を遮断し、一九日に徐州を完全に攻略した。この徐州作戦を準備中、台児荘《タイアルチュアン》(徐州の東北三〇キロ)で突出前進した北支方面軍第二軍の瀬谷支隊は、中国軍に逆に包囲されて大損害を出した。四月六日、激戦の末に瀬谷支隊は救援部隊とともに退却した。前進あるのみで退却や後退は絶対にあり得ない日本陸軍を退却させたので、中国は「台児荘の勝利」といって大いに宣伝して将兵の士気を高めた。また中国軍は日本軍の作戦を察知していち早く西南方面に撤退して会戦を避けた。日本軍はほとんど無血で徐州を占領したが、会戦はまたしても空振りに終わり、事変の決戦的効果を得ることができなかった。

中国軍側は、日本軍が徐州作戦の後は隴海鉄道と京漢鉄道の連結点の鄭州から南に進撃して漢口を奪うに違いないと恐れた。そこで中国軍は焦土作戦に出た。隴海鉄道の開封の西北方及び鄭州の北方二カ所で合計十数カ所にわたって黄河の堤防を決壊して氾濫させた。黄河を氾濫させたので河南、安徽、江蘇省は大規模な水害にあったが、日本軍を立ち往生させ、追撃を遅らせることができた。その間に中国軍は態勢を挽回した。

**▼粤漢鉄道**　揚子江をはさんで漢口と向かい合う武昌と広東省の広州を結ぶ総延長距離約一一〇〇キロの鉄道である。また広州から広九《ジュージアン》鉄道で香港の九龍《ジューロン》まで通じるので、粤漢鉄道は中国にとって極めて重要な国有鉄道だった。日本軍は粤漢鉄道の武昌・岳陽・長沙・衡陽・広州等を攻撃した。粤漢鉄道は揚子江の中流にある武漢(武昌と漢口)で京漢鉄道と連絡し、両鉄道は中国大陸を縦断して河北省の北京と広東省の広州を結ぶ。北京・広州間の距離は新幹線東京・博多間の倍に匹敵する。

日本軍は徐州作戦の後、武漢と広州を攻略する作戦にとりかかった。一九三八年一〇月一二日、バイアス湾に敵前上陸し、二一日午後三時三〇分広州市に入城した。また日本軍は、一〇月二五日に漢口の一角を占拠すると、翌二六日、武昌を攻略した。そして二七日午後五時三〇分武漢三鎮を完全占領した。日本国民は、広州占領から一〇日も経たないうちに武漢三鎮を占領したという報せに沸き返った。

ここで武漢三鎮について簡単に説明をしておこう。

揚子江の中流にある武昌、漢口、漢陽の三都市を武漢三鎮という。武漢三鎮は現在では武漢市になっている。漢水と揚子江が合流する地点を間にはさんで三叉の形で接する武漢三鎮は水陸交通の中心地で、「九省の会」と言われ、華中九省の富がここに集まる。奥地の門戸として物資の一大集散地だった。ここに集められた物資は揚子江の下流の上海から輸出された。中国国内の移出入合計をみると、漢口は上海に次ぐ額を示していたが、統計から洩れているジャンクによる貨物輸送量を考慮すると、漢口の地位は極めて高い。上海と武漢は「唇歯輔車」の関係にあり、中国では昔から「武漢を制するものは中国を制す」と言われてきた。

日本軍は、武漢作戦によって見事に武漢三鎮を陥落し、京漢鉄道と粤漢鉄道も抑えた。日本国民は、これで日華事変は終わるだろうと期待した。けれどもその期待は外れた。というのは武漢三鎮を失っても、中国側は抗戦意欲を捨てなかったからである。

会戦に勝てば事変に勝てるという図式は、日華事変では通用しなかった。日華事変は毛沢東が説いた持久戦の第二段階、すなわち「対峙段階(日本側の戦略的守勢、中国側の戦略的反攻準備)」に入っていた。日本軍もやっと中国軍の長期持久戦、抗日遊撃戦の意味を理解するようになり、方針を変えた。武漢三鎮攻略後は、大本営はここに制令線を設定し、現地軍が線外に出て作戦をする場合は大本営の許可を必要とした。日本軍は武漢攻略戦を終えると、大規模な会戦作戦は取り止め、占拠地を「治安地域」と「作戦地域」に分け、治安地域は現状維持と治安確保に努めることにした。

日本軍はしばらくは抗日勢力の掃蕩戦に専念したが、一九三九年三月二七日、武漢作戦から五カ月ぶりに大規模な戦闘を行い南昌《ナンチャン》を攻略した。日本軍は事変勃発から武漢三鎮を占領するまでの間に中国の鉄道網のほとんどを抑えたが、浙江省と江西省の南昌を結ぶ浙贛《ジャーガン》鉄道はまだ支配していなかった。南昌は揚子江流域の九江を結ぶ鉄道の起点であり、政治、経済、軍事上の要地で人口五〇万の大都市だった。日本軍は、抗日勢力を撃滅し、奥地と沿岸部の交通を完全に遮断して敵の補給路を断つために、南昌を攻略する必要があった。

毛沢東は持久戦の第二段階では日本側は「戦略的守勢」をとると述べた。たしかに一九三九年に入ると、日本軍は敗残兵や抗日ゲリラの掃蕩戦や援蔣補給ルートの壊滅のために戦うようになった。軍需工業力に欠ける中国は、武器弾薬その他軍需品の一切を輸入に頼っていた。日華事変が勃発すると日本海軍は中国沿岸に平時封鎖を実施し、中国籍船舶の交通を遮断してこれを排除した。またアメリカは日華両国に中立法を準用して、米国籍船舶が戦時禁制品を中国に輸送することを禁止した。けれども平時封鎖の下では、蔣介石政権を援助する英米仏等の船舶の交通を完全には遮断できない。それを利用して、援蔣第三国(英米仏等)は中国に武器弾薬軍需品を供給し続けた。これは戦争ではなく事変という変態的状態のせいだった。日本軍は、蔣介石が日本に屈服しないのは、英米を中心とする援蔣第三国のせいだ、中国に武器弾薬軍需品を売りつけるために、中国に長期戦をそそのかし東洋の平和を攪乱している、と怒りを露わにした。

日華事変は泥沼化し長期戦になったが、今後、蔣政権の対日抗戦を継続させるか、終熄させるかの鍵は、まさに援蔣第三国の手に握られている。こう考えた日本軍は、抗日戦継続を阻止するために、武器弾薬軍需品の補給路すなわち援蔣ルートを遮断、破砕すると同時に、抗日遊撃隊、国民政府軍残党の掃蕩戦に重点を置く作戦に転換せざるを得なかったのである。

援蔣ルートは西北ルート、西南ルート、仏印ルート、ビルマルート等多種多様なものがあった。香港から広州に入り、そこから広九、粤漢両鉄道、その他自動車路等を利用する西南ルート、ポルトガル領の澳門《マカオ》から香港へそして広州を経由するルート等は、いずれも香港を拠点とした。香港を経由する物資は援蔣第三国から供給される全物資の八割にも及んだ。香港は英領、澳門はポルトガル領なので日本軍は攻撃できないが、広東省や福建省の沿岸部、揚子江の武漢三鎮やその流域、粤漢線、広九線の沿線周辺の要地を狙っては攻撃を加えた。

## 2　天津租界問題の顚末

一九三九年から日華事変は持久戦の第二段階に入った。第一段階で日本軍が占領した広大な地域は、鉄道線路という骨についた薄い肉のようなものだった。日本軍は揚子江の河口から上海、九江、武漢三鎮、宜昌《イーチャン》と上流に向かう要衝を押さえ、海南島《ハイナンダオ》、広東、九龍、厦門《シャーメン》、仙頭、威海衛《ウェイハイウェイ》、青島、天津等、沿岸の重要な海港も押さえた。これで中国貿易が大打撃を受け、経済は混乱し、財政は逼迫するはずであった。さらに政治的には外国との連絡が不自由になり、列国の対支援助や借款は具現化せず、阻害されると日本軍は読んだ。

だが、海岸部からの援蔣ルートを遮断しても、援蔣ルートが全く消滅したわけではなかった。仏領インドシナの海防《ハイフォン》から河内《ハノイ》を経て雲南に通じる鉄道、同じく広西省龍州《ロンチョウ》に至る鉄道があり、英領ビルマより雲南に至る公路、仏領インドシナから広東に至るまでの海岸より陸揚げして、水路及び公路で奥地に運ぶルートもあった。しかしいずれも大規模ではない。

その中で有力視されたのが仏領インドシナからの二本の鉄道であったが、この鉄道は狭軌で、そのうえ山岳重畳する中を行くので、その輸送力は大したことはないと思われた。だが他に有力な輸送ルートがなければ、中国側はこの鉄道に依存しなければならない。ただ雲南・広西の南寧方面からは湖南、四川に通じる公路が完成間近だった。援蔣ルートの中心地として、近い将来はおそらく雲南、南寧が登場するであろうと予測された。また国内では公路に通じる四川省の重慶、湖南省の衡陽が中心地となりつつあった。

そうした背景の下で天津租界問題が起きた。一九三九年四月九日、天津の英国租界のグランド映画劇場で中国人二名が抗日分子に射殺された。被害者は聯銀天津分行経理兼天津海関監督程錫庚《チョンシーゴン》とその妻だった。

聯銀は日本の傀儡銀行である。また日本は中国の重要な財源である関税を抑え、国民政府の財源を奪った。抗日分子からみれば程錫庚は漢奸(裏切者、売国奴)で、テロの標的にされる条件を備えていた。

日本軍は英国側に犯人の引渡しを要求したが、英国側は応じなかった。田代重徳天津総領事は、五月三一日、英国天津総領事に六月七日正午までに犯人を引渡すか否かを回答するように申し入れた。現地の英国天津総領事は日本側の要求を受け入れようとしたが、本国のハリファックス外相は六月五日、クレーギー駐日大使に「英国は日本の要望

封鎖された天津租界，道路の中央を境に向こう側が英仏租界(右)．
中国人女性の所持品を調べる警備員

に応えようとしてきたが、犯罪証拠のない人々を処刑のために引渡すことは英国の正義感に一致しない」と有田外相に伝えさせ、犯人引渡しを外交ルートを通じて拒絶した。そして日本側に、四人の容疑者を特別法廷で審理をして、有罪ならば日本側に引渡すという提案をした。現地軍当局は有田外相に英国側提案を拒絶すると伝えた。天津軍は一三日、「事件は単に容疑者の引渡しだけでは解決しない。英国租界当局が一八〇度の転回により北支の新情勢を認識し、衷心より日本と提携し東亜の新秩序建設に協力するまで矛を収めない」と声明した。つまり英国に対して援蔣的態度を放棄して親日的態度をとって日本に協力せよと脅したのである。

租界は中国の主権が及ばず、租界内は中立と安全を保障されている。また租界では治外法権が認められている。租界設定国の英国にしてみれば、臨時政府や日本軍の犯人引渡し要求を認めることは、自ら治外法権を撤廃するようなものだ。そんなことをハリファックス外相が素直に承知するわけがない。

六月一四日早朝から、現地日本軍は天津の英仏租界周囲を鉄条網で包囲し、外周の七通路と白河で検問検索を実施した。そのために租界の中へは食糧も入らず、汚物搬出もできず、商売もできない。港湾労働者の苦力《クーリー》も休業を余儀なくされ、租界の内外から日本と英国に苦情が殺到した。

日本側は六月二三日に、温世珍《ウエンシーチエン》天津市長から英仏領事に対して犯人の引渡しとともに、租界内での法幣流通禁止、現銀の搬出等臨時政府の通貨政策への協力を申し入れさせたが、英国は拒絶した。上海の銀行家や実業家もこれを支持した。カー駐華英国大使は、日本側要求を拒否するように本国のハリファックス外相に打電した。要するに英国は「一〇〇〇万ポンドの為替資金を設定して、華中・華南の法幣維持に努めているのに、華北では法幣を否定する二重人格みたいなことなどできない」という立場で、日本軍の要求を拒否したのである。

六月二〇日、クレーギーは有田と面会して、交渉を東京かロンドンで開くことを申し入れた。日本側もこれに同意し、七月一五日から日英東京会談を開くことにした。

北支方面軍は軍費現地支払い通貨として聯銀券を使用している。法幣に引きずられて聯銀券の価値が下がると軍費がかさむので、日本軍としては法幣の流通を禁止して聯銀券一色にして、聯銀券を円と同価値の一志二片(一四片)で通用させたい。長期戦が避けられない以上、軍費の増加は戦略的に見ても好ましくない。そんなわけで軍部は天津租界問題を好機に一気に法幣問題を解決したかった。

日英東京会談に臨む現地の天津軍は、この交渉に関する根本原則を定めた。

一、英国は日華事変に関し厳正な中立を維持し、特に一国に対し、その抗戦力を増加する目的をもって援助を与える意思のないことを声明する。

二、華北の新事態ならびに新秩序建設に関する日本軍の努力を認識し、秩序回復及び維持の妨害となる行為を差し控える。

この現地軍案に陸軍省、外務省、政府が同意し、日英交渉はまず軍部案の根本原則に基づく一般原則を諒解した上で、租界に関する治安問題、経済問題をとり上げることにした。

有田・クレーギー会談(二人だけで会談した)は、七月一五日、一九日、二一日、二二日にわたって行い、一般的原則の諒解に達した。七月二四日、外務省は日英会談で成立した一般的原則協定に関して、次のような声明を発表した。

英国政府は大規模の戦闘行為進行中なる中国における現実の事態を完全に承認し、また、かかる状態が存続する限り中国における日本軍が自己の安全を確保し、その勢力下にある地域における治安を維持するため、特殊の要求を有することならびに日本軍を害しまたは、その敵を利するがごとき一切の行為及び原因を排除するの必要のあることを認識す。英国政府は日本軍に前記目的を達成するにあたり、これが妨害となるべき何らの行為または措置を是認するものではない。この機会にこのような行為や措置を控えるよう在華英国官憲・英国民に明示し、この政策を確認するであろう。

しかし、このような一般的原則が成立しても、それで日本側の要求が全面的に受け入れられたわけではなかった。クレーギー大使は記者団に対し、「今次取り決めは日本軍の占領地域内にのみ適用され得る。英国側はこの協定は単なる中国の現状認識に過ぎず、英国政府の極東政策の変更というような積極的な意味はもっていない」と言明したからである。こうして日英東京会談は、本題である天津租界に関する具体的問題の検討に移った。

有田外相とクレーギー駐日大使との日英東京会談

七月二四日から、両国現地代表の円卓会議が始まった。この日英会談の性質は、「東京における現地会談」であるから、現地代表として日本側は、加藤外松公使、田中天津総領事、与謝野大使館書記官、北支方面軍参謀副長武藤少将、河村大佐、太田中佐、大田少佐が参加し、英国側も駐日武官ピゴット少将の他、ハーバート天津首席領事等が出席し、これにクレーギー大使が加わった。

第一回円卓会議では、一般的原則問題の諒解事項に基づき日本側から治安問題八カ条、経済問題四カ条、計一二カ条の要求を提出した。同日午後の第二回会談から天津租界の治安問題に移り、二六日の第三回、二七日の第四回会談において、七項にわたる大綱、二〇項に及ぶ細目について完全な諒解が成立した。ここまでは比較的順調に進捗したが、同日午後の会談から経済金融問題の協議に入ると俄然紛糾した。日本側が次の四項目を提議したからである。

一、北支において蔣政権の通貨たる法幣の流通を禁止すべし
一、天津英国租界内にある現銀を引渡すべし
一、北支臨時政府の発券銀行たる中国聯合準備銀行の活動に協力すべし
一、天津英国租界内の支那銀行と銭荘の業態検査ならびに取締まりを励行すべし

英国側は国民政府を国家として承認している以上、中華民国の法貨である法幣の流通禁止はできない、「英国は中国の幣制改革に協力した立場上、一九三五年一一月、英国王の勅命によって租界内の現銀支払いを禁止し法幣を受け入れることを法文化した。し

たがって法幣の流通禁止を行うにはこの勅命を改廃しなければならない。それはできない」と主張した。英国にとって、たとえ天津租界内だけの法幣流通禁止でも、結果は蔣介石政権の通貨の否認は蔣政権の否認につながる。それに日本軍のやり口から、天津租界内の法幣流通禁止を行えば、それを例に、次は上海、香港その他でも法幣の流通禁止を要求してくる懸念があったからである。

第3回日英会談終了後，有田外相を囲む日本側首脳部

七月二八日、第五回会談で現銀引渡し問題に関して討議した。日本側は、「天津英仏租界に保有されている合計四五〇〇万元に達する現銀は、聯銀に帰属すべきものであるから引渡せ」と迫ったが、英国側は「これは重慶政府のものだから」と強硬に拒否した。

結局会談は決裂し、八月一四日、日本の現地軍代表は引きあげた。その後、英国は八月二一日に至って、九カ国条約を根拠にして、「第三国の権益を害するような性質の事項に関して、いかなる提案も、単独にこれを提出し、あるいは承認することは不可能である」という声明を発表した。なお山東の現銀保管委員会は事変勃発と同時にその保管銀を香港に送り、日本軍が済南に入城したときには、その記録だけが残されていた。

日英東京会談で法幣問題に関して最後まで英国が妥協しなかったのは、アメリカのおかげである。東京会談の最中の七月二六日、アメリカは突然堀内謙介大使に、日米通商航海条約(一九一一年二月調印)の廃棄を通告した。同条約第一七条は、廃棄通告(七月二六日)から六カ月の期間満了後、同条約は終了すると規定していた。日本にとって米国は重要な貿易相手国である。日本がアメリカから輸入している物資は、日華事変後は棉花を制限し、石油、精銅、機械類、飛行機材料、くず鉄などの軍需方面の生産財が増加され、輸入総額の四割を占めるようになった。それだけに日米通商航海条約の廃棄は軍需工業の生産力の低下や日本経済の衰退を招く。六カ月以内に日本は米国に新条約を結んでもらわないと大変なことになる。米国は日英東京会談で英国に対して強硬な要求をつきつける日本に圧力をかけたのである。米国の援護射撃に助けられて英国は日本の要求を拒絶することができた。これで日英会談の現地協定は決裂した。

これに応えるかのように、チェンバレン英首相、ハリファックス英外相が極東対策不変更の声明を出した。さらに八月一日、英国の下院でサイモン蔵相は「日英一般的原則の取り決めは、英国に法幣維持策を放棄させる義務を負わせるものではない。英国と第三国特に米国の利益に反するようなことがあったら、しかるべく考慮を払う理由がある」と法幣問題に対する態度を明示した。

## 3　日米通商航海条約、突然廃棄の意味

米国から突然日米通商航海条約廃棄を通告されて、外務省は衝撃を受けた。条約が失効するまでの半年間に打開策を見いださないと無条約状態に入ってしまう。外務省では八月八日、対米政策審議委員会をつくり、日米通商航海条約の廃棄通告に伴う対米政策を審議することとなった。

日本は一九二二年二月六日、ワシントンで「中国に関する九国条約」(九カ国条約)に署名調印した。九カ国条約の締約国は、「中国の主権、独立並びに領土保全」「商業及び工業に対する機会均等、門戸開放」等を約した。日本が満洲事変を起こし、満洲国を建国すると、米国は九カ国条約を持ち出して日本を非難した。日本は華北分離工作によって、日満華円ブロック建設を目指し、日華事変後の目的は日本を盟主とする東亜新秩序の建設であることを声明した。米国からみれば、日本は満洲事変以降は九カ国条約を踏みにじってきたことになる。

外務省の若手課長の中には、日華事変をめぐる日米関係の核心は九カ国条約体制の維持か打破かという問題であるとして、「日本がすでに同体制を打破しようとして東亜新秩序の建設を声明し、これに乗り出している。これに対して米国は自国権益擁護の根拠を九カ国条約体制に求めて、自国の権益の維持尊重を主張している。日米両国の主張は対立して譲歩の余地がない。日米関係の今後の動きは、アメリカ側がこのような主張を放棄するか、あるいは日本側が九カ国条約体制の打破を修正して、満洲事変前まで後退するか、どちらかの道しかない。したがって日本としては米国に譲歩妥協せず、全力を挙げて九カ国条約体制打破に邁進しなくてはならない」という見解を持つ者も少なくなかった。東亜新秩序の建設に邁進することは、すなわち日華事変を遂行することである。日本は、新日米通商航海条約をとるか、日華事変継続をとるかという選択を、米国に迫られたのである。

一九三九年八月二三日、独ソ不可侵条約が成立すると平沼内閣は八月二五日の閣議で三国同盟交渉打ち切りを決定し、その政治責任をとって八月二八日、総辞職をした。

八月三〇日、阿部内閣が成立した当初、外相は阿部首相が兼任したが、米国との外交調整のために専任外相として、九月二五日、野村吉三郎を外相に就任させた。親米派とみなされていた野村外相は、米国に条約廃棄を決意させた原因は日本側にもあると考えていた。野村は、いわゆる中国における占領地の経済建設の状況を批判的に分析して、ほぼ次のように結論した。

華中及び華北の経済開発の核心をなす国策会社「中支那振興株式会社」「北支那開発株式会社」の事業は、鉄道、運輸、港湾、通信、鉱山、電力拡充等である。これら基本的産業の現状は、いずれも機材の不足のために、その計画の実行は遅々として進まず、当分お預けの状態である。これを打開するためには外国側の実物出資を認め、極力これを誘致する以外に道はない。法幣が崩落した結果、輸入が困難になり異常な外国輸入品の欠乏を招き、物価が騰貴した。中国の一般民衆の生活は脅威にさらされ、占領地の経済や治安に悪影響を与えている。今日の現状をこのまま数カ月間放置すれば、四億の中国民衆は飢寒をしのぐこともできず、大多数は食うためにやむを得ず土匪軍に身を投じるしかない。そうなれば東亜新秩序建設や経済復興どころではなくなり、治安維持上、極めて寒心すべき状態に陥る。

このような見地から野村は、英米の資本を誘致し、英米から建設資材を購入することは緊急の必要であると説いたのである。そしてそれを実現するための前提として、

(イ) 排英運動の徹底的打切り
(ロ) 従来毀損せる英米権益に対する合理的調整
(ハ) 現に実施中の空爆の適当なる調節
(ニ) 揚子江の一部開放

等の実施を説いた。揚子江開放に関する野村の見解は、「現状のもとにおける長江の閉鎖は作戦上の必要よりもむしろ日本人の貿易、海運上の利益を確保することを目的とするものと認められる」という親米的なものだった。

野村外相の立場は微妙なものがあった。揚子江開放を一つの手がかりとして、対米国交調整に乗り出すことに対しては、先に述べたように、外務省内部の若手課長の間で強い反対があったからである。

「揚子江開放だけで暫定的に取引したとしても、米国側の態度を考えると、その効果は期待できない。現状では米国は華北の為替管理、北支那開発株式会社及び諸企業による事業の独占、日本軍の駐屯等の根本問題にまで論議を進めてくるに違いない。日米通商航海条約問題を利用して次第に日華事変における日本側の戦果を無効にするための策謀を講じるであろう。こう考えると逆に、日本側から揚子江開放の代償を出さなくてもよい。なぜならばアメリカの真意は、無条約のまま日本との貿易関係を維持することにあるからだ」という、野村とは正反対な見解を持つ者が外務省にいた。野村とグルー大使の間で、条約問題について会談を重ねたが不調に終わり、一九四〇年一月二六日より日米間は無条約状態に入った。

ここで日米間で問題となった「揚子江開放問題」について説明しておく。

日華事変が勃発し日本軍が国民政府の首都南京へ進撃を開始すると、中国軍は南京より一六マイル下流の烏山《ウーシャン》砲台付近に多数のジャンクを沈め、また機雷を敷設して揚子江を封鎖した。国民政府は一一月二七日、各国大使館に対して「南京下流に封鎖設備をするため揚子江の航行を遮断する」と通告した。これに対し日本軍は遡航作戦を実施し、揚子江に軍用水路を開いたが、日本軍は南京陥落後も外国船舶の通航を一切禁止した。

揚子江は中国の奥地と沿岸諸地域を結ぶ通商上最大の大動脈である。その揚子江を封鎖し航行を禁止したので、揚子江流域で商業や貿易等の経済活動をしている英米仏等は甚大な損害を被った。英米仏三国は、日本船舶は事実上揚子江を航行して通商行為に従事していると指摘し、日本軍は外国船に対して差別待遇しているのでこれを是正せよと要求した。この問題は宇垣・クレーギー会談(一九三八年)の議題となり、また有田八郎外相の就任後も三国の大使はくり返し日本側に揚子江の開放を迫った。これに対し日本側は、揚子江は戦場の一部で日本船舶は軍需品の運搬に従事しているに過ぎないと反駁し、三国の要求に応じなかった。

阿部信行内閣は、一二月八日の興亜院会議で揚子江の南京より下流を一九四〇年二月以降外国船に開放する方針を決定した。野村外相は一二月一八日、グルー大使に揚子江の開放を通告し、アメリカ側がこの措置に友好的な反応を示すよう要請した。しかし米国は日本軍が中国占領地域全域において米国の通商及び経済に差別待遇を実施していることを指摘し、日本が希望した暫定協定に応じなかった。一九四〇年一月二六日から日米は無条約時代に入り、揚子江開放問題は解決をみないまま太平洋戦争に至った。日本は宣戦布告をしないままに日華事変で中国と戦った。中華民国も日本に宣戦しなかったので、平和状態と戦争状態が共存する形になった。揚子江の封鎖も戦時なら誰も文句はいえないが、日本軍は平和状態で揚子江を戦時封鎖したので英米仏三国の不満を買った。

前に述べたように、日本軍は中国の鉄道網に沿って進撃し、交通、経済、軍事上の要衝を破壊した。抗日勢力の補給を断つために鉄道も破壊した。そのために在華英米仏国人は被害にあった。グルー大使は日本に対するアメリカの不満を次のように述べている。

日本軍の無差別爆撃によって事変勃発以来多くの死傷者を出していること。日本側が無差別爆撃を中止するとの保証を何度もしたにもかかわらず、依然としてそれを続行していること。

爆撃以外による財産の侵害も多数あること。米国貿易の制限。日本軍は中国の占領地で外国貿易を不当差別している。中国産資源の貿易の大部分は「軍事的要求」という口実の下に日本軍によって専横にも独占されてきた。日本軍の妨害等は、正当なる米国貿易をめちゃくちゃにし、米国権益をして数百万ドルの損害を与えた。日本軍は米国の大産業のいくつかを死滅の脅威にさらしている。日本軍は、中国において米国が保有している条約上の権利、たとえば海関管理機関の存続、外債利子払い、治外法権等に関する権利を侵害している。総じてアメリカ国民の目には、「日本の政策は日本自らの利益のために、アジア大陸の広大な地域に対する支配を確立し、そこに日本の優先的地位を獲得しようとしている」と一般に信じられている。日本は中国に鎖国的経済機構を押しつけつつあるように思える。

日英東京会談の最中に日米通商航海条約廃棄を通告した背景には、このような揚子江封鎖問題があった。また米国は、法幣維持のために対支銀協定を結んでいたので、法幣問題で英国を援護するのは当然だった。

## 4　満ソ国境紛争

満洲事変以来、日本と英米の関係は悪化したが、ソ連との関係も悪化した。一九三二年三月、満洲国が建国されると満ソ国境紛争が頻発した。その延長線にノモンハン事件が起きた。一九三九年五月二八日、ノモンハン事件で東八百蔵中佐指揮の東支隊が全滅した。七月二六日、米国は日米通商航海条約廃棄を通告し、二八日、日英東京会談は決裂した。この三つの出来事は日本を太平洋戦争へのスタートラインへ一歩近づけた。

一九二二年一二月三〇日、ソビエト社会主義共和国連邦(以下ソ連と略す)が革命によって誕生した。ソ連は革命後、国内建設を進展させるために、政治、経済の安定を最優先した。国家の基礎を早急に築くために外国からの武力干渉を避け、侵略を防ぎ国家の安全を確保したかった。広大な領土を有するソ連は、一九二五年頃から近隣のドイツ、アフガニスタン、イラン、トルコ、リトアニア等と中立条約や不可侵条約を締結した。ソ連の東部国境の南端には、当時日本の植民地だった朝鮮があった。ソ連は日露戦争を戦った日本に脅威を感じていた。一九二六年八月一五日、ソ連は正式に日本政府に不可侵条約締結を申し入れたが、日本政府は北樺太利権問題にからめて回答を避けた。

北樺太利権とは北樺太の石油利権と石炭利権である。北樺太に油田が発見されたのは一八八〇年頃で、当時は石油の需要も乏しく酷寒の地では積極的に開発するものもいなかった。一九〇二年に試掘してみるとバクー油田に匹敵することがわかり、急に北樺太油田の評判が高くなった。日本の北辰会(久原房之介を中心に三菱・大倉・日本石油・宝田等で結成した組合)が北樺太油田利権獲得に乗り出した。

その後ロシア革命が起きると、日本は第一次世界大戦中の一九一八年八月、チェコ兵救援を目的として日米共同でシベリア出兵という名の革命干渉を行った。その後米国は撤兵したが、日本軍はシベリア出兵開始後九月にアムール河口のニコラエフスク(尼港)を占領し、そのまま居座った。ソ連が一九二〇年二月二四日に日本政府に国交回復を提議し、撤兵を求めると、日本政府は三月二日、シベリア出兵の目的を、朝鮮、満洲への過激派(ボルシェビーキ)の脅威を阻止するためと目的を変更して駐留させることに決めた。二〇年一月、たまたまトリピッツィン率いるパルチザン部隊が尼港を襲い、日本軍部隊を包囲した。日本軍部隊は一旦降伏したが、三月一二日正午を期限に武装解除を要求されると、一二日夜、奇襲反撃に出た。一般民間人も加わり激戦を展開したが、結局大半の日本人は戦死した。三月一五日、残った一四〇余名は降伏、投獄された。パルチザン側は五月下旬、収監中の俘虜等一二二名を虐殺した。この尼港事件は日本軍の駐留に絶好の口実を与えた。日本軍は、目下シベリアには交渉すべき政府がないので、将来本事件の満足なる解決をみるまでサガレンを占領すると声明して、北樺太を五カ年間保障占領した。その後、日本はソ連と、サガレンからの撤兵を条件にして北樺太利権問題について交渉を重ねたが、石油利権をめぐって交渉は難航した。保障占領期間が満期になる一九二五年一月二〇日「日ソ基本条約」を成立させ、日本軍の撤兵の日より五カ月以内に、日本政府が推薦する日本側事業者とソ連当局者の間で、商議の上利権契約を結ぶことになった。その後ソ連当局と日本の利権代表者の間で利権契約交渉を行った。日ソ両国間のイデオロギー、国益、ソ連の利権法が複雑にからみ交渉は難航したが、一一月に利権契約を結んだ。

日ソ基本条約が成立して国交が回復すると、翌年にソ連側が正式に不可侵条約締結を申し入れるが、日本政府は北樺太利権問題その他を理由に回答を回避した。そんな中で満洲事変が勃発した。中国東三省と国境を接するソ連は警戒感を高め、不可侵条約締結を日本に求めたが、日本は応じなかった。以来ソ連は毎年のように不可侵条約や中立条約締結を要求した。日本はこれを無視した。

一九三二年に満洲国が建国されると、満ソ国境付近で紛争が多発した。国交は回復したものの、日ソ両国は互いに脅威を感じていた。まず満ソ国境線を監視する満ソ両軍の間に、国境線を越えた越えないで、不法射撃、不法逮捕、拉致、不法破壊などの事件が起きた。ソ連は極東方面の兵力と軍備を強化し、満ソ国境の要衝に部隊を配置し軍備を強化した。ソ連との不可侵条約締結を拒否した日本が日満議定書に調印すると、ソ連は外蒙古共和国と相互援助議定書(一九三六年三月)に調印した。

国境線をはさんで緊張が高まる中で、一九三六年一一月二五日、日本が日独防共協定(ソ連を中心とする共産主義は世界平和を脅かすものと確信し、共産主義的破壊に対する防衛のために協力することを両国は約束した)を結ぶと日ソ関係は完全に悪化した。ソ連は東部、北部、西部国境全線にわたって部隊を配置し、機械化兵団、戦車隊、騎兵部隊、砲兵部隊、空軍を増強して対日満防衛態勢を布いた。

いうまでもなく日本側にとっても満ソ国境線は防共・国防の最前線だった。多発する紛争事件の規模は次第に拡大し、重大化すると、関東軍は断乎たる態度で紛争を解決する方針をとり、国境の警備や防備を厳重にし、共産勢力の侵入を防ごうとした。

満ソ国境紛争は監視員同士の小競り合いから次第にエスカレートして、軍隊間の武力衝突事件になった。乾岔子《ガンチャーズ》事件、張鼓峰《ジャングーフォン》事件、ノモンハン事件は起きるべくして起きたといえる。これらの事件の原因は満洲国とソ連、外蒙古共和国の国境線であるが、満ソ国境について簡単に説明をしておきたい。

満ソ間の国境の法的根拠は帝政ロシア時代に遡る。黒龍江(別名アムール川)北部地帯で清国は、アムール川沿岸地域の確保につとめるロシアとネルチンスクで武力衝突を起こし、初めて国境条約「ネルチンスク条約」(一六八九年)を締結した。清国は国境を設けてロシア勢力の東進を食い止めようとし、その後もいくつかの条約を結んで国境を画定した。

▼**璦琿《アイグン》条約**(一八五八年)　ロシアは黒龍江、ウスリー江等の航行権を獲得し、シルカ河口よりアムール河口までの左岸はロシア領土、右岸は清国領土と定め、沿海州は露清両国の共同管理とした。

▼**北京条約**(一八六〇年)　璦琿条約を再確認し、沿海州をロシアに割譲した。

▼**興凱湖《シンカイフー》界約**(一八六一年)　沿海州割譲のために東部国境画定の必要が生じた。ウスリー、松阿《ソンア》察《チャ》両河川をもって国境線とし、西は清国領土、東はロシア領土と定めた。さらに興凱湖を起点として分水嶺を伝って東寧を経て図們江《トゥーメンジアン》の河口より約一〇キロ上流の地点までを東部国境と画定した。後にこの東部国境が満ソ間の国境紛争の原因となった。

▼琿春《フンチュン》界約（一八八六年）　興凱湖界約によって決定した東部国境に、国境標識を樹立した。
▼奉露協定（一九二四年）　東支鉄道付近の国境紛争処理のために張作霖が結んだ協定で、「現在の国境線は不明確なので、委員会を設置して再確定する」と規定していた。

このようにロシア・清国時代に締結した条約によって、河川とわずかな標識で国境を画定した。とはいうものの広大な大地に、明確な境界線を築くことは不可能だった。河川も長い間にその流れや川幅を変え、氾濫は川のあちこちに中洲を作った。生き物にも等しい河川を国境線にしたことが紛争を引き起こす原因となった。

ソ連は、一九三四(昭和九)年頃から対日満戦に備えて極東の防備を強化した。シベリア鉄道はアムール川の流れと並行するように走っており、アムール川沿岸のロシア時代からの軍事的要衝を支線で結んでいる。つまりシベリア鉄道の安全と黒龍江の航行権の確保、この二つはまさにソ連にとって極東の生命線だった。それに対し、日本は満ソ国境線の黒龍江、ウスリー江の航行権を左右する中洲や、ロシア時代からの軍事的要衝を脅かすような要地を満洲国の領土だと主張した。

## 5　日ソ武力衝突──張鼓峰事件

一九三六年一月二九日、満洲国軍の国境監視隊の一部が共産化して、反乱を起こして遁走した。満洲国軍と関東軍は出動し、反乱軍を満ソ国境付近の金廠溝《ジンチャンゴウ》に追いつめると、反乱軍は満ソ国境を越えソ連領に逃げこみ、日満軍に攻撃を加え激戦になった。これが金廠溝事件である。戦闘現場にソ連製の武器弾薬やソ連兵の死体が残されていたことから、金廠溝事件は外交問題に発展した。ソ連極東軍は関東軍が領土侵略を意図していると非難した。一方関東軍は、ソ連は満洲国の治安維持に協力しないばかりか、逆に共産化を図り共産匪賊に武器弾薬を与えていると、ソ連を非難した。

一九三四年頃からソ連は日ソ戦は避けられないとして、日満軍の攻撃に備えて満ソ国境の防備を強化した。東部国境方面に厖大なトーチカ陣地を構築し、ソ連極東方面の最重要地のハバロフスク(極東軍司令部の所在地)の防備を強化した。

国境付近の緊張が高まる中で、日ソ両国は、一九二四年の奉露協定の規定に基づき国境画定委員会を設け、日満ソ三国間で国境画定交渉を開始したが、交渉を重ねている間に、日本政府は日独防共協定を結んだので、国境画定交渉は水泡に帰した。

日独防共協定はソ連の態度を硬化させた。日ソ漁業条約改定交渉はこじれた。日本は日独防共協定調印前に北樺太利権契約を改定し、石油の試掘権と採掘権を取得したものの、一九三七年に入るとソ連は利権排撃を始め、事業経営に圧迫妨害を加えた。また従来は、ソ連の国営トラストは毎年日本側の北樺太石油株式会社に相当量の石油を販売した。けれども日華事変が起きると、ソ連は抗議の意味を込めて石油の販売を拒否した。これらはすべて日独防共協定が原因だった。

日ソ関係が悪化すると、国境紛争は政治的な意味合いを濃くした。盧溝橋事件の直前の一九三七年六月三〇日、北方国境の黒龍江の中洲の乾岔子《ガンチャーズ》島と金阿穆《ジンアム》島の領有をめぐり武力衝突事件が起きた。「乾岔子事件」である。日満政府は中洲の乾岔子島と金阿穆島は満洲領土であるから、両島のロシア側の端から黒龍江の左岸(ロシア側)の中間線が国境だと主張した。日本側の主張を認めると、川幅が狭くなりソ連のアムール艦隊の艦船の航行はできなくなる。日満側の主張をソ連が容認できるはずもなく、ソ連はソ連軍隊とアムール艦隊を集結させた。

日満議定書により共同防衛の責任を負っている関東軍は、ソ連軍が日本兵に不法射撃をくり返したとして、ソ連の砲艦三隻めがけて銃砲火を浴びせかけた。そして一隻を撃沈、一隻に被害を与えて浅瀬に座礁させ、残りの一隻を島陰に遁走させた。日ソ両軍は切迫した状況に陥ったが、誕生したばかりの近衛内閣は、外交交渉で乾岔子事件を処理することを閣議決定した。ソ連側もこれに応じ、七月四日午後九時、ソ連軍は完全に撤兵を完了して乾岔子事件は無事解決した。ただし乾岔子島と金阿穆島の領有権問題は未解決のまま残された。関東軍はソ連軍を撤退させたことで両島は満洲国領土だとみなした。

乾岔子事件が解決してから三日目に盧溝橋事件が起きたので、乾岔子事件は日華事変の前にソ連の威力偵察をするために起こしたという説がある。真偽は不明であるが、ともかくソ連の国情は戦争を許す余裕がなく、ソ連が参戦しないことが分かり、陸軍が安心したのは事実である。ソ連は一九三七年八月二一日、「中ソ不可侵条約」を締結し、中国を支援するために武器を提供した。万一蔣介石の国民政府が日本に敗北して華北が第二の満洲国になったら、日本はソ連に対してはかりしれない脅威を与えることになるからである。

日本軍は、一九三八年五月の徐州作戦によって中国軍に大打撃を与え、事変の早期解決を図ろうとしたが、事前に作戦を察知した中国軍は大会戦を避けて西南方面に撤退した。徐州大会戦が空振りに終わると、日本軍は武漢三鎮を攻略する作戦を実行することにした。その武漢作戦を準備している七月に、満ソ東部国境の最南端の張鼓峰《ジアングーフォン》で日ソ間の武力衝突事件が起きた。

図們江の河口にソ連の沿海州と朝鮮と満洲国の琿春県が入り組んで国境を接していた。図們江の河口付近に東部国境の境界を示す標識があったが、長い年月に破損したり不明になったりした。露・清時代に国境を定めてから半世紀も経つと、国境線は曖昧になっていた。図們江とハーサン湖の間に小高い丘（沙草峰《シャーツァオフォン》、張鼓峰、防河項、虚項、五二高地）が連なる一帯があった。

張鼓峰は一五〇メートルほどの高さしかないが、頂上からは朝鮮の雄基《ウンギ》（北鮮鉄道の要路で西進して満洲国の新京に、南下してソウルに通じる）や要塞地帯の羅津《ラシン》が一望できる。またすぐ北のポシェット湾はソ連の海軍根拠地である。つまり張鼓峰から、満洲国、朝鮮、ソ連の軍事的要地を見下ろすことができ、軍隊の動向も容易に把握できる。このような軍事的に極めて重要な張鼓峰の領有をめぐって、ソ連と日本の主張が対立した。日本側は張鼓峰一帯の小高い丘を満洲領土とし、ソ連側はそれを否定し自国の領土だと主張した。

一九三八年七月一一日、ソ連極東軍の兵士約四〇名が張鼓峰山頂で陣地の構築を始めた。その他ソ連兵が張鼓峰の東斜面に掩蔽部を、北側斜面に天幕露営を行った。第一九師団はこれをソ連軍の満ソ国境侵犯と判断して小磯国昭朝鮮軍司令官に報告した。満洲国政府は外交ルートを通じてソ連側に不法侵入及び不法占拠を厳重抗議し、その是正を要求した。ソ連は満洲国側の抗議に対して、張鼓峰はソ連領であると主張して譲らなかった。日本政府も日満共同防衛の見地から、ソ連兵の不法行為を厳重抗議しソ連兵の即時撤退を要求した。

しかしこの間、作戦課長稲田正純大佐を中心とする若手参謀たちの間に、この際大本営の強力な統制下に限定的戦闘を発動し、あわせてソ連が日中戦争に介入する意図を持っているかどうかを確かめようとする「威力偵察論」が台頭してきた。稲田大佐は現地の第一九師団による攻勢作戦を計画した。けれども武漢作戦が控えていたので、安易に攻勢を許すべきではないという意見もあった。陸海軍を統率する大元帥天皇も攻勢に反対だった。大本営は二〇日、攻勢中止を決定した。『兵語辞典』(佐藤庸也・一九四三年・日本軍用図書)は、「攻勢」とは「戦争の勝敗は国家の安危、攻防存廃に岐る所にして皇軍の特質は速戦即決、寡を以て衆を敗るを本則とす。故に各種戦闘要素を総合して敵に優る威力を要点に集中発揮し、指揮官以下常に志気を旺盛にし、適時適所に優勢をもって敵を圧倒殲滅し迅速に戦捷を獲得すべきものとす」と説明している。

大本営や天皇が第一九師団に攻勢を許せば、日ソ戦争になる可能性が高い。現地の第一九師団長尾高亀蔵中将は、大本営が当然攻勢を許可するであろうと思い込み、沙草峰付近に兵力を集中していた。そこへ攻勢中止の決定の報せが届いた。攻勢を諦めきれずに策動を図る第一九師団に、二六日、大本営は正式に大陸命で撤退を下命した。やむなく師団も二八日から一部部隊を撤退させ原隊に復帰させていたところ、七月二九日ソ連兵数名が、沙草峰の南方国境稜線に現れ陣地構築を始めた。

尾高師団長は、この報告を受けると直ちに「任務上必要なりとの信念」に基づいて攻撃を命令し攻勢に打って出ると、ソ連軍も反撃した。この攻勢は明らかに大陸命に違反した尾高の独断だった。大本営や政府は不拡大方針をとり、あくまでも攻勢を禁止する方針を固めた。その間にソ連軍は大兵力を結集して二日、六日に大攻勢を加えた。特に六日の第二次攻勢は、戦車二三〇台を有する機械化部隊を前面に増援配置し、さらに空軍を加え払暁から空陸相呼応する近代戦術を駆使して攻撃した。第一九師団は苦戦して大損害を受け、崩壊寸前にまで追いつめられた。

八月一一日、外交交渉で停戦協定が成立し、停戦ラインを定めた。これで張鼓峰事件(現地軍は初めは沙草峰事件といった)は一応の解決を見た。また問題の国境線に関してソ連側は琿春界約(一八八六年)付属地図を根拠に国境線を主張した。日本側はこれに二次資料で応酬したが、日本側の方が不利だった。

国境紛争事件は日ソ戦争の火種となり戦略的意味を持つようになった。張鼓峰事件は日ソ両国が戦争を望まなかったので戦争に拡大しなかっただけである。

乾岔子事件からわずか一年で、ソ連極東軍は日本よりも圧倒的に優勢な軍備を保持するようになっていた。特に空軍(飛行機の保有数)、火力兵器(銃・火砲)、戦車・軍用トラック等や機動力を駆使した輸送補給能力は日本に差をつけた。日本軍はソ連の軍事力を甘くみて、安易に「威力偵察」を行ったが、ソ連軍の逆襲にあって叩き潰されて撤退した。

とはいえ、ソ連は停戦後は張鼓峰一帯の現状を回復すると、それ以上の行動に出なかった。それで日本は「ソ連は日本と戦争をする意思がない」ことを確信した。ただこれだけを確認するために、第一九師団は多くの戦死傷者を出した。日華事変は泥沼化したが、満ソ国境紛争問題も泥沼化していた。東部、北部、西部国境で絶え間なく紛争が起こっていた。

## 6　ノモンハン事件の死闘

張鼓峰事件で、国境侵犯事件は一つ間違えば戦争になることがわかった。

張鼓峰事件から一年も経たない一九三九年五月一二日、満洲国西北部ノモンハンの西南一五キロ付近で、外蒙古軍七、八〇名がハルハ河を「越境」し、同地国境を監視する満洲国軍警備隊と衝突した。これがノモンハン事件の発端である。満洲国と外蒙古共和国の国境線について、日本・満洲国とソ連・外蒙古共和国の主張は食い違っていた。

日本側は、満・外蒙国境線はハルハ河にあるとしていたのに対して、ソ連・外蒙古側はハルハ河の東方のノモンハン付近だと認識していた。もともと日・満軍側とソ・外蒙軍が主張する国境線のどちらが正しいかは誰にも判断ができなかった。張鼓峰事件は日ソ両国の軍事上の重要地にからんでいたが、ノモンハン事件の係争地域は重要な軍事施

ノモンハン事件，ハルハ河畔に展開する日本軍戦車部隊

設等一つもないただの大草原であった。単純に考えれば、戦略的価値の乏しい国境線なんかどうでもいいはずだった。けれども満ソ西部国境の警備責任者だったハイラル駐屯の第二三師団長小松原道太郎中将は、「満ソ国境紛争処理要綱」に基づき、直ちに部隊を出動させ外蒙古軍を撃退した。これが尾を引くこととなり、広漠たる草原の曖昧な国境線をめぐり、ノモンハン事件が始められたのである。

この「満ソ国境紛争処理要綱」というのは、一九三九年四月二五日、関東軍司令官植田謙吉大将から、隷下の全関東軍に与えられた方針であった。これは参謀辻政信少佐の起草によるものであると、辻自身が戦後著書に書いたこともあって、それが定着しているようだが確証はない。その内容は次のようなものだった。

一、軍は侵さず、侵さしめざるを満洲防衛の根本基調とする。これがため満ソ国境におけるソ軍(外蒙軍を含む)の不法行為に対しては、周到なる準備の下に積極的にこれを膺懲し、ソ連を慴伏《しょうふく》〔屈服〕せしめ、その野望を初動に於て封殺破摧す。

二、彼の不法行為に対しては断乎徹底的に膺懲することに依りてのみ、事件の頻発又は拡大を防止し得ることは、ソ軍の特性と過去の実績とに徴し極めて明瞭なる所以を部下に徹底し、特に第一線部隊に於ては国境接壌の特性を認識し、国境付近に生起する小戦の要領を教育し、苟《いやしく》も戦えば兵力の多寡、理非の如何に拘わらず必勝を期す。

三、国境線の明瞭なる地域に於ては、我より進んで彼を侵さざる如く厳に自戒すると共に、彼の越境を認めたる時は、周到なる計画準備の下に十分なる兵力を用い之を急襲殲滅す。右目的を達成する為、一時的にソ領に侵入し、又はソ兵を満領内に誘致、滞留せしむることを得。

此際、我が死傷者等をソ領内に遺留せざることに関し、万全を期すと共に、勉めて敵の屍体俘虜等を獲得す。

四、国境線明瞭ならざる地域に於ては、防衛司令官に於て自主的に国境線を認定して、之を第一線部隊に明示し、無用の紛争惹起を防止すると共に、第一線の任務達成を容易ならしむ。而して右地域内には必要以外の行動を為さざると共に苟も行動の要ある場合に於ては、至厳なる警戒と周到なる部署とを以てし、万一衝突せば兵力の多寡国境の如何に拘わらず必勝を期す。（以下略）

植田関東軍司令官は、新京に各兵団長を集め、直接これを示達した。勿論この方針は中央の参謀総長に報告されていた。

第二三師団長小松原中将は、四月に示達された「満ソ国境紛争処理要綱」が定める防衛司令官として、自主的にノモンハン地区の侵入者を撃破しようと決心した。五月一三日、小松原は東八百蔵中佐が指揮する捜索隊(以下東支隊)を現地に派遣した。東支隊は外蒙古軍を撃退したが、外蒙古軍は兵力を増強して再び現れ、ハルハ・ホルステン両河の合流点に橋を架けようとした。五月二七日、関東軍はハルハ河右岸の敵軍を捕捉撃滅せよと命令した。この時、山県支隊長の山県武光大佐が計画した作戦は、敵の外蒙古軍を甘く見くびり、反撃を予想しない机上計画だった。二八日、東支隊、山県支隊はハルハ河渡河点で予想外の強い反撃にあい、敵軍の戦車と砲兵に包囲され、東支隊は全滅し、山県支隊も大損害を被った。

日本軍の将校たちは、外蒙古共和国と軍事同盟「相互援助議定書」を結んでいるソ連軍が、ノモンハンの戦闘に大規模に介入してくるとは、誰一人予想していなかった。東支隊の全滅、山県支隊の敗北までを第一次ノモンハン事件という。

ノモンハン事件を誘発した「満ソ国境紛争処理要綱」を草案したといわれる辻政信は、六月一九日から始まった第二次ノモンハン事件でも強硬論を主張した。

当時関東軍参謀の辻政信が戦後『ノモンハン』(普及版・一九五一年・亜東書房)で回想しているが、それによると、六月一九日朝、小松原師団長から来た軍機電報は、

一、ノモンハン方面の敵は、逐次兵力を増強し、有力なる戦車を伴う敵は、昨朝、満軍を蹂躙駆逐せり。
二、約一五機の敵爆撃機は昨日温泉(ハロンアルシャン)方面を攻撃し、人馬に相当の被害を与えたり。
三、約三〇機の敵爆撃機は、同日朝カンジュル廟付近を攻撃し、同地に集積しありしガソリン五〇〇缶を焼却せり。

というもので、小松原師団長は、防衛の責任上、進んでさらに徹底的に膺懲したい、との意見を具申してきた。そこで作戦室に寺田高級参謀以下全員が集合し、軍のとるべき態度について研究した。寺田高級参謀は、「日華事変を処理するために最も重大な影響力を持つのは対英処理である。天津租界問題の処理をめぐって、今やこの根本問題の解決にとりかかろうとしている時に、満洲でソ連と大規模な紛争を起こすことは、陸軍中央の気分をノモンハン方面に牽制し、対英処理を不徹底に終わらせる惧《おそれ》がある。前年の張鼓峰事件のせいで、武漢作戦はお留守になった。ノモンハンへの第二次攻撃の時期の選定は、日英東京会談の様子をみてからにすべきである」と慎重な意見を述べた。参謀たちも寺田の意見に賛成したが、辻はその大勢をひっくり返した。辻の意見は寺田の意見と正反対だった。辻は、張鼓峰事件の敗戦は、朝鮮軍の優柔不断が原因であるから、関東軍はその誤りをくり返さないために、「事件不拡大を望むなら、侵犯の初動にお いて徹底的に殲滅することが必要である。相手は我が譲歩で満足するような良心的な敵ではない。日英会談を効果的ならしめる方法は、むしろ不言実行の威力である。万一ノモンハンで明瞭な敵の挑戦を黙視せば、必ずや第二、第三のノモンハン事件がさらに重要な東正面あるいは北正面においても続発し、遂に全面衝突に至るおそれなしとしない。この際、徹底膺懲をすべきである」と主張した。作戦会議は辻の強引な積極論に引きずられ、遂に全員これに賛成した。

第二次ノモンハン事件は、その始まりから軍部内に対立が生じた。関東軍の攻勢に使用する兵力について、陸軍省と参謀本部は対立した。関東軍の構想は、第二三師団に当時日本で唯一の戦車二個連隊と歩兵一連隊をノモンハンに配属して、ソ連軍を攻撃するというものだった。陸軍省は、軍略的価値の乏しいノモンハンの国境紛争に戦略的単位の部隊を注入するのは無意味だと反対した。一方、参謀本部は関東軍司令官の立場を尊重して、この程度の兵力は認めてもよいと主張した。結局、板垣陸相の裁決で関東軍の要求を認めた。

ノモンハン事件については、多くの優れた研究書があるので、ここでは経過だけをまとめておく。七月一日、第二三師団はノモンハン攻撃を開始、二日の夜から地上攻撃を行った。安岡支隊は、ソ連の優勢な砲兵と戦車の反撃を受け、多数の戦車を失い、攻撃は失敗に終わった。師団主力もソ連軍の反撃を受けて大損害を出し、攻撃を断念して敗退した。それ以後ハルハ河右岸三キロ付近でソ連軍と対峙し、陣地戦を続けることになった。

七月二三日、関東軍は攻撃を再開したが、ソ連の圧倒的に優勢な兵力の前に、二四日、攻撃は失敗に終わった。関東軍は第三次攻勢を準備した。それに対してソ連は八月二〇日から全正面にわたって総攻撃を開始し、第二三師団を壊滅状態に追い込んだ。戦況の悪化に逆上した関東軍は、第一、二、四師団等関東軍のほとんど全部の兵力をノモンハンに投入し、ソ連軍に決戦を挑もうとした。関東軍は今や日ソ戦争を辞さない覚悟を固め反撃の企図を捨てなかった。

九月一日、ドイツはポーランドへ侵攻し、第二次世界大戦が始まった。

ノモンハン事件，草原を駆ける満洲国軍の騎兵隊(上)，擬装を施し国境線前方をにらむ日本軍重機陣

大本営はヨーロッパ情勢の変化を考慮して、九月三日、関東軍に対して、ノモンハンの攻撃の中止、兵力の撤退を厳命したが、関東軍は中央の命令に抵抗し続けた。九月七日、関東軍司令官植田謙吉は解任され、後任に梅津美治郎中将が任命された。大本営は停戦交渉の妥結を急ぎ、九月一五日、モスクワで停戦協定が成立した。

ノモンハン事件の失敗は厳しい報道管制によって、日本国内には秘匿された。その当時、ノモンハン事件の関係図書は多数出版されたが、いずれも日本軍勝利と書いている。けれども戦後、私はノモンハン事件に参加した体験者が、ソ連の戦車に立ち向かう日本の戦車は、熊に向かう犬のように、頼りないものだったと語るのを聞いたことがある。

ノモンハン事件に参加した日本軍の出動人員は約七万五七〇〇名で、戦傷死者は約一万七七〇〇名と言われている。しかも軍旗二本を奪われた。戦車をはじめ銃砲、車両、航空機の損害も甚大であった。停戦後、事件の責任を取らされて植田軍司令官、磯谷参謀長は予備役に編入されたが、第一線部隊の指揮官たちはあいついで自決した。自決を強要された者もいた。けれども事件当初、強硬論で作戦した服部卓四郎中佐、辻政信少佐は、一時解任されたが、まもなく中央に返り咲き、太平洋戦争でも無謀な作戦指導を行った。

このような不公平な陸軍人事は、過激な積極論者の暴走を許し、作戦が失敗して多くの戦死傷者を出しても、その責任を問わず処罰も軽かった。慎重論や自重論を主張しても弱腰、卑怯者扱いされがちだった。大言壮語で国家を語り、強硬論を吐き、猪突猛進型の参謀の方を優秀と評価した。このような日本陸軍の体質をアメリカのハル国務長官は「日本軍にはやるか死ぬかのどちらかしかない」と批評したが、その通りだった。ノモンハン事件後も満ソ国境紛争は絶えなかった。日本は一九四〇年九月二七日、日独伊三国同盟を締結した。そして一九四一年四月一三日、日ソ中立条約を結んだ。ソ連は一九四五年四月五日に日ソ中立条約不延長を通告し、八月八日に「九日から日本と戦争状態に入る」と宣戦して攻撃を開始した。北樺太利権問題やノモンハン事件その他満ソ国境紛争を考えると、日ソ中立条約はまだ有効であったが、ソ連が日本に宣戦してポツダム宣言国になろうとしたのも当然だと思わざるをえない。

# 第 14 章

# 東亜新秩序建設

毛沢東

蔣介石

スターリン

ムッソリーニ

ヒトラー

## 1　ヒトラー登場と欧州大戦前夜

一九三九(昭和一四)年一月四日、議会休会中に突然、近衛内閣が総辞職した。事変の見通しが立たないことや、三国同盟問題で陸海軍の板挟みになり、近衛は嫌気がさして政権を投げ出した。後継は翌日成立した平沼騏一郎内閣である。

昭和史の年表を見ると首をひねる事がいくつかある。その一つが平沼内閣の総辞職である。友邦ドイツがソビエトと不可侵条約を締結したことに対して「欧州の天地は、複雑怪奇なる新情勢を生じたので、従来準備し来った政策はこれを打切り、更に別途の政策樹立を必要とするに至った」というのが総辞職の理由だという。だからといって、何もノモンハン事件で日本軍が大敗を喫している真最中に、総辞職はないだろうという気がする。欧州の複雑怪奇なる新情勢は、この時に始まった訳ではない。

ナチスドイツのアドルフ・ヒトラーは、一九三三年一月三〇日に政権の座に就くと、「我が民族の自由のための私の闘いは、ベルサイユ講和条約との闘いであった」と演説した。欧州の複雑怪奇なる新情勢を理解するために、まずヒトラーのこの演説の意味について説明しておきたい。

第一次世界大戦は一九一八年一一月一一日のドイツと連合国間の休戦協定によって終結した。戦勝国である連合国は一九一九年一月一八日からパリで講和会議を開き、英、米、仏、伊四国を初めとする連合国二七カ国が参加した。この講和会議は戦勝国だけの会議で、敗戦国のドイツを参加させなかった。英、仏、米、伊の主要四カ国が中心となって決めた条件は、ドイツにとって苛酷なものだった。

**▼ライン河左岸を一五年間占領する**　これはフランスが対独安全保障を確立するために要求した結果である。

**▼ドイツ領土の処分**　第一次世界大戦前の地図をみると、ドイツ、オーストリア＝ハンガリーの領土の広大さに驚く。連合国は広大なドイツ領土を分割し、チェコスロバキアとポーランドの独立を承認し、ドイツとの国境を定めた。フランスの安全保障のために鉄鉱、製鉄工業の中心地アルザス・ロレーヌ地方をフランスに割譲し、豊富な炭田があるザール地域は国際連盟の管理下に置き、一五年後に人民投票でその帰属を決めることにした。オイペン、マルメディーはベルギーに割譲した。北部シュレスウィッヒは人民投票でデンマークに移譲するか否かを決める。西プロイセン、ポーゼン、上シレジアをポーランドに移譲し、ダンチヒは国際連盟の下に自由都市とし外交権と関税権をポーランドに与える。メーメル地域は連合国に割譲し、その最終的帰属を決めることにした。ドイツはヨーロッパにおける領土の六分の一を割譲し、海外の植民地と権益も失った。

**▼ドイツの軍事制限**　ドイツ陸軍は一〇万人に制限し、参謀本部と徴兵制度を廃止して志願兵制度に変えた。軍用航空機と巨砲の保有を禁止した。海軍の兵力は兵員一万五〇〇〇人、戦艦六隻、軽巡洋艦六隻、駆逐艦一二隻、水雷艇一二隻に制限し、潜水艦の保有は禁止した。この結果ドイツは、この制限を超える軍艦をスカパ・フローで自沈した。ライン河の両岸五〇キロ地帯の武装を禁止し、ヘリゴラント島、キール軍港、バルト海沿岸の武装を撤廃した。

**▼賠償金**　英仏両国は全戦費の賠償を要求したが、米国のウィルソン大統領の強硬な反対で、戦費は除外し賠償は現実の損害に限定して賠償させることにした。ただし賠償の総額、支払期限、支配方法について主要国の意見が対立したので、賠償委員会を設けて一九二一年五月までに決定することにしたが、その額は一三二〇億マルクになった。

**▼前ドイツ皇帝の審判問題**　前ドイツ皇帝ウィルヘルム二世の戦争責任及び国際法違反を五大国の裁判官による特別裁判所で審判することを決めた。ただし前皇帝が亡命したオランダ政府が引渡しを拒否したので、審問は実現しなかった。

連合国は、ドイツと共に敗戦国になったオーストリア、トルコ、ブルガリアと別個に講和条約を結んだ。オーストリアは「サン・ジェルマン講和条約」(一九一九年九月一〇日調印)によってハプスブルク帝国を解体され、オーストリア・チェコ・ユーゴ・ポーランド・ハンガリーに分割された。人口三〇〇〇万のオーストリア＝ハンガリー帝国は人口六〇〇万の小共和国オーストリアになった。また同条約は同民族のオーストリアとドイツの合邦を禁止した。ブルガリアは「ヌイイー講和条約」(一九一九年一一月二七日)に調印して、マケドニア・エーゲ海沿岸を失った。ハンガリーは「トリアノン講和条約」(一九二〇年六月四日)によって旧領土の四分の三を失った。ベルサイユ講和条約を中心として、これらの講和条約が創設した国際秩序を「ベルサイユ体制」と呼んだ。また英仏は、中東の石油を独占するために、トルコ(オスマン帝国)の領土を分割し、イラク、ヨルダン、パレスチナ、シリア等を委任統治した。

もともと中欧や東欧は多くの民族を抱えていた。連合国はドイツ、オーストリア、ブルガリア、ハンガリーの領土を分割すると、民族自決の原則に基づいてポーランド、チェコスロバキア、ユーゴスラビア等を独立させ、ドイツやオーストリアを小国化した。

連合国は、ベルサイユ条約によって再構築した現状を維持するために、国際連盟を創設した。そして、国際紛争の解決は武力に依らず国際連盟を通じて平和的解決を図ることにした。こうして英仏はベルサイユ体制を維持していくことで、ドイツが再び戦争を引き起こさないようにしたのである。

一九三三年一月三〇日、かねてからベルサイユ体制打破を唱えていたナチ党(国民社会主義ドイツ労働者党＝Nationalsozialistische Deutsche Arbeiterpartei＝Nazis)の指導者ヒトラーがドイツ首相に就任した。ヒトラーは軍事制限の撤廃を目指した。ジュネーブ一般軍縮会議（一九三二年二月から二年余）で軍備平等権を否認されたドイツは、一九三三年一〇月一四日、ジュネーブ一般軍縮会議及び国際連盟から脱退すると声明した。日本とドイツが国際連盟を脱退した後、一九三四年九月一八日、ソ連は国際連盟に加盟した。

ヒトラーは一九三五年頃から積極的に対外進出を図るようになる。一九三五年一月一三日、ベルサイユ条約第四九条に基づいて国際連盟の管理下に置かれていたザール地域で、その帰属を決めるための人民投票が行われた。結果は、ドイツへの復帰賛成は九〇％と圧倒的多数でドイツへの帰属が決まった。

三月九日に空軍の保有を、一六日にベルサイユ条約軍事制限条項を廃棄し、徴兵制による再軍備宣言を発表した。ナチスドイツが戦争のできる国になると、ヨーロッパ諸国は危機感を抱き緊張した。ベルサイユ体制が揺らぎ始めたのである。六月一八日、ドイツは英国と「英独海軍協定」を締結し、これによって英国海軍の三五％の海軍兵力保有を認められた。ベルサイユ条約の軍事制限条項は事実上破棄されたも同然だった。ドイツが軍事力を強化すると、ヨーロッパ諸国は自国の安全保障の見直しを迫られた。ベルサイユ体制の打破を目指したヒトラーが次に目指すのは、奪われた領土の回復以外に無いからである。ヒトラーは領土を回復するためには武力行使や侵略も辞さない決意を有しているのは明らかだった。

一九三五年五月二日「仏ソ相互援助条約」、五月一六日「ソ連・チェコスロバキア相互援助条約」が締結された。ドイツは仏ソ相互援助条約はドイツに対する軍事同盟であり、同条約の規定はロカルノ条約のライン保障条約に抵触すると非難した。そして一九三六年三月七日、ドイツはロカルノ条約を廃棄すると、ラインラント非武装地帯に進駐した。

オーストリアを合邦するために、ドイツはオーストリアに圧力を加えた。一九三八年三月一一日、オーストリア・ナチ派のザイス＝インクワルトは首相になると、サン・ジェルマン講和条約第八八条を廃棄してヒトラー総統への服従を表明し、三月一三日ドイツ・オーストリア再合体法を制定した。これによってヒトラーはオーストリアを併合した。

ドイツの次の目標はチェコスロバキアの解体だった。ドイツはまずドイツ人居住地区であるズデーテン地区の割譲を要求したが、ソ連とフランスはチェコスロバキアと軍事同盟を結び、英国もチェコの独立を保障していた。ここで英仏ソとドイツの間に戦争の危機が生じた。英国のチェンバレン首相はこの危機を回避するために、ヒトラー宥和政策をとった。一九三八年九月ミュンヘン会議を開き、ズデーテン地方の割譲をドイツに認めた。つまり英仏の譲歩とチェコの犠牲で、戦争の危機をひとまず回避したのである。けれども結局はヒトラーはチェコ領内にドイツ軍を進駐させ、翌年チェコスロバキアを解体してドイツの支配下においた。ここまでくると英国のヒトラー宥和政策はかえって

ポーランドに侵攻するドイツ軍

危険であることが明らかになった。

ヒトラーはベルサイユ体制を打破していき、最後にポーランド問題が残った。ベルサイユ条約によって、ドイツはポーランドに領土を割譲して、ポーランドの独立を認めさせられた。その上、ポーランドに海への出口を与えるために廻廊地帯を設定しダンチヒを自由都市にした。この廻廊とダンチヒのせいでドイツと東プロイセンは不自然な形で分断され、東プロイセンはポーランド内に飛び地として残された。ナチスドイツはこのような人為的で不自然な領土の現状に反対していたので、チェコスロバキアを解体すると、一九三九年三月二一日、ポーランドに自由都市ダンチヒの回収と「廻廊問題」の解決を要求した。もちろんポーランドはすぐに拒否した。これまで宥和政策をとってきた英仏はドイツを牽制してポーランドの保障に積極的な態度をとるようになった。ソ連もドイツに警戒感を強めた。ポーランドがそっくりドイツのものになれば、ソ連はドイツと事実上直接国境を接することになるからだ。

ドイツがポーランドを狙って戦争準備を進めていることがはっきりすると、一九三九年五月二七日、ソ連駐在英国大使と仏国代理大使はモロトフソ連外相を訪れ、英仏ソ相互援助協定に関する英仏共同案を提出した。一方ソ連は東京から日本政府の日独伊三国同盟条約の交渉に関する情報を得ていた。それは独伊が英仏と戦争した場合、日本が英仏に対して軍事的な行動をとるか否かは全般的な情勢によって決めるというものだった。もしも日独伊三国同盟が成立した後に独ソ戦が勃発したら、日本は自動的に対ソ戦に参加することになる。そうなったらソ連はドイツと日本の二面戦争に追い込まれる。それだけはなんとしても避けなくてはならない。そこで、日本を牽制するためにソ連は英仏ソの相互援助による集団安全保障体制を築こうとした。

八月中旬にポーランド攻撃を予定していたドイツは、ポーランド占領を成功させるためには東の隣国のソ連がポーランドに軍事的援助を行わないことが必要だった。ポーランド侵攻に際して東のソ連、西の英仏が同時に軍事援助行動を起こせば、ドイツ軍の軍事力は二分される。自国の安全を賭けて英仏ソ独四カ国の思惑は複雑にからみあった。七月二三日の英仏ソ会談で、英仏は政治協定と軍事協定を同時に行うというソ連の主張を受け入れ、八月一二日からモスクワで英仏ソ三国軍事会談を行った。けれども七月末から対ソ交渉を開始したドイツは急テンポで交渉を進めた。八月二一日、英仏ソ三国交渉は失敗に終わり、八月二三日、ドイツはモスクワで独ソ不可侵条約に調印した。九月一日、ドイツ陸海軍はポーランドを攻撃し、ヒトラーは、ベルサイユ体制を打破し、遂に第二次世界大戦を始めた。九月三日、英仏がドイツに宣戦。五日、米国は第二次欧州戦争に中立を宣言した。

## 2　日華事変と近衛声明

日本は一九三六年一一月二五日、国際共産主義の活動に対抗すると同時に、ソ連への軍事的効果を期待した「日独防共協定」を結び、翌年イタリアがこれに加入した。三八年に入ると、ドイツ側から日独伊防共協定を強化したいという希望が伝えられた。日独伊三国同盟問題は、同盟の目的、自動参戦の義務、同盟の対象等の問題をめぐって政府内が紛糾した。同盟の対象をソ連に限定するか、英米仏等も対象とするかで日独交渉は紛糾し、日本でも政府と陸軍の間で意見が対立した。近衛文麿内閣は閣内の意見不一致が深刻になると、一九三九年一月四日総辞職し、後継に平沼騏一郎内閣が成立した。平沼内閣がぐずぐずと小田原評定を繰り返しているうちにも欧州情勢は切迫し、ドイツは遂に一九三九年八月二三日独ソ不可侵条約を締結した。これは日本の政府や軍部の指導者にとってはまさに青天の霹靂で、仰天したショックで平沼内閣は崩壊し、約一年続けた三国同盟交渉はご破算になった。ちょうどこの時、第二次ノモンハン事件で関東軍の第二三師団は、八月二〇日から始まったソ連軍の猛烈な攻勢にあって甚大な損害を被っていた。そのソ連とドイツが不可侵条約を締結したので、ドイツに裏切られたという思いはなおさらだった。

独ソ不可侵条約と第二次世界大戦の勃発、さらにソ連のポーランド出兵は、日華事変に重大な影響を与えた。日本ではドイツに対する不信感と失望が広がったが、中国でもソ連に対する不信感が広がった。国民政府軍は反共攻撃を強め、国共合作が揺らぎ始めた。けれども中国共産党は、国民政府の蔣介石委員長擁護を言明して国共合作の維持を図り、「抗戦を堅持し投降に反対する。団結を堅持し分裂に反対する。進歩を堅持し後退に反対する」という原則論を確認した。中国共産党の基本的立場は、あくまでも抗戦の堅持と統一戦線の強化だった。国民政府の蔣介石も揺らぎはしたが、抗戦を諦めなかった。

第一次近衛内閣は日華事変の推移に応じて政府声明を発表した。そして第一次近衛内閣の後継内閣は、いずれも近衛首相の政府声明に基づいて日華事変に対処した。近衛首相は一九三七年七月一一日から一九三八年一二月二二日までに次のような重要な政府声明を発表した。

**華北派兵に関する政府声明**（一九三七年七月一一日）
閣議は治安維持を理由に内地師団の華北派兵を決定した。

**盧溝橋事件に関する政府声明**（一九三七年八月一五日）

現地軍から陸軍出兵の要請があり、八月一三日の閣議で陸軍の上海派兵を正式に決定した。同日上海事変が起きると政府は不拡大方針を放棄した。政府声明は、盧溝橋事件から上海事変までの経過を、「盧溝橋事件以来、日本は不拡大を方針とし、平和的かつ局地的解決に努め、自衛の範囲を出ないように隠忍自重してきた。けれども中国は挑戦的言動を停止せず、現存の軍事協定を破って反省もしない。そればかりか軍を北上させて我が支那駐屯軍を脅威し、また漢口上海に兵を集めて挑戦的態度をいよいよ露骨にした。上海において遂に我が方に砲火を浴びせ、帝国軍艦を爆撃した」と説明した。そして、

支那側が帝国を軽侮し、不法暴虐至らざるなく、全支に亘る我が居留民の生命財産危殆に陥るに及んでは、帝国としては最早隠忍その限度に達し、支那軍の暴戻《ぼうれい》を膺懲《ようちょう》し、以て南京政府の反省を促すため、今や断乎たる措置をとるの已むなきに至れり。(中略)

支那における排外抗日運動を根絶し、今次事変の如き、不祥事発生の根因を芟除《さんじょ》すると共に、日満支三国間の融和提携の実を挙げんとするの外他意なし、固より毫末も領土的意図を有するものにあらず。

と述べた。近衛首相がこの政府声明を発表すると、「暴戻膺懲」「断乎膺懲」がスローガンになった。「暴戻」は荒々しく道理にもとるという意味で、「膺懲」はうちこらすこと、

征伐してこらすという意味である。暴戻な中国を日本は断乎たる措置をとって征伐してこらしめる。ただそれだけのために上海派兵を決定したと、政府は国民に説明した。

一九三八年一月一六日、一一月三日、一二月二二日の三次にわたって近衛首相は以下の政府声明を発表した。

**第一次近衛声明「国民政府を相手にせず」**（一九三八年一月一六日）

一九三七年一一月に入ると、駐華ドイツ大使トラウトマンは、広田外相の依頼を受けて国民政府と和平工作を開始したが、一九三八年一月一五日、大本営政府連絡会議で交渉打ち切りを決めた。それに先立ち一月一一日、御前会議を開き、和戦の基本方針「支那事変処理根本方針」を決定した。

日本は、「帝国不動の国是は満洲国及び支那と提携して東洋平和の枢軸を形成し、これを核心として世界の平和に貢献するにあり。右の国是に基づき今次の支那事変処理方針を定め、国民政府との講和交渉条件細目を定め」トラウトマンを通じて国民政府につきつけた。けれどもその条件は国民政府が絶対に受け入れることができない苛酷なものだった。日本政府は国民政府が全面的に屈服しない場合は、これを相手とせず、傀儡政権を樹立する強硬方針を貫くことにした。一五日、日本政府は交渉を打ち切ることを決めると、一六日に近衛首相は「国民政府を相手にせず」という政府声明を発表し、ドイツに対して正式にトラウトマン工作の打ち切りを通告した。

帝国政府は南京攻略後なお支那国民政府の反省に最後の機会を与うるため今日に及べり。然るに国民政府は帝国の真意を解せず漫《みだ》りに抗戦を策し、内民人塗炭の苦しみを察せず、外東亜全局の和平を顧みる所なし。よって帝国政府は爾後《じご》国民政府を対手とせず、帝国と真に提携するに足る新興支那政権の成立発展を期待し、これと両国国交を調整して更生新支那の建設に協力せんとす。

近衛首相は「帝国政府は爾後国民政府を対手とせず」と宣言し、国民政府との外交交渉を断念した。二日後の一八日、近衛首相は次のような補足的声明を付け加えた。

爾後国民政府を対手とせずというのは同政府の否認よりも強いものである。元来国際法上よりいえば、国民政府を否認するためには新政権を承認すればその目的を達するのであるが、中華民国臨時政府は未だ正式承認の時期に達していないから、今回は国際法上の新例を開いて国民政府を否認すると共に、これを抹殺せんとするのである。また宣戦布告ということが流布されているが、帝国は無辜の支那民衆を敵視するものではない。また国民政府を対手とせぬ建前から宣戦布告もありえぬわけである。

日本が勝手に国際法上の新例を作るのもどうかと思うが、日本は近いうちに強力な親日的な新中央政権を樹立するつもりだった。

**第二次近衛声明「国民政府と雖ども拒否せざる旨の政府声明」**（一九三八年一一月三日）

武漢三鎮を陥落した後、政府は更生支那の建設を包含する「東亜の新秩序建設」に関する基本方針を明らかにした。

帝国の冀求する所は、東亜永遠の安定を確保すべき新秩序の建設に在り。今次征戦究極の目的またここに存す。

この新秩序の建設は日満支三国相携え、政治、経済、文化等各般に亘り互助連環の関係を樹立するを以て根幹とし、東亜における国際正義の確立、共同防共の達成、新文化の創造、経済結合の実現を期するにあり。

帝国が支那に望む所は、この東亜新秩序建設の任務を分担せんことに在り。帝国は支那国民がよく我が真意を理解し、以て帝国の協力に応えんことを期待す。固《もと》より国民政府と雖も、従来の指導政策を一擲し、その人的構成を改替して更生の実を挙げ、新秩序の建設に来り参ずるにおいては敢てこれを拒否するものにあらず。

惟《おも》うに東亜における新秩序の建設は、我が肇国の精神に淵源し、これを完成するは、現代日本国民に課せられたる光栄ある責務なり。帝国は必要なる国内諸般の改新を断行して、いよいよ国家総力の拡充を図り、万難を排して斯業の達成に邁進せざるべからず。

ここに政府は帝国不動の方針と決意とを声明す。

ここで初めて、日華事変の目的は「東亜新秩序の建設」であると明らかにし、その内容を示した。一月一六日の第一次近衛声明で帝国政府は「爾後国民政府を対手とせず」と宣言したが、国民政府といえども、容共政策を放棄して日本の真意を理解し東亜新秩序建設に参加するならば、これを拒否しない。中国国民の自覚を促し、東亜新秩序の建設の大業は日本のためだけではない、日満は勿論、中国国民が更生するための唯一の道であり、東亜諸民族の共同更生の道である、したがって中国国民も建設の任務を分担しなければならないと、諭した。

**第三次近衛声明**（一九三八年一二月二二日）

一一月三〇日の御前会議で決定した「日支新関係調整方針」の三原則に基づき、「善隣友好・共同防共・満洲国承認・日満支経済提携」を日華関係の根本方針とすることを声明した。

近衛声明の中で最も重要なのは、一九三八年一一月三日の第二次声明である。日華事変勃発から一六カ月を経て、やっと日華事変の目的が明らかになった。初めは自衛のために、次は抗日戦を続ける国民政府を断乎膺懲するため、今後は「東亜新秩序の建設」が事変の目的になった。だが、「東亜新秩序の建設」という目的は、抽象的で具体性に欠けていた。

陸軍省のパンフレット『支那事変の真意義』（一九三九年四月）は、今後は長期膺懲、長期建設の二大事業を遂行しなければならないが、東亜新秩序の建設の妨害を企図する英米ソ連の動きも封じねばならず、それには一層軍備を増強する必要がある。また日満華の提携共助を推進するため、迅速に事変を処理しなければならない。よって国家総力戦体制に飛躍的に進展させなくてはならないと解説している。そして長期膺懲、日満華提携共助の推進(円ブロック、経済ブロックの確立)、生産力の拡充という三大事業を同時に遂行することにしたと述べている。

陸軍は東亜新秩序の建設の妨害を企図する英米ソ連の動きを封じるために、軍備を一層増強する必要があると強調したが、ナチスドイツは、欧州の新秩序の建設を目指して軍備増強を図った。

一九三七年一一月五日、ヒトラーはドイツ首脳を集めて、中欧にドイツの生存圏を拡大する計画を表明し、あわせてその場合に予想される英仏との衝突を回避、牽制する必要を説いた。オーストリアとの合邦は民族の統合を目指すヒトラーの年来の主張であり、中欧における生存圏拡大方針にも合致するものであった。

ドイツの生存圏は、

一、ヨーロッパ内に限定された移住によって生活し成長するに充分な圏域。

二、ドイツの政治的、経済的独立を全うし、自国の生命を確保するために、ドイツ経済の重点を自国の圏域内に引き戻すこと。

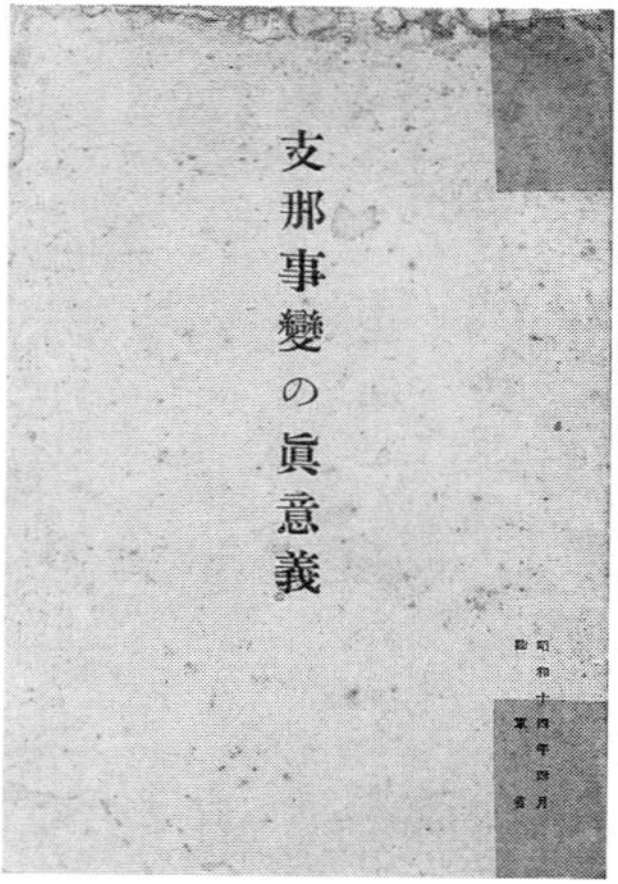

陸軍省のパンフレット『支那事変の真意義』

三、自国経済力の消耗を認めて、親交があり非常の場合に間に合うところの隣邦の経済を指導することにより、相互の補足を保証し得るヨーロッパ大陸の経済共同体の発展を承認すること。
四、植民的、経済的補充圏を完成すること。

ドイツ人がドイツの生存圏を要求する時には、ドイツ人はまた、他の民族の生命圏を肯定しているのである。国際的にこれをみれば、ドイツの生存圏思想の心髄は、他の民族にもその生存圏を保証するところの新しい秩序を作ることにあるのである。

ナチスドイツの生存圏に、オーストリア、チェコスロバキア、ポーランドその他東欧諸国を入れることで、ベルサイユ体制による秩序を打破し、ドイツを枢軸とする新秩序を建設しようとした。これを実行すれば英仏と戦争になるのは必至であり、だからこそ軍備の増強が必要だった。これと同じように日本が枢軸となって、日満華経済提携を図り東亜の新秩序を建設しようとすれば、英米ソとの衝突が予想される。場合によっては戦争も覚悟しなければならない。だからこそ陸軍は一層の軍備の増強が必要であると強調したのである。けれども実際に軍備を一層増強するには莫大な軍事費を要する。

日華事変は国民に非常な負担と犠牲を強いるようになった。国家総力戦は、莫大な三M(Man, Material, Money＝人間・原料・金)を必要とする。人口はともかく、原料と資金に乏しい「持たざる国」日本が国家総力戦を長期間戦えば、当然無理が生じる。一九四〇年になると「持たざる国」日本が抱える深刻な矛盾、つまり国力を無視し、国力の限界を超えた長期戦の弊害が露呈してきた。

まず三Mのうち「金」の問題からみよう。一九四〇(昭和一五)年度歳出総計九四億五〇〇万円のうち、軍事費は六七億六四〇〇万円(七一・九％)を占め、軍事費は前年度に比べ、三億三二〇〇万円増加した。この軍事費は支那事変臨時軍事費特別会計と一般会計中の陸海軍両省の歳出の合計である。一方歳出総計から軍事費を差し引いた残りの一般歳出は二六億四一〇〇万円となり、一九三九年度に比べて三億四七〇〇万円増加した。この増加分のうちの二億円ほどは公債利払いと恩給・年金の増加で、事変遂行に伴った増加である。

歳出総計は一九三六(昭和一一)年度には二二億六〇〇〇万円であったが、事変勃発の一九三七年度には五一億円に増加し、その後三年間にわたって七七億、八七億、九四億円という厖大な歳出が行われた。このうち軍事費は一九三六年度の一〇億八〇〇〇万円から、一九三七年度には三七億七〇〇〇万円に、一九三八年度六一億円、一九三九年度六四億円、一九四〇年度六七億円の支出が行われた。支那事変臨時軍事費だけでも一九三七年度には二五億四〇〇〇万円、一九三八年度は四八億五〇〇〇万円、一九三九年度四六億五〇〇〇万円、一九四〇年度四四億六〇〇〇万円、合計して一六四億五五〇〇万円の支出を行うのである。

こうした国家財政の支出は、事変遂行と東亜新秩序の建設のためには、絶対に必要だとされた。しかし、財政支出の無限の膨張は、インフレーションを進展させ、悪性インフレーションを起こす危険もあった。そこで財政膨張をいくらかでも食い止める方法が検討された。

では、莫大な軍事費をどのように調達するか？　租税収入だけで調達できればよいが、それが無理なら「戦時増税、紙幣の発行、公債の発行」のうちのどれかを採用しなければならない。日華事変勃発当初、第一次近衛内閣は「北支事件特別税法」(一九三八年度)で事変費追加予算のための一年限りの増税を行った。だが事変が全面戦争に拡大したので、「支那事変臨時軍事費特別会計」を設け、一般会計の軍事費と臨時軍事費を区別して支出することにした。これに併せ「支那事変特別税法」を事変終了の翌年まで施行するという臨時的税法を施行した。

しかし、臨時的な戦時増税では間に合わない。そこで一九四〇年三月二九日、税制改革諸法(所得税・法人税・物品税・地方税・入場税等)を公布し、四月一日から実施した。税制を全面的に大改革して恒常的に増税できるようにしたのである。この税制改革は阿部内閣の青木一男蔵相が樹立し、米内内閣の桜内幸雄蔵相が引き継いで実施した。所得税の徴収方法を組織化し、所得税の増徴を容易にする体制を作り、国民から税金をむしりとって戦争をやることにしたのである。軍事費調達方法としては戦時増税を行うのが一番いいが、増税は国民の反発を買う。また莫大な戦費を増税だけで調達することは不可能なので、政府は債券を発行した。ただし国際社会から孤立している日本は、外債を発行して資金調達できない。そこで国債を売り出して国民に買わせることにした。太平洋戦争が始まると給与の一部を国債にしたり、隣組に強制的に割り当てたりした。

## 3　苦しい軍事費の資金繰り

一九四〇年度予算は、一般会計及び支那事変臨時軍事費特別会計を合わせて九四億五〇〇万円であるが、その全部を租税収入及びその他普通歳入で調達することができず、国債発行額は、一般会計で一六億七一〇〇万円、臨時軍事費特別会計で三六億七七〇〇万円、合わせて五三億四八〇〇万円となった。

悪性インフレーションを未然に防止するには、財政膨張を抑制することが第一であり、それが抑制できないとすれば租税で調達し、国債を増発しないことが必要である。けれども事変拡大と長期化はそれを許さず、国債増発を要求した。支那事変勃発以来の新規国債発行額は、一九三七―一九三九年度の三カ年で一〇九億一二〇〇万円に達し、その消化率は八四・五%だった。この数字をみれば、いかに国民が戦争に協力したかがよくわかるが、これでインフレーションが起きなかったら奇蹟である。

インフレーションの原因は、財政膨張→国債増発→紙幣の増発→物価騰貴、物価騰貴→財政膨張→物価騰貴→財政膨張、物価騰貴→為替低落→物価騰貴という悪循環である。

政府は国債消化資金に六〇億円、生産力拡充資金に五〇億円、大陸開発資金に一〇億円、合計一二〇億円の資金を調達しなければならなかった。

そうなるとインフレーションを極力抑えながら、どうやって国債を消化するかが問題だった。その解決策が「国民貯蓄」である。一九四〇年度は国民貯蓄目標を一二〇億円と定め、これを達成して国債を消化しようと目論んだ。厖大な資金調達、特に国債消化が予定通りに行くかどうかは、事変の勝敗にかかわる重大な問題だった。悪性インフレを予防しつつ、資金を調達するために国民の消費を極力抑え節約させ、できるかぎり貯金をさせて国債を買わせた。

日華事変が起きると満洲や中国はインフレに見舞われ、物価は日本よりも高くなった。日銀券、満洲中央銀行券、聯銀券、朝鮮銀行券が等価で通用する円ブロック内の取引は、東京・大阪間の取引と同じである。日本政府は物価抑制政策をとったので日本で売るよりも満洲・中国で売った方が儲かる。そこで物資は日本国内から満洲・中国へと流れ出ていった。日本から輸出される水産物、紙類、木材、鉄製品、機械等の建設資材、小麦粉、砂糖等の大半は、満洲・華北に向けて輸出された。

数字の上では円ブロック向け貿易は輸出超過になったが、外貨を稼がないばかりか日本国内の物資不足を招き、国内物価を騰貴させ、インフレーションに拍車をかけた。対満・対華北輸出超過は、大陸建設のために日本が払った物質的犠牲だった。

より強力な国家総力戦体制を作り上げるためには、軍需産業や重化学工業の生産能力を高めなければならない。日華事変が起きると政府は生産力拡充計画を立て一九四一年度完成を目指した。政府が事変勃発から一九四〇年度までに生産力拡充資金(認可額)としてつぎ込んだ資金は八三億三〇〇〇万円に上った。

| | |
|---|---|
| 軍事費 | 一一三億七〇〇〇万円 |
| 大陸建設費 | 二二億九〇〇〇万円 |
| 生産力拡充費 | 八三億三〇〇〇万円 |
| 合計 | 二一九億九〇〇〇万円 |

これに軍事費と大陸建設費を加えると約二二〇億円を投じたことになる。いいかえれば二二〇億円分の物資が民需から削減されたわけで、国民の消費生活が苦しくなるのは

当然の結果だった。

一九三七年九月二日、北支事変は支那事変と改称された。翌九月三日、第七二回臨時帝国議会が召集されると、政府は「臨時軍事費特別会計法案」を提出し、議会の承認を得た。これによって臨時軍事費の会計を一般会計の歳入歳出から区分し、かつ事件の終局までを一会計年度として、特別にこれを整理することにした。また一般会計における陸海軍省所管の北支事件費及び大蔵省の北支事件第一予備金を、その財源と共に臨時軍事費特別会計に移して整理することにした。日本が太平洋戦争に敗戦すると、一九四六年勅令第一一〇号によって臨時軍事費特別会計を終結し決算を行った。

『臨時軍事費決算参考　自昭和十二年七月至昭和二十一年二月　臨時軍事費特別会計始末』は、決算のための詳細な集計を記録している。一九三七年度から四五年度までの予算総額で、どれほどの軍事費を使ったか、またどうやってその軍事費を支弁したかをみると、次のようになる。

○臨時軍事費特別会計歳出予定総額　二二二一億二八五六万七六五一円
○臨時軍事費特別会計歳入予定総額　二二二一億六五一五万八九七二円
　公債発行総額　九八〇億二六七七万七〇〇〇円
　（公債実収総額）　九五七億三八九〇万三九〇〇円
　実際に借入れた金額の総額　五四〇億三四三五万三四二〇円

これでわかるように、臨時軍事費の軍資金は公債と借入金である。政府は軍費支弁のために、まず一九三七年七月一六日、「北支事件に関する経費支弁のため公債発行に関する法律」を公布した。これによって同事件に関する経費支弁のために、法律が定める限度において、公債(国債)を発行し、借入金をなすことができるようになった。公債発行は主として日本銀行及び大蔵省預金部が行った。公債実収総額を見ると、強制されたとはいえ、国民も公債消化に協力したことがよくわかる。

借入金は日本銀行と外資金庫の他に軍票、現地通貨(中国聯合準備銀行券、中央儲《ちょ》備銀行券、南方開発金庫券)として借入れた。聯銀と朝鮮銀行、中央儲備銀行と横浜正金銀行間の預け合い契約で、借入れた聯銀券や儲備券を現地軍が軍事費として使った。簡単にいえば公債と借金でアジア・太平洋戦争をやったのである。

## 4　汪兆銘傀儡政権の成立

一九三九年の『改造』九月号は、八月三〇日に成立した阿部信行内閣の特集を組んで論陣を張った。一番手の岩淵辰雄は「阿部内閣論」と題して、その冒頭を「阿部内閣に対して口善悪《くちさが》ない京童《きょうわらべ》は、速くも『廃品回収内閣』という尊称を奉っている」と述べ、「平沼内閣が誕生した時、世間の人々はせいぜい半年の命だろうといった。実際は半年ではなく八カ月続いたが、世間が『廃品回収内閣』と屑物扱いしている阿部内閣は、せいぜい三カ月だろうと、無造作に片づけている」と述べて当時の世間の空気を伝えている。その大衆の予想はほぼ適中し、阿部内閣は一九四〇年一月一四日総辞職し、一六日、米内光政内閣が成立した。数えてみると四カ月半という短命に終わった。宇垣一成、広田弘毅が首相候補に挙がっていたが、この二人は陸軍の受けが悪かった。結局、軍部との折り合いがいい、陸軍の希望に合致する阿部信行大将が内閣総理大臣になった。阿部内閣成立の二日後の九月一日、ドイツはポーランドに侵攻した。三日、ドイツと英仏が戦争状態に入ると、優れた政治的指導力も外交能力もない阿部首相は、「今次欧州の戦争の勃発に際しては、これに介入せず、専ら支那事変の処理に邁進す」と声明した。そしてノモンハン事件の停戦交渉を急ぎ、九月一五日に停戦協定が成立すると、野村吉三郎海軍大将を外相に迎えて、日米通商航海条約問題にとり組むことにした。

とりあえず外交問題に道筋をつけると、阿部内閣は九月一九日の閣議で、国家総動員法に基づく勅令で「九・一八物価停止令」を決定しこれを発表した。

国家総動員法第一九条に基づく「価格等統制令」は、価格、運送賃、保管料、損害保険料、賃貸料または加工賃は、九月一八日の額を超えて授受することを禁じた。国家総動員法第一一条に基づく「会社職員給与臨時措置令」は、資本金二〇万円以上に適用する。該当する会社は九月一八日の支給高を増加してはいけない。つまり今後一年間は定期昇給とこれに伴う賞与の増加以外は、給料は一銭も増やさない。国家総動員法第六条に基づく「賃金臨時措置令」は、工業、鉱業、砂鉱業、土木建築業、交通運輸業、厚生大臣指定の、商、農、林、畜産、水産その他に適用し、その雇用主は九月一八日に支給している賃金を増してはならない。国家総動員法第一九条に基づく「地代家賃統制令」は、一律に昭和一三年八月四日現在の状態に釘付けにした。一〇月一八日、これらを法制化し二〇日から施行した。

『九・一八物価停止令の解説』（一九三九年・伊藤書店）の著者斎藤栄三郎は、はしがきで次のように述べている。

斎藤栄三郎『九・一八物価停止令の解説』

第二次欧州大戦勃発により、我が経済界は今度も第一次大戦で経験した物価暴騰が起るものと考え、一斉に浮足立った。これ以上ドシドシ物価が上がったら財政経済は破綻する。そこで遂に九月一八日の一線に釘付けしたわけだ。

九月一八日の額に釘づけするのは、決してその額が公平だというわけでなく、単に応急的に決めただけで、従ってこの引上げ抑制は期限を単に一年限りとしてある。

この価格停止令は周知のように、一九三六年一一月二六日ナチス・ドイツの実行したもので、我が国でも板垣陸相を初め、一部の経済団体や評論家の間では、その必要が主張されていたのであるが、商工当局としては反対であった。その理由は、価格に対し全面的に引上げ停止を命ずることは、各商品の不合理な価格を急速に是正しえないと、いたずらに混乱を招き闇取引や闇相場を横行させ、価格統制の全体系を破壊させる。といって急速に一切の価格の不合理を是正することは現在の商工省にはできないというのであった。

ところが欧州大戦勃発に際会して物価は昇る一方だ。そこで遂に今回の全面的価格引上げ停止を断行し、今後一年間の間に、なるべく急いで全商品に適正価格を決定しようということになったのだが、果たして、これで物価の騰貴を抑制しえるであろうか。

「九・一八物価停止令」はナチスドイツにならったもので、その必要をかねてから主張していたのはいうまでもなく陸軍である。陸軍の希望に合致する阿部内閣は、従来の商工省の反対を押し切って「九・一八物価停止令」を断行した。閣議決定の前日の一八日は満洲事変が勃発した記念日である。満洲事変は日華事変にまで発展した。それもあって九月一八日を基準にした。

国民から三カ月しかもたない「廃品回収内閣」と揶揄され、何の期待も持たれなかった阿部内閣が「九・一八物価停止令」を断行した。果して所期の目的を達成できるか危ぶまれた。たまたまこの夏は、西日本と朝鮮は深刻な旱魃《かんばつ》に見舞われた。水不足は稲作の凶作と電力不足を招いた。米不足が予想されると、先行き不安から米の売り惜しみ、買い溜めが起き、米の闇値は騰貴傾向を示した。政府は九・一八停止価格を嫌って米が闇に流れるのを防ぐために、一一月六日、米の買入れ価格を一石当たり五円引上げた。つまり官僚的経済統制は早くもつまずいたということである。

水力発電による電力の不足は生産力拡充計画を遅延させる。そこで政府は国家総動員法に基づき「電力調整令」を出し、不要不急の消費は禁止または制限することにした。電力を国家が必要と認める方向に廻して、急速に国防国家を確立することにしたのである。

阿部内閣は、戦時最高の強権を発動して統制を強化し、軍需を優先し民需を犠牲にする政策を断行したので、国民の生活は戦時色が濃くなった。その一方で生活必需品は自ら利益を求めて闇に消え闇値は上がった。そうなると賃金や給料を据え置かれたサラリーマンや労働者の生活は苦しくなるばかりだ。年末に食料や燃料の木炭不足が起きると、国民の不満はいよいよ高まった。

そんな中で、一二月二三日、第七五回通常帝国議会が召集され開院式が行われた。本会議が終了後、政党各派の有志議員が院内に集まり、内閣総辞職を要求する決議を行い、翌年一月七日までに衆議院議員の過半数をはるかに超える署名を集めた。

通常議会は毎年一回、天皇の詔書(集会の期日の四〇日前に発布する)によって召集され開院する。通常議会は総予算案を審議するものであり、その総予算案は毎年三月三一日までに成立させなくてはならない。また所定の会期を過ぎると天皇は議会の閉会を命じる。閉会は議会の一切の作用を閉止するので、議会閉会後は未決議案は次の会期まで持ち越さず打ち切られる。したがって総予算案を会期内に成立させるために、普通は一二月二五日前後に開院式を行う。衆議院は開院式の後でまず議長・副議長を選挙し、一旦休会して本会議を開く。帝国議会の最も重要な権限は協賛(天皇の行為に対して事前に同意の意思を発表すること)である。帝国議会は議決機関として国政に参与するだけで、国政を実行しない。帝国憲法はすべての法律、予算の制定には議会の協賛を必要とすると決めている。議会の解散も天皇が命じ、解散から五カ月以内に議会(特別議会・会期は天皇が定める)を召集する。解散すなわち総選挙となるので、実際に安易に解散はできない。議会の多数の賛成を得られない場合は法案や予算案は成立しない。それで普通は内閣総辞職か、政党と政府の妥協に落ち着く。

政党は阿部内閣に対する国民の不満を背景に、内閣総辞職を要求した。阿部首相も通常議会を乗り切るのは困難と判断し、議会再開を前にした一九四〇年一月一四日に内閣総辞職をした。わずか四カ月半の短命内閣だった。阿部首相は軍部が要求する物価統制令を施行し、年末に汪兆銘との間に「日華新関係調整要項」をまとめたのを花道に、軍部の御用済みになったのである。

阿部内閣は「日華新関係調整要項」の成立に最も力を入れた。一九三八年一月一六日、近衛首相は「帝国政府は爾後国民政府を対手とせず」と声明してしまった。また御前会議で「帝国不動の国是は満洲国及び支那と提携して東洋平和の枢軸を形成し、これを核心として世界の平和に貢献するにあり」と決めた以上、この国是に合致する新政権を中国に樹立して、事変の解決を図らなくてはならない。すでに北京に中華民国臨時政府、南京に中華民国維新政府を樹立したが、中国民衆は両政府を日本の傀儡政府とみなして支持も協力もしなかった。

日本側は、国民政府の元老的地位にある汪兆銘《ワンチャオミン》をひっぱり出して、より強力な親日的新政権を樹立し、この新政府の調停によって対日全面和平を実現するというシナリオを作った。これを汪兆銘工作という。一九三八年一一月頃から影佐《かげさ》禎昭《さだあき》大佐らを中心として汪兆銘側と交渉を重ねた。近衛首相も汪兆銘にエールを送る形で、一九三八年一一月三日、「国民政府と雖ども拒否せざる旨の政府声明」を発表した。汪兆銘工作は、近衛内閣、平沼内閣、阿部内閣を通じて行われ、一九三九年一二月三〇日、やっと汪兆銘側と影佐禎昭大佐の「梅機関」との間で「日華新関係調整要項」を協定した。ここに至るまでの経緯は省くが、「日華新関係調整要項」の内容は日本の独占的な支配を新政府に認めさせるものだった。日本側は、軍事上の実権を把握し、防共駐屯権、治安駐屯権を確保した。また駐屯地域及びこれに関連する地域に存在する鉄道・航空・通信・主要港湾及び水路に対する日本の軍事上の要求に応じること、日本人軍事顧問や教官が中国軍の内面指導に当たることを汪兆銘側に認めさせた。要するに汪兆銘の政府は、日本軍が支那事変を遂行するために必要な便宜を図り、協力することを認めたのである。

また日本は経済上の権利利益も獲得した。

甲　全中国　航空に関する支配的地位確保。国防上必要なる特定資源の開発利用に関する企業権。

乙　蒙疆　経済の全部面に関する指導権及び参与権確保。

丙　華北　鉄道に関する実権把握。通信(有線電信を除く)に関する日華共同経営権(日本優位)の獲得。特定資源特に国防上必要な埋蔵資源の開発利用権の確保。国防上必要な特定事業に関する合弁事業参与権。華北政務委員会の経済行政に関する内面的指導権確保。

その他、日本側に有利な条件を列挙した協定を汪兆銘側と結んだ。

一九四〇年一月八日、阿部内閣は「日華新関係調整要項」を閣議決定した。こうして新中央政権樹立に関する日本の基本方針が決定すると、畑陸相は「事変下最も大切な国内の人心を把握できない、失政続出の阿部内閣は最早総辞職すべき」と進言した。前に述べたようにすでに政党各派の有志議員たちから内閣総辞職を要求されていたので、阿部内閣は議会開催を待たずに、一月一四日総辞職をした。

一九四〇年一月一六日、阿部内閣の後を継いで米内光政内閣が成立した。米内内閣が阿部内閣から引き継いだ最も重要な課題は、新中央政府樹立を含む日華事変処理だったが、ここでも思いがけない誤算が生じた。新中央政権樹立を前にして、汪兆銘のブレーンである高宗武《ガオゾンウー》、陶希聖《タオシーション》の二人が汪兆銘陣営から脱退し、一九四〇年一月三日、上海を脱出して香港へ逃げた。そして香港『大公報』に連名で声明文を発表した。「日華新関係調整要項」に依って日本は中国を属国化するつもりだと述べ、日本側が押しつけた苛酷な条件を公表してしまったのである。そして香港到着後、汪兆銘に「日本軍に欺瞞され利用されることを止めよ」と電報を打ち、上海から持ち出した日本側の文書や写真のコピーを重慶に送った。中国国民は近く樹立される新中央政権が全く日本の傀儡政権であることを知った。

一九四〇年三月一二日、汪兆銘は孫文没後一五周年を記念して「中日両国はすべての面で提携協力し、アジア民族運動の原動力となって、東亜新秩序建設の任務を分担する」と述べ、「中国の滅亡を欲せず興隆を望み、中国の主権を尊重する日本に対して抗戦の必要は無く、和平あるのみだ」と和平建国を宣言した。三月三〇日、南京遷都を宣言し新中央政府が成立した結果、北京の中華民国臨時政府は「華北政務委員会」と名を変え、南京の中華民国維新政府は解消した。

汪兆銘の南京国民政府は、「蔣介石の重慶政府が出した政令・協定・契約をすべて無効とする、すべての軍隊は速やかに停戦し政府の命令を待て、すべての公務人員は南京に帰り届け出ること」を決定した。これがすべて実行されたら、日華事変の和平停戦が実現するはずだった。重慶政府はこれを認めず、三月二二日、林森《リンセン》主席の名において新中央政府を否認する声明を発した。さらに三〇日までに新中央政府(以下南京政府と略す)に参加した汪兆銘以下合計一〇五名に逮捕令を出した。それ以来、中国には重慶と南京に二つの国民政府が存在することとなった。

南京政府成立に伴い、諸外国の態度が問題となった。米国は三月三〇日、ハル国務長官が記者会見で、米国政府は今後も重慶政府を承認すると声明し、南京政府不承認の態度を表明した。ピットマン外交委員長も、三〇日に「南京政府は日本によって設立されたもので、中国政府ではない。南京政府は満洲国と同じく傀儡政府だ……」と述べた。米国政府内で対日禁輸を要求する声が高まり、重慶政府に積極的に援助を与えるようになった。

日本側は南京政府に対して、米国の対華貿易を排除するために、揚子江下流の日本の経済的優越、華南沿岸の島嶼に対する日本の支配的地位を認めさせた。さらに北支、蒙疆の駐兵権、揚子江及び華南沿岸一定地点における駐兵権並びに軍艦常置権を認めさせた。これらの要求はルート四原則・九カ国条約を無視するものであった。華南の海南島を日本の軍事根拠地にして支配すれば、アメリカの太平洋艦隊は重大な脅威を受ける。こんなことをアメリカが喜んで許すはずがない。

汪兆銘南京国民政府成立

日本の希望的観測としては、「交戦中の欧州諸国は、極東に勢力を割く余裕がなく、極東においてできるだけ日本ともめたくない。したがって、進んで汪兆銘の南京政府の不承認を声明して、あえて対日関係を悪化させるような愚策はとるまい」というものだった。また、「文句をつけるのはアメリカだけで、日米関係はますます悪い方向に向かっているが、幸い太平洋を挟んでいるし、また大統領選挙を前にしているので、日本に文句をつけて怒っても発火点に達することはない」と、甘い判断をしていた。

## 5　ドイツに続け——南進論高まる

一九四〇年三月三〇日に南京政府が成立したが、当然、中国人民の信頼を得られなかった。これでは停戦和平の推進力にならない。そうなると重慶政府を潰すしかないと軍部は焦った。

そこへドイツの派手な快進撃のニュースである。ヨーロッパでは、蔣介石の重慶政府を援助する英仏軍がドイツ軍に大敗していた。英国軍は本国へ敗走し、六月一四日、ついにパリが陥落し、一七日、フランスはドイツに降伏した。そうしたヨーロッパの情勢に反し、中国大陸で日本軍は苦戦していた。また日満華経済提携は日華事変の大きな目的だったが、現実は厳しいものだった。対華投資や貿易は、依然として英米が優勢だった。一九四〇年当時、中国の対日輸出額は中国の輸出総額の六・五%に過ぎなかった。一方対米輸出額は二一・九%と約三倍で、中国にとって最大の顧客は米国だった。

また東南アジア一帯の原料資源も英米仏蘭資本が独占支配していた。中国のすぐ隣りはフランスの植民地仏領インドシナ（仏印と略す、ベトナム・ラオス・カンボジア一帯）である。仏印の北部にあるホンゲイ炭鉱は良質で豊富な石炭（無煙炭は製鋼に不可欠なコークスの原料炭）の露天掘りで有名だった。しかも掘った石炭はトンキン湾に面したホンゲイ港からすぐに積み出せた。炭鉱経営はフランス人が独占していた。仏印の貿易も輸出総額の三一・三％、輸入総額の五六％をフランス本国が占めていた。これに対して日本商品は高率な関税をかけられて、事実上仏印から閉め出されていた。

フランス，ナチスドイツに降伏

　オランダの植民地蘭領東インド（蘭印と略す、現インドネシア）には油田があった。蘭印の石油はローヤル・ダッチ・シェル会社とスタンダード石油会社系の会社が経営しており、オランダ、英国、フランス、ベルギー、米国の資本家が独占していた。そのために蘭印から日本への輸出は三・四％程度に過ぎず、日本や海軍が最も必要とする石油を充分に確保することができなかった。他の英領マレー、英領インド、オーストラリア、フィリピンにも重要な原料資源があったが、いずれも完全に英・米資本の支配下に置かれていた。資源を持たざる国日本は、ただ指をくわえて見ているしかなかった。

日本は蘭印や仏印を手に入れるべきだという南進論が軍部で高まった。輸出貿易の不振、原料資源の輸入困難に加えて、米国に日米通商航海条約を廃棄された。一九四〇年一月二六日から無条約状態に入り、米国はいつでも日本に対して石油やくず鉄等の禁輸措置をとることができるようになった。このような事態を最も深刻に受け止めたのは日本海軍だった。石油は軍艦の燃料、血液そのものである。この石油をアメリカに断たれたら国防どころではない。日独防共協定のために北樺太石油利権を失い、天津租界問題で法幣の流通禁止をめぐって日米通商航海条約廃棄を通告された。外交の不手際で石油の安全確保は危機に瀕していた。もちろん陸軍にとっても石油は必要である。優勢迅速な攻撃は航空機や戦車無しでは行えないからだ。そうなると何が何でも蘭印の石油を入手しなければならない。

一九四〇年二月二日、日本政府は石油を獲得するために、オランダ政府に対して貿易制限の緩和、日本企業の進出への便宜拡大、日本人の入国制限の緩和ないし廃止等の諸要求を覚書として突きつけた。

日本は、欧州でドイツがオランダに迫ると、オランダ本国は、蘭印の保護をフランスかアメリカに依頼するだろうと判断した。もしそうなれば石油の確保もおぼつかなくなる。そこで一九四〇年四月一五日、有田八郎外相は、「蘭印の現状に何等かの変更をきたすがごとき事態の発生については深甚なる関心を有する」という、持って回ったような声明を発表した。「米国国務省レポート」は蘭印の地位について次のように記録している。

一九四〇年四月一五日、日本の外相が蘭印の現状維持に対する日本の関心を表明する声明を出した。それに対して、四月一七日、ハル国務長官は次のように牽制した。

㈠蘭印は全世界の貿易において重要な位置にあること。
㈡蘭印はゴム、キニーネ及びコプラ等の重要商品については世界における供給量の大部分を産していること。
㈢米国もそうだが多数の国がこれらの商品に関し蘭印に依存していること。
㈣蘭印の国内問題に対する干渉又は平和的手段以外の方法(すなわち武力)によって現状を変更することは、単に蘭印地域のみならず太平洋地域全体に対する安定と平和と安全の契機に対し有害であること。

この時、米国の上院海軍委員会では日米戦争不可避発言も飛び出し、日米関係はますます悪化した。

一九四〇年五月一〇日、日本の予想どおりにドイツがオランダとベルギーに侵入すると、日本は臨時閣議を開催して対応策を協議し、四月一五日の有田声明をこの機会に各国に再確認させる必要があると認めた。蘭印の石油、ゴム、錫、ボーキサイト、砂糖などは、日本にとって、経済上、軍事上、重要なものばかりである。また蘭印は日本にとって輸出市場としても極めて重要である。したがって、蘭印が万一、他の列強の庇護の下に入るとなれば、日本は、その庇護国の行動を阻止するために戦争するしかない。日本は日華事変を継続するには、戦争に訴えても蘭印の石油を確保する決意を示したのである。

そこで日本の指導者たちは考えた。オランダ本国はドイツに完全に占領されたが、ドイツは欧州戦線で手一杯で蘭印まで出兵するだけの海軍力を保有していない。ドイツが蘭印に進出しなければ、英仏はもちろん米国も日本と戦争を覚悟してまで蘭印に干渉はしないだろう。このように情勢分析した日本は、即刻、蘭印の石油一〇〇万トン、錫三〇〇〇トン、ゴム二万トンなどと数量まで明記した一三品目を日本に供給するようオランダ政府に申し入れ、対日供給を確約するように要求した。さらに五月一一日、海軍軍令部は独自の判断で、外務省をバックアップするためにパラオ方面に第四艦隊を出動させ、蘭印に威力顕示をして威嚇をした。海軍にしてみれば生きるか死ぬかの瀬戸際で、なりふりかまっている余裕は無かった。

## 6 援蔣ルート遮断を目指し仏印進駐

日本は英仏米などが蔣介石の国民政府の後ろ盾になって援助を続ける限り、蔣介石は抗日戦を停止しないと考え、海岸線と揚子江を封鎖し、物資や武器弾薬の補給や貿易を遮断することで国民政府を孤立させ屈服させせようとした。

一方中国は、物資争奪戦に勝ち抜き、経済封鎖を打破するために奥地(西南六省＝四川・西康・雲南・貴州・広西・湖南と、西北五省＝陝西・甘粛・寧夏・青海・新疆)に工場を移転して、新たな工場地帯を建設することにした。戦火が華中に拡大する中で、上海や無錫等の沿海や揚子江沿いの工場を武漢へ移転させ、武漢が危うくなると、人海戦術で揚子江を遡上して重慶まで運べる限りの機械や部品や資材を奥地へ移転させた。苦労の末に奥地へ工場を移転すると、英米は、仏印、ビルマと奥地工場地帯を結ぶ援蔣ルートの建設や奥地内の交通整備のために、国民政府に巨額の借款を与えた。すでに一九三八年一二月、一五万人の人力をかけて建設した「ビルマルート(滇緬《てんめん》公路)」(ビルマと雲南省を結ぶ道路)が開通していた。一九三九年に入ると奥地の工業地帯は本格的に稼働し、奥地経済は次第に発展した。

援蔣ルートを遮断しない限り、蔣介石は屈服しない。つまり日華事変も終わらない。

陸軍は欧州戦線でドイツが優勢なうちに、仏印、ビルマ、香港経由の援蔣ルートを遮断して、それと同時に仏印と蘭印を手に入れて、東亜から英仏オランダ勢力を排除し、日華事変を終結させようという野望を抱いた。

日本はドイツの電撃作戦の成功を天佑と考えた。けれどもドイツの華々しい戦果は、思いもかけない形で、日本に深刻な打撃を与えたのである。従来から日本は船舶不足で外国船を傭っていた。輸入工業塩の大半は、英国船で日本に輸送していたが、大戦勃発で英国船の利用が不可能になった。第二に期待したノルウェーやスウェーデンの船舶も、北欧に戦火が拡大すると日本が自由に利用できなくなった。その後、傭船できる外国船はギリシャ船だけになり、遠海から工業塩を一〇〇万トン輸送する計画は破綻した。船舶不足で、悪くすると五〇万トンはおろか、三、四〇万トンの輸入すら困難になった。工業塩不足はソーダ工業――ソーダ灰、苛性ソーダ、塩素の減産を招き、ガラス工業、人絹・スフ工業、染料工業にも大打撃を与える。塩素は化学兵器(毒ガス兵器)に利用するので、軍事的にも減産は好ましくない。

生産拡充計画に基づき製鋼業は生産設備の拡張を行い、一九三九年中に小倉製鋼、中山製鋼、日鉄広畑工場等が熔鉱炉を完成させた。溶鉱炉は増えたが、コークスの原料の無煙炭や重油の入手難、電力制限、労力不足などが原因で製鋼能力が低下した。日本の製鋼設備はくず鉄法によるものが圧倒的に多い。くず鉄の大半は米国から輸入していたので、米国が対日輸出を抑制すると、日本の製鋼業はたちまち停滞した。

ニッケルはニッケル鋼、ニッケル・クローム鋼、ニッケル・クローム・モリブデン鋼の原料で、装甲用鋼、砲身鋼、弾丸鋼、航空用鋼、自動車用鋼等の構造用鋼、不銹鋼等の特殊鋼の生産に不可欠だった。従来日本は、国内需要の大部分をカナダとノルウェーから輸入していた。大戦が起きるとカナダは輸出を禁止した。ノルウェーのファルコン・ブリッジ・ニッケル会社も全く輸出不能の状態に陥った。ニッケル鉱石は従来はニューカレドニアとローデシアから輸入していたが、これも船腹不足と対日輸出抑制のせいで著しく減少した。この輸入鉱石が途絶すると、日本鉱業、住友鉱業、日本曹達《ソーダ》等のニッケル精錬鉱業会社の前途は絶望的になった。ニッケルに代用品は無く、ニッケル不足は特殊鋼生産の停滞を招き、生産力拡充、軍備拡充、国防計画を大きく狂わせた。

第二次世界大戦とアメリカの対日禁輸政策は、日本に深刻な原料資源不足をもたらした。軍需工業、重化学工業、機械工業の生産力は低下した。建設資材の不足で日本の全産業が打撃を受けた。当然、生産力拡充計画や軍備充実計画は大幅な修正を迫られた。

このような深刻な状況の中で、日本の近くにある仏印や蘭印の原料資源に注目が集まるのは当然だった。軍部や政府は急激に南進論に傾いていった。軍部はまず仏印を手に入れるために、援蔣仏印ルート遮断を口実にした。仏印は、重慶政府への抗戦物資の重要補給路だった。日本は仏印に対して再三援蔣行為を中止するように申し入れたが、仏印当局はこれを無視した。そればかりか、自国軍に援蔣鉄道や公路を警備させ、重慶政府の参謀将校の駐在を許した。

一九四〇年六月一六日フランスがドイツに降伏を申し入れると、六月一九日、外務省の谷外務次官は駐日フランス大使アンリを呼びつけ、仏印経由の中国向け軍需物資輸送を中止するように強硬に要求した。フランスは日本に屈服して要求を受け入れた。そして仏印当局に援蔣物資輸送中止を確実に実施させるために、西原一策少将を団長とする「援蔣物資輸送禁絶監視団」(陸海軍の軍人と外交官から成る。西原視察団と略す)四〇名を仏印のハノイへ派遣した。西原視察団の任務は仏印・中国間の国境の監視だったが、陸軍は西原監視団を通じて、日本軍隊の通過と飛行場使用を認めるように要求した。これをのめば日本軍の占領を許したも同然になる。仏印側は抵抗した。

六月二四日、一応、仏印問題(援蔣物資輸送禁絶)が解決すると、谷外務次官はビルマルートの援蔣軍需物資輸送禁止と香港ルート封鎖をクレーギー駐日英国大使に要求した。英国も初め拒絶したが、七月一七日、日本の要求を入れ協定に同意した。七月一八日から向こう三カ月間武器ならびに弾薬、ガソリン、トラックおよび鉄製材料のビルマ通過輸送を禁止することにしたが、この三カ月間のビルマは雨季で、ビルマルートを利用できない。そんなわけで現実には封鎖しても効果は乏しかった。英国は、封鎖を解く三カ月後には米国の大統領選も終わり、米国は極東で積極的な対日防衛態度をとるだろうと期待した。

仏印や蘭印でドイツのような電撃作戦をやりたい陸軍は、ナチのような強力な軍部主導型の一元的政治体制を望んだ。だが反ナチ的、親米英的米内内閣では、それができない。強力に戦争指導を遂行できるような新政治体制(新体制)でなければ、日華事変はもちろん、仏印問題、蘭印問題も解決できないと考えた。

一方、元首相近衛文麿も軍部と同様に新体制の必要を感じていた。一九四〇年六月二二日、独仏休戦協定が成立した。二四日、近衛は枢密院議長を辞任し、新体制に改革するために出馬すると表明した。日独伊三国同盟に反対だった米内に、陸軍は反発していた。近衛が出馬を表明したので、米内は無用になった。陸軍は陸軍大臣現役制度を利用して畑陸相を辞任させ、米内が代わりの陸相を求めるのも拒否して、米内内閣を総辞職に追い込んだ。七月一六日、米内内閣が総辞職すると大命は近衛に降下し、一九四〇年七月二二日、第二次近衛内閣が成立した。近衛は組閣に先立ち、七月一九日、近衛の私邸荻外荘に陸海軍大臣候補東条英機、吉田善吾と近衛が選んだ外相候補の松岡洋右を呼び、荻窪会談と呼ばれる重要会議を開いた。ここで新内閣の基本方針の大綱を決めた。もっとも、この大綱の草稿は軍務局長の武藤章によるものだといわれている。その主なものは、

一、日独伊枢軸の強化

一、対ソ・日満蒙間国境不可侵協定の締結
一、英仏蘭ポルトガルの植民地を東亜新秩序へ包含するための積極的措置の推進
一、東亜新秩序建設に対するアメリカの実力干渉排除の固い決意の堅持

等だった。第二次近衛内閣は、七月二六日の閣議で「基本国策要綱」を決定した。すでに荻窪会談で合意ができていたので、すんなり決定した。この基本国策要綱は、国内においては「国防国家体制の基礎を確立する」こと、国外には「大東亜新秩序を建設する」ことを国策の基本方針とした。国内態勢の刷新も国策とし、その具体策として「庶政を一新して、強力なる新政治体制を確立し、国政の総合的統一を図ること」を目指した。

第二次近衛内閣は、国内の政治を革新して新体制を確立し、ドイツのヨーロッパ新秩序に呼応する「大東亜新秩序」の建設を国策の基本方針として初めて明示し、強硬な南進政策をとることを明らかにした。

第二次近衛内閣の外相松岡洋右は、八月一日からアンリ仏大使と交渉を開始した。日本の軍事占領を認めるにも等しい要求に、アンリ大使は抵抗したが、松岡外相は武力進駐をほのめかし、遂に八月三〇日、松岡・アンリ協定が成立し、軍隊通過と三カ所の飛行場使用、駐屯兵力五〇〇〇をフランスに認めさせた。その後現地で軍事協定の細目を決めることになった。

その後、仏印では西原少将を団長とする監視団と仏印側の間で日本軍の北部仏印通過と飛行場の使用をめぐって現地交渉を続けた。けれどもフランスが抵抗を続け交渉が難航すると、焦った陸軍の武力推進派は独断で北部仏印に進駐を決定した。

九月二三日、南支方面軍は北部仏印進駐を開始、ドンダン・ランソン付近で仏軍と衝突した。実は前日の二二日に現地交渉で細目協定が成立し、フランス側は日本軍の平和的進駐を認めていた。にもかかわらず九月二三日、日本軍は国境を超えて中国から仏印へ武力進駐し、国境を守備するフランス軍と激しい戦闘を開始した。戦闘は二五日、フランス軍が降伏するまで続いた。九月二六日、陸軍の後続部隊は、陸軍機に援護されてハイフォンに上陸を決行した。ドイツの電撃作戦を手本にして日本陸軍は北部仏印のフランス軍を降伏させた。そしてその翌日、一九四〇年九月二七日、日本は「日独伊三国同盟条約」に調印したのである。

# 第 15 章

# 日独伊三国同盟

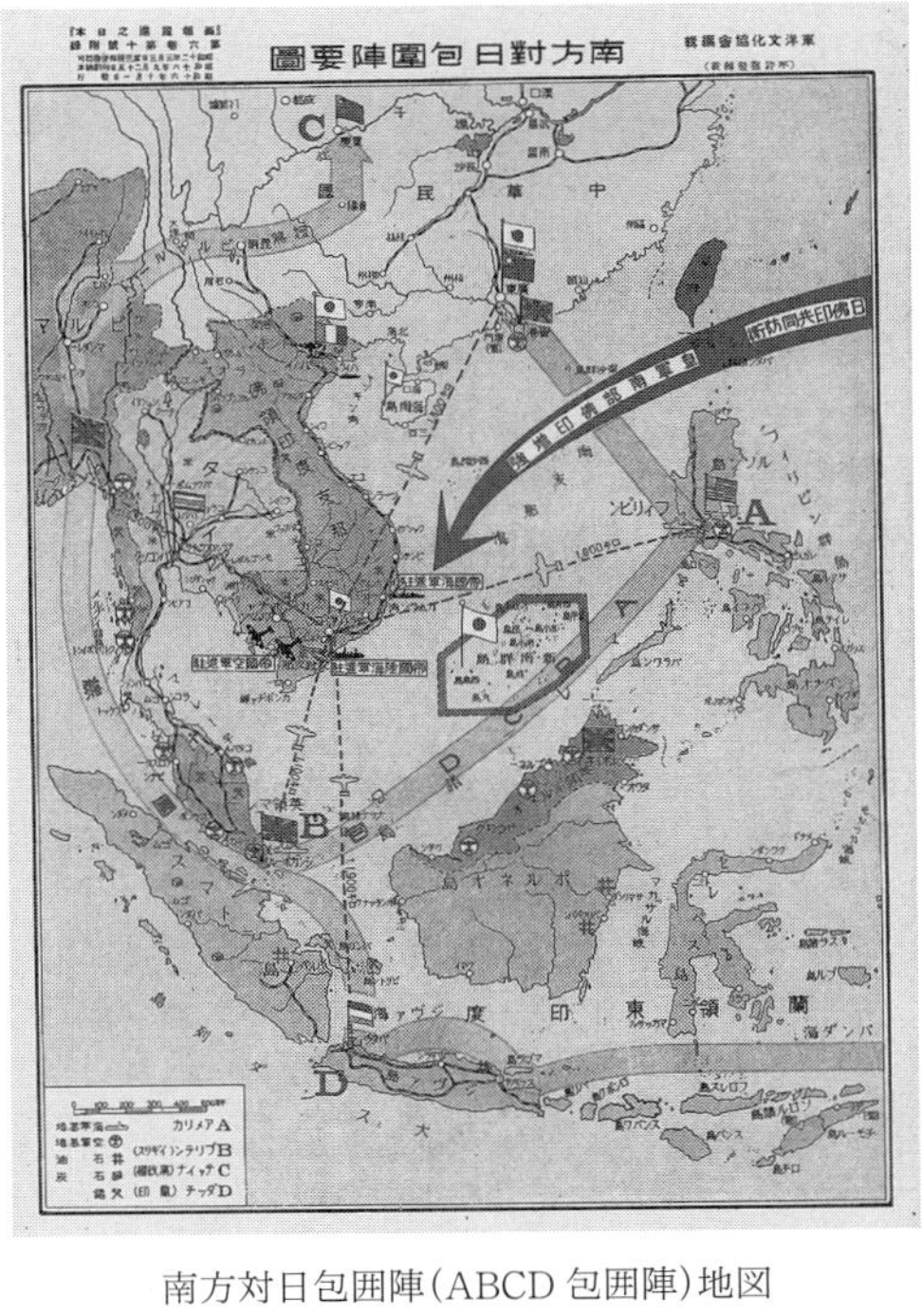


南方対日包囲陣（ABCD 包囲陣）地図

## 1　ドイツ軍の対英戦略爆撃の失敗

第二次近衛内閣は、一九四〇年七月二七日に大本営政府連絡会議を開き、ここで「世界情勢の推移に伴う時局処理要綱」を決定した。内閣成立前に、既に荻窪会談で「時局処理要綱」の草案を定めており、それに基づいて決定したのである。対外政策は「先ず対独伊ソ施策を重点とし、特に速かに独伊との政治的結束を強化し、対ソ国交の飛躍的調整を図る」ことを決めていた。対独伊提携案については陸海外の三省が事務レベルで検討を進めていたが、松岡外相は早急に日独伊三国軍事同盟条約を結ぶべきだと考え、七月三〇日に外務省内で「日独伊提携強化に関する件」という文書が作成された。南進政策を決意していた日本は、独ソ不可侵条約を締結しているドイツと対英米軍事同盟を結ぶ必要があった。近衛内閣は、近いうちにドイツが英国本土上陸作戦を敢行し、英国を降伏させると判断していた。

八月一日、日本側の日独伊提携強化案が定まると、松岡外相は、ドイツ側に打診を試みた。しかし、ドイツ側の態度は一九三九年当時とは違って極めて冷淡だった。無理もない、ヨーロッパ戦線で優位に立っていたドイツにとって、日本との同盟など問題外であった。

ところが八月二三日、ドイツのリッベントロップから来栖駐独大使に、公使としてハインリッヒ・シュターマーを急行させると伝えてきた。九月七日シュターマー公使が訪日し、日独間で本格的交渉を開始することになった。ではなぜ、こうした展開になったのか。それはドイツの英国本土上陸作戦にかかわる問題があった。

一九四〇年六月のフランスの敗北により、ヒトラーは英国が和平を求めると考え、英国に和平案を提示した。英国がその提案を拒否すると、ヒトラーは英国本土侵攻を命じた。この作戦を「アシカ作戦」と命名し、七月一六日に開始する命令を出した。この海峡を渡っての英国本土侵攻の前提としてドーバー海峡の制空権を奪う必要があった。そこでヒトラーは英空軍を殲滅することを空軍に命じた。

しかし、ドイツ空軍の戦闘準備は充分ではなかった。フランス侵攻で受けた大きな損失が補填できていなかったのである。しかもドイツの航空機は航続距離が短く、爆弾搭載量もわずかだったうえに、性能でも英軍機に劣っていた。またドイツのパイロットは空中戦の経験が不足していた。ドイツ戦闘機の航続距離の関係で、爆撃機を上空援護できる時間は限られていたので、ドーバー海峡とイギリス海峡の沿岸の一部地域しか爆撃できなかった。

一方英国は防空戦体制を進捗させて、既にレーダーを使用しての監視等の防空組織を保持していた。パイロットも養成した。英国戦闘機隊は、一九四〇年六月までに、高速の単葉戦闘機、ハリケーンとスピットファイアをほぼ七〇〇機配備していた。さらに、航空機生産相ビーバブルックが設立した英国の航空機工場の月産製造数は四〇〇機を越えた。それに対してドイツの月産製造数は平均して二〇〇機に及ばなかった。

一九四〇年八月中旬から、独空軍は総力をあげて、英空軍に総攻撃をかけた。ドイツの爆撃機と急降下爆撃機の混成部隊は戦闘機に援護されて、フランスとベネルクス三国の基地から発進し、その航続距離内にある英国の航空基地、航空機廠レーダー基地を攻撃した。英空軍も総力をあげて独空軍を迎え撃った。ここに「バトル・オブ・ブリテン」と呼ばれる航空戦が二カ月余にわたって戦われることになった。ドイツ空軍の情報部は八月半ばまでに、作戦はほぼ完了したと誤った報告をした。確かにドイツの圧倒的戦力によって、ケント、サセックス両州の防衛拠点が致命的破壊を被ったことがあった。だが、航空基地は直ちに修復され、航空機とパイロットの補充は途絶えることなく行われた。

英国戦闘機隊の総合戦力は八月と九月には上昇した。それに対しドイツ戦闘機隊は、七月に七〇〇機を越えていたのに、一〇月一日には作戦参加可能機は二七五機に減っていた。地上戦では極めて有効だったドイツの急降下爆撃機は攻撃を受けやすく戦力外とされた。ドイツ空軍の戦略爆撃は、英国側に危機的状況をもたらすほどの効果を挙げず、逆にパイロットと航空機を大量に失った。ドイツ空軍は、九月半ばに攻撃を停止し、ヒトラーは一〇月一二日、上陸作戦を伴う「アシカ作戦」を四一年春まで延期すると決定した。七月から一〇月までに英国空軍は九一五機を失い、ドイツ軍は一七三三機を失ったといわれている。

英国はドイツ軍の本土上陸作戦を免れ、第二次世界大戦が長期戦に突入すると、ドイツは矛先をソ連に向けた。ドイツの態度が急変し、「日独伊三国同盟」条約締結を日本に急がせた背景にはこのような情勢の変化があったのである。

## 2　松岡外相、日独伊三国同盟締結を強硬に主張

「日独伊三国同盟」問題がクローズアップされる中で、海軍大臣吉田善吾や海軍首脳部は、三国同盟は「対米軍事同盟」的色彩が強いことを理由に、締結に消極的だった。アメリカを敵に廻せば石油は入手できなくなる。そうなれば海軍は国防の責務を負えないからだ。しかし近衛内閣は、成立時に、日独伊三国の関係を強化することを国策として決定した。「日独伊三国同盟」問題は吉田海相も認めた国策に沿った問題だけに、政府としてもドイツと正式な交渉を開始するにあたり、内閣の意思を統一しておく必要があった。

一九四〇年九月六日、首、外、陸、海相の四相会議を開き、閣議に先立ち事前に意思統一を図ることにした。この会議の直前、吉田海相は心労で倒れ、代わって及川古志郎大将が入閣した。松岡は海軍の心配は杞憂に過ぎない、ドイツがなんとかしてくれると、根拠もないのにもっともらしい条件を並べて及川海相を言いくるめ、正式交渉開始を承認させた。

九月九日から第一次松岡・シュターマー会談を開始し、三国同盟の性格は「対米軍事同盟」とし、アメリカのヨーロッパ参戦を抑止することについて一致した。海軍側は軍事同盟の前提として「少なくとも参戦は日本の自主的決定をドイツが認めること。また旧独領委任統治諸島についてのドイツの譲歩。さらに三国とソビエトとの提携にドイツが努力するとの保障が必要であること」を強く要望した。結局、海軍と松岡との間で意見の調整を行い、条約の本文とは別に、付属議定書と交換公文を付け、その中で、締約各国は事実上自主的判断を持つという趣旨を規定しておくことにした。

こうして海軍が危惧する対米自動参戦に歯止めをかけた上で、九月一九日、大本営政府連絡会議を御前会議として開いた。これは天皇臨席の下に、三国同盟条約締結について国家意思を最終的に確定する会議だった。この会議で松岡は、同盟の目的がアメリカの対日圧迫の企図を挫折させ両国の破局を未然に防止する点にあることを強調した。これに対してアメリカの経済圧迫が強化されることはないか、ことに石油をめぐる不安はないか、また対ソ関係に及ぼす影響はいかにといった点をめぐって質疑応答がなされた。以下はその議事録の抜粋だが、原文は漢字片仮名、句読点無しの文語調なので、読みやすいように直しておく。

**軍令部総長**　対米戦争になったら、海軍が第一線に立って働くことになる。その際軍需品(石油のこと)は貯蔵、北樺太、蘭印等からの入手を見込んではいるが、海軍の貯蔵だけでは、長期戦が不可能である。長期戦に要する石油の補充をどうするか承りたい。

**企画院総裁**　石油は、長期戦になれば北樺太・蘭印の石油の取得が絶対必要である。またドイツの斡旋で、ソ連または欧州方面から補充することが必要で、要するにあらゆる手段を尽くして多量の石油を取得するより外はない。蘭印、北樺太は第一に考えるところで、最後の決心がついた時は、ここから取るより外はない。また実際に現在、南洋、中国方面等において相当多量の油を購入している。国内製油も大いに努力すべきだろう。天然石油は年四〇万トンであるが、人造石油も最近作業が進捗して、明年は三〇万トンは期待できるだろう。現在の計画、または着手中のものを合計すれば、それ相当の量になると思う。また海外からも取得を図り、国内の生産を高めるとともに、一方で国内の消費節約を図る外はないだろう。

**軍令部総長**　石油問題については、確実な取得の見込みは無いと考えて良いのか。

この際一言しておくが、ソ連からの供給は期待できない。結局、蘭印から取ることになる。これには平和的と武力的との二方法があるが、海軍は極力平和的方法を望んでいる。

**外務大臣**　本協約の交渉に当たっても、油の獲得は最も留意した点である。蘭印の石油は英米の資本であるが、オランダの所有に属する蘭印の石油の獲得や将来日本に対する企業の許可等につき、オランダ本国を占領しているドイツとして何ができるかと、オットー、シュターマーに質問したら、相応の努力をするということであった。またシュターマーの話では、ドイツが今回フランスで獲得した油の量は、ドイツが昨年九月から現在までに消費した油の量に勝るとのことだそうである。またソ連は、忠実に対独経済契約を履行しており、英国の妨害宣伝にかかわらず、ソ連からは相当の油がドイツに送られており、またルーマニアからも多量の油を獲得しているので、ドイツは油の心配はないとのことである。実は本協約締結の結果、米国から石油の禁輸をされたら、日本は苦境に追い込まれることになるので、ドイツの油の半分位を日本に割譲するように申し入れたところ、彼らは極力努力すると言った。また北樺太の石油も大部分または一部を日本に分譲し、日本の同地の企業を妨害しないように、ソ連に斡旋してくれと依頼したところ、日ソ国交調整後はその問題は容易になると述べた。

**軍令部総長**　蘭印の油の資本は米英のものである。オランダ本国政府は英国に逃げこんでいる。だからドイツがオランダ本国を占領したからといって、ドイツが蘭印の石油を自由にできるものかどうか、外相の所見をうかがいたい。

**外務大臣**　それは困難だろう。ダッチ・シェルの株は英国のものであっても会社はオランダのものであるから、株主だからといって、英米が文句を言える筋合いではない。在蘭印スタンダード会社の利権のごときは、戦禍を恐れて、日本に売却しようとすることもある。できれば買収すべきである。

**軍令部総長**　もし米国が欧州戦に参加し、日本が参戦を余儀なくされる場合においても、その開戦時機は自主的に決定する必要がある。これに対する措置はどうなっているのか。

**外務大臣**　日本が自動的に参戦の義務を有するに至ることは明白であるが、一体米国が参戦したか否かを決定するのは、三国の協議によることになっている。また陸海軍事委員会もあり、その時の事態に応じて研究をして、その結果を各国政府に上申し、政府がこれを決定することになっているから、自主的決定である。（参考資料『太平洋戦争への道・資料編』新装版・一九八八年・朝日新聞社）

これを読めばわかるが、海軍は三国同盟条約の締結が対米戦争を引き起こすことを充分承知の上で、松岡に下駄をあずけたのである。戦後の多くの歴史解説書は「一九四一年八月一日、アメリカが発動機用燃料と航空機用潤滑油の対日禁輸を決めたから、日本は戦争をせざるを得なくなった」と書いている。けれども実際は既に戦争を予想し、覚悟をしながら日本は三国同盟締結という導火線に火をつけたのである。

松岡外相は気楽に「蘭印の油を取る」などと発言しているが、これは正しく言えば「蘭印のローヤル・ダッチ・シェル会社、スタンダード石油会社の石油や財産を強奪する」ということになる。こんな無法なことは、戦時ならともかく、平時においては許されない。松岡は、いつ結着がつくかわからない会商を、外交ルートを通じてだらだらやるよりも、武力に訴えて短期間に一気に解決した方がよい、という強硬で独特な外交観を持っていた。

もっとも日本は満洲事変以来、一貫して武力による恫喝と脅しで中国の利権を獲得してきたので、松岡の外交観を誰も頭から否定できなかった。敗戦という破局に立ってみると、ドイツの勝利を絶対と確信した松岡洋右のハッタリというか口車に、軍部や政府の首脳者が乗ったことが、大誤算だったことがわかる。しかも天皇の前での話である。松岡の口車に乗ったツケは、すぐに深刻なしっぺ返しの形で現れた。

## 3 日独伊三国同盟の調印と米国の制裁措置

日本は御前会議の決定に基づき、一九四〇（昭和一五）年九月二七日、ベルリンで日独伊三国同盟条約（日本側正式名称は、「日本国、独逸国及伊太利国間三国条約」）に調印した。同日、天皇は国務大権を行使して条約を締結したことを国民に知らせるために、公式令に則り、詔書（「日独伊三国条約締結の詔書」）を渙発《かんぱつ》した。以下は詔書の全文を読みやすく平仮名に直し、句読点、ルビ、注釈をつけたものである。

大義を八紘に宣揚《せんよう》し、坤輿《こんよ》を一宇〔八紘一宇〕たらしむるは、実に皇祖皇宗の大訓にして、朕が夙夜《しゅくや》〔朝から夜まで〕、眷々措《けんけんお》かざる〔絶えず心にかかっている〕所なり。而《しこう》して、今や世局〔世界の情勢〕はその騒乱底止する所を知らず。人類の蒙るべき禍患また将《まさ》に測るべからざるものあらんとす。朕は禍乱の戡定《かんてい》〔鎮圧〕、平和の克復の一日も速ならんことに軫念《しんねん》〔心を傷めること〕極めて切《せつ》なり。すなわち政府に命じて、帝国とその意図を同じくする独伊両国との提携協力を議せしめ、ここに三国間における条約の成立を見たるは、朕の深く懌《よろこ》ぶ所なり。

惟《おも》うに万邦をして各々其の所を得しめ〔本来あるべき所にあらしめ〕、兆民をして悉く其の堵《と》に安んぜしむる〔安心させること〕は、曠古《こうこ》の〔国始まって以来の未曽有の〕大業にして、前途甚だ遼遠なり。爾《なんじ》臣民益々国体の観念を明徴にし、深く謀り遠く慮《おもんぱか》り、協心戮力《りくりょく》〔心身の力を合わせ〕非常の時局を克服し、以て天壌無窮の皇運を扶翼せよ。

三国同盟締結祝賀会，右からオットー・ドイツ大使，インデリ・イタリア大使，松岡外相，星野無任所相，東条陸相

天皇は禍乱が武力鎮定されて平和が一日も早く訪れるのを願い、志を同じくする独伊と条約したことを喜んでいることを明らかにした。けれども欧州の騒乱や禍乱は世界征覇の野望を持つヒトラーとムッソリーニが引き起こしたのである。そのヒトラーやムッソリーニの侵略を容認し、独伊との提携を喜ぶ日本を英米は危険視した。

満洲事変以来、アジアでの禍乱は、その印章に「八紘一宇」と刻んではばからない関東軍を中核として、天皇を大元帥陛下と仰ぐ天皇の股肱である軍部が引き起こした。日独伊三国は、相提携して「欧州の新秩序」と「大東亜の新秩序」の建設に取りかかろうとしている。英米は日独伊三国同盟に危機感を抱き、反ファシズム体制の強化を図ろうとした。

以下、三国同盟条約の本文である。

第一条　日本国は独逸国及び伊太利国の欧州における新秩序建設に関し、指導的地位を認めかつこれを尊重す。
第二条　独逸国及び伊太利国は日本国の大東亜における新秩序建設に関し、指導的地位を認めかつこれを尊重す。
第三条　日本国、独逸国及び伊太利国は前記の方針に基づく努力につき相互に協力すべきことを約す。さらに三締約国中いずれかの一国が現に欧州戦争又は日支紛争に参入しおらざる一国によって攻撃せられたるときは、三国はあらゆる政治的、経済的及び軍事的方法により相互に援助すべきことを約す。
第四条　本条約実施のため、各日本国政府、独逸国政府及び伊太利国政府により任命せらるべき委員より成る混合専門委員会は遅滞なく開催せらるべきものとす。
第五条　日本国、独逸国及び伊太利国は前記諸条項が三締約国の各々と「ソビエト」連邦との間に現存する政治的状態に何等の影響をも及ぼさざるものなることを確認す。
第六条　本条約は署名と同時に実施せらるべく、実施の日より一〇年間有効とす。
（以下略）
第三条の、「現に欧州戦争又は日支紛争に参入しおらざる一国」に該当する国家は、ソ連と米国以外になかったが、三国同盟締結当時はソ連とドイツとは不可侵条約を結んでいたので、結局のところ該当する一国は米国ということになる。この同盟締結の立役者松岡外相は日本の力の立場を強化し、毅然たる態度をとってこそ対米交渉を有利に進めることができ、日本の南方政策に対する米国の干渉を防止することができるという基本的見解を持っていた。松岡は三国同盟が米国参戦の強い抑止力になると考えたが、それも大誤算だった。一〇月一二日、ルーズベルト大統領は、「脅迫や威嚇に屈して独裁者たちの支持する道を進む意図は毛頭ない」と演説し、枢軸国(日独伊)の結束強化を阻止するために具体的措置を次々にとった。

米国は既に一九三八年から「道義的支援《モラル・サポート》」として航空機用設備品などを部分的に輸出禁止していた。一九四〇年七月二日、米国は国防強化促進法(国防法)を成立させ、国防上重要な軍需品、原料品、機械類その他の資材の輸出許可制を実施した。七月五日、国防法に基づき軍需品や飛行機部品、工作機械等の輸出を許可制にした。第二次近衛内閣が成立し、日本が大東亜新秩序・国防国家建設を国策とすると、七月二六日、米国は国防法に基づき航空用揮発油やくず鉄等の輸出許可制を実施すると発表した。これらは日本の軍需工業、重化学工業、生産力拡充計画に大打撃を与えた。

九月二三日、日本軍は北部仏印に進駐する。九月二七日に三国同盟条約が締結される前日の二六日、米国はくず鉄の全面禁輸を一〇月一六日から実施すると発表した。

一九四〇年一〇月八日、駐米堀内大使はハル国務長官に対して、このような行為は

「非友好的行為」とみなされるだろうと抗議した。ハル長官は堀内大使に反論して、次のように語った。

「極めて悪辣な方法で、ほとんど全中国に渉る合衆国の権益を侵してきた日本政府が、このような輸出禁止を課そうとする我が政府の当然過ぎる権利を問題とするのは、全く驚くべきことである。それだけではなく、この輸出禁止措置を『非友好的行為』と称するがごときは、すべての法を無視し、条約諸義務に違反し、米国人の他の諸権益と安全とを侵し、更に進んで武力的領土拡大の範囲を増大しつつある日本の行動に照らし、一層驚異に値するものである」

堀内大使はこれに対して、「日米両国間の対立は極めて遺憾であり、両国間の争いは、両国いずれに対しても、甚大な不幸を約束することとなるであろう」と述べた。ハル長官も「このような事態は両国にとって極めて不幸である」と同意したが、これにつけ加えて「合衆国政府は、これまで隠忍自重を重ねてきた。しかし、今や、日本の対外政策の基調を成すものは、東南アジアや南太平洋地域において、価値があるすべての地域を武力征服することである、ということが明瞭になった。さらに日本は南方やアジア大陸を満洲国化して、米国や他の諸国を排除しようと期待している。その結果、究極的には、合衆国及びその他のすべての国々は、日本のやることに対して、文句も言わず完全に大人しくかつ喜んでじっとしていることを日本は期待している。法と条約規定のすべてに違反し、他国への侵略と占領を事としつつある日本が、侵略国の侵略政策遂行を援けるために必要な戦時物資を快く提供しないことは非友好的行為を犯すものであるなどと、アメリカに向かって仰々しく主張するなどということは、前代未聞の事柄に属するものである。日満両国は、それぞれ世界各地域を支配下に置き、それらの地域を八世紀前のような国際的秩序と社会的基礎の上に置こうと企図するものである」と述べ、米国政府の見解を表明した。

こうして日本の抗議は拒否され、くず鉄の全面輸出禁止は西半球の諸国と英国向けを除き、一九四〇年一〇月一六日から実施された。さらに対日輸出品に関して、米国は制裁的措置を加えた結果、一九四〇年末から一九四一年春にかけて、日本が必要とする多くの戦略物資の対日輸出が停止した。日本に経済的制裁をとる一方で、九月二五日、重慶政府に二五〇〇万ドルの借款を供与し、日本が一一月三〇日に汪兆銘政権と日華基本条約を調印すると、一二月二日、米国議会は一億ドル借款案を可決した。また東南アジアの共同防衛に関する米英間の緊密な協議体制も作り、日本の南進行動に対抗するABCD包囲陣（A＝アメリカ〈米国〉、B＝ブリテン〈英国〉、C＝チャイナ〈中国〉、D＝ダッチ〈オランダ〉による対日経済戦略態勢）結成を進めた。

一方、軍事行動の面でも米艦隊のハワイ基地碇泊を継続し、また若干の艦船をフィリピンへ前進させるといった具合に、アメリカは対日戦争を意識して戦略体制を固め始めた。その上さらに経済的圧力を強め、対日輸出禁止品目の範囲を拡大していった。
三国同盟は日米開戦の大きな要因となった。日米開戦の直前まで続けられた日米交渉については次章にゆずるが、これが決裂した最大原因は、中国大陸からの日本軍の撤兵要求問題と三国同盟問題だったことを考えると、松岡の誤算のツケはあまりにも大きかった。

## 4　「日蘭会商」の決裂――軍需物資補給の目途立たず

今日の国家は石油なくして存立できない。石油を制するものは世界を制するといっても過言ではない。石油は動力、エネルギーの源泉であり化学工業の原料でもある。石油なくしては産業の隆盛も文化の向上も国防も望めない。一九世紀の文明は鉄と石炭とに負っていたが、二〇世紀の文明は石油と電気に負うようになった。石油・石炭・鉄鉱石等の鉱物資源は戦時においてはその重要度を一層増したが、その他にも次のような資源を必要とした。

マンガン・ニッケル・クローム・タングステン・銅・亜鉛・鉛・アンチモニー・錫・水銀・アルミニウム（ボーキサイト）・硝酸塩・燐酸塩・加里・硫黄及び黄鉄鉱・雲母・ゴム・羊毛・棉花等。マンガン・ニッケル・クローム・タングステン・バナジウム・モ

B

A

D

C

蘭印・英領マレーのAキナ栽培，Bゴム，C錫，D石油

リブデン・アンチモニー等は特殊鋼の原料として、武器弾薬の製造に不可欠な資源だった。

「持てる国」といえば米国だが、米国は、ゴム・キニーネ・錫・タングステン・アンチモニー・ニッケル等の重要資源には恵まれず、輸入に依存していた。

英領マレーの錫は世界産額の約三割を占め、また英領マレーのゴムは世界の生ゴムの約四割を産した。英領マレーは世界第一の錫とゴムの産地だった。アメリカは世界の錫の五割、ゴムの過半を消費していた。錫は缶詰の缶その他に幅広く利用する。ゴムは自動車のタイヤに使う。英領マレーの錫や生ゴムは、アメリカの産業を支える重要な資源だった。マラリアの特効薬であるキニーネは蘭印の特産品、タングステンやアンチモニーは中国の湖南省の特産品である。アメリカは中国のタングステン・アンチモニー・桐油(ペイント・ワニスの原料)を確保する代わりに蔣介石に援助物資や借款を与えた。米国は、日本が英領マレー・蘭印・中国を武力征服して満洲化しようとするのを、大人しく指をくわえて見過ごすことはできないのである。

第一次世界大戦以降、石油の争奪が戦争の大きな原因となった。日本はアメリカの石油が全面的に禁輸されるに伴って、蘭印の石油を獲得するため米蘭に開戦した。日米開戦の原因ともいえる蘭印の石油について、説明しておきたい。

蘭印の石油埋蔵量は約三〇億バーレルといわれ、油田の主なものとしてはスマトラのプルラック・テンカト油田、パレンバン油田、ジャンビー油田、ジャワのスマラン油田、レンバン油田、スラバヤ油田、マヅラ油田、ボルネオのサンガ・サンガ油田、タラカン油田、セレベスのトモリ湾油田、バルコ・ゴロンカロ油田、セラムのブウラ油田などが有名であった。太平洋戦争直前の蘭印では石油精製工業もかなりに発達しており、その製油能力は日産一五万バーレルに達し、優に蘭印の全石油産額を精製できるまでになっていた。したがって、蘭印の石油輸出は原油より精製油の方が多く、しかもその大部分はシンガポール、濠州その他南太平洋の英国の空軍・海軍基地用の燃料源として輸出されていた。

蘭印の主な石油会社は、次のとおりである。

**バターフセ石油会社(B・P・M)**　ローヤル・ダッチ・シェル系(オランダ資本六〇%、イギリス資本四〇%)の石油会社

**ネーデルランド・コロニアル石油会社**　アメリカのスタンダード石油会社系

**蘭印石油会社(N・I・A・M)**　蘭印政府とバターフセ石油会社の共同出資

**ニューギニア石油会社**　バターフセ四〇%、ネーデルランド・コロニアル四〇%、オランダ太平洋石油二〇%の共同出資

一九四〇年の蘭印の石油生産量は、B・P・Mが五七・二%、コロニアルが二六・二%、N・I・A・Mが一六・五%と三社でほぼ全量を占めた。

また蘭印のゴムは自動車工業の発達している米国にとって、極めて重要な資源だった。ゴムは米国では生産できないからである。そこで米国は、蘭印にUSゴム会社、ファイヤーストン・タイヤゴム会社、グッドイヤー・タイヤゴム会社などの米国系会社を設立し、スマトラ東海岸に巨額の投資を行っていた。

マラリアの特効薬のキニーネの原料キナ(規那)は、蘭印の特産品だった。世界中のほとんど全てのキナを蘭印のジャワのオランダ人が経営する農園が栽培していた。中南米

やフィリピンを支配下に置くアメリカにとってキニーネは絶対不可欠な植物資源だった。

一方、日本にとって蘭印は重要資源の産地であると同時に、商品市場としても重要だった。日本は満洲事変後、金本位制を停止すると低為替を武器に安価な日本商品を蘭印に売り込んだ。世界恐慌が起きると各国は保護貿易をとるようになり、蘭印も一八六九年のスエズ運河開通以来の自由通商政策を放棄して、一九三三年九月に蘭印非常時輸入制限令を発布し、貿易統制政策をとった。生産制限(砂糖・錫・茶・ゴム・キナ等)、輸出制限(錫・砂糖・キナ・茶・カポックなど一〇種)、輸入制限(セメント・ビール・サロン等五十数種)、さらに同年一一月には、外国人の入国制限を公布し門戸を閉ざした。

また蘭印政府は、営業制限令(倉庫、印刷、織布業等八種)、非常時外国人勤労条例その他、蘭印の市場及び工場保護を目的とする条令を発したが、これは日本人と日本企業と日本商品を閉め出すのが目的だった。日本政府は日本人の入国と日本商品の売り込みと蘭印における経済的地盤の確立を求めて蘭印側との交渉、いわゆる第一次「日蘭会商」を行った。けれども蘭印側と意見が対立し、「日蘭会商」は決裂に終わった。これによってオランダ・英国の商品は再び蘭印に進出し始め、蘭印から日本の勢力は一時後退した。

そこへ第二次世界大戦が勃発した。一九三九年一一月、蘭印は「一九三九年輸出制限令」を発令し、続いて一定地域より「干魚、缶詰、馬鈴薯、米、トウモロコシ」以下多数の物資の輸出を禁止した。一九四〇年五月一〇日、オランダ本国に戦火が及ぶと、蘭印は「戦時下権利相対関係令」を発布し、敵国との貿易は戦時敵対貿易阻止委員会の承認を要することにした。日本はこのような世界情勢の変化を、蘭印市場を回復するチャンスと判断した。ヨーロッパやオランダ本国、イギリスとの交通が困難になれば、蘭印の通商の相手は自然とアメリカ、日本しかなくなるからだ。

五月一三日オランダは英国に亡命政府を樹立し、一五日、オランダ軍がドイツに降伏した。二〇日、有田外相は「蘭印物資一三品目に関する要求」を書翰としてオランダ政府に提出し、これらの重要物資を日本に輸出する確約を求めた。もちろんこれは武力をちらつかせた要求だった。

一、錫(鉱石共)　三、〇〇〇トン
二、ゴム　二〇、〇〇〇トン
三、鉱油(石油)　一、〇〇〇、〇〇〇トン
四、ボーキサイト　二〇〇、〇〇〇トン
五、ニッケル鉱　一五〇、〇〇〇トン
六、マンガン鉱　五〇、〇〇〇トン
七、ウォルフラム　一、〇〇〇トン
八、くず鉄　一〇〇、〇〇〇トン

九、クローム銑鉄　五、〇〇〇トン
一〇、工業塩　一〇〇、〇〇〇トン
一一、ヒマシ油　四、〇〇〇トン
一二、規那皮　六〇〇トン
一三、モリブデン　一、〇〇〇トン

六月六日、オランダ政府から回答が到着した。一三の輸出品目の中で、石油は過去三年間の日本向け平均輸出量を超過しているが、蘭印の石油会社は日本側で適時に契約が締結されることを条件として蘭印の石油会社がその要求量を供給することは可能だと回答した。ボーキサイト・クローム銑鉄・ニッケル鉱・錫及び錫鉱・ゴム・規那皮・ヒマシ油は日本の要求通りに供給できるが、マンガン・ウォルフラム(タングステン)・くず鉄・工業塩・モリブデンは供給するのは困難で確約できないから軽減してほしいと再考を求めた。けれども有田外相は二八日付けで、パブスト全権特命公使に「要求した一三品目の数量は、これを毎年最小限度とし、どのような事態に対しても対日輸出を行うと確約したと了解している。この確約を実行させせるために、適当な措置をとるのは勿論、輸出値段は市価より高くしてはならない」と突っぱねた。要するにドイツに降伏したオランダ政府に、日本は蘭印の重要資源を独占する、蘭印は日本の希望通りの数量を安価で輸出すると確約せよと脅したのである。

米国はこのような高圧的な日本の態度に危機感を抱いた。七月二六日、ルーズベルト大統領は、とりあえず航空機用燃料・同潤滑油・テトラエチール鉛・くず鉄第一級品の輸出許可制の実施を公布した。

第二次近衛内閣は、小林一三商相を蘭印に派遣して九月一三日から第二次「日蘭会商」を開始したが、交渉相手の蘭印総督は全く熱意を示さなかった。その二週間後九月二七日に、日本は日独伊三国同盟条約に調印した。蘭印側は、敵国ドイツと軍事同盟を結んだ日本に強い不信感を抱いた。また小林代表のあまりにも威圧的な態度も蘭印側に不評で、議事は進行しなかった。

前に述べたように蘭印の経済はオランダ・イギリス・アメリカが支配していた。また一六〇二年、オランダ東インド会社が設立された当時から、オランダは華僑の勢力の援助を頼ったということもあり(福田省三『華僑経済論』一九三九年・巌松堂書店)、蘭印と華僑の結びつきは強かった。三国同盟のせいで英米蘭の反感を買い、日蘭会商は不調になったのも当然だった。

蘭印にとってアメリカは最も重要な貿易相手国だった。一九四〇年の蘭印の対米輸出は一億四七〇〇万ギルダーで第一位、輸入は一億ギルダーで日本についで第二位を占めていた。しかし実際はこれに武器類の輸入を含めれば、日本を引き離してアメリカが断然第一位だった。蘭印の貿易、経済においてアメリカの勢力は絶大で、本国オランダ・

イギリス・アメリカの意に反して、日本と協調することなぞできない相談だった。

近衛内閣は、小林一三を日本に召還すると、一一月末芳沢謙吉元外相を後任としてバタビアに派遣することにした。芳沢は一九四一年一月二日総督と会見し日蘭会商を継続させたが、交渉は進捗しなかった。この間、英米からのサポートもあり、蘭印側は遷延策をとったが、二月一五日にやっと交渉は再び軌道に乗った。芳沢全権はこんな調子では決裂は時間の問題であると報告した。松岡外相や軍部が、だらだらと平和的に交渉を続けても効果はない、武力で解決する以外に方法がないと見切りをつけるほど、蘭印の態度は強硬だった。

日本側としては、内地の在庫品が手薄になっており、蘭印との輸出入の見当がつかなければ、一九四一年度の物資動員計画も立たない。日本政府はこのような重要物資の需給が窮迫していることを現地の芳沢に伝えて督励した。政府はこのまま日蘭会商をうやむやに終えるようなことがあると、内外に重大な影響を及ぼすと考えた。

そこで、松岡外相は要求原案を強引に相手にのませろと訓令した。だが、現地では強引に押して交渉不成立になるよりも、ある程度歩み寄って暫定協定の形で妥結することを希望した。松岡外相は最後の試みとして英国側からオランダ政府を説得するようクレーギー英大使に求めたが、これは政治の問題ではなく、ビジネスの問題と一蹴され、成果が挙がらなかった。六月六日オランダ側から最終的回答が提出されたが、結局日蘭会

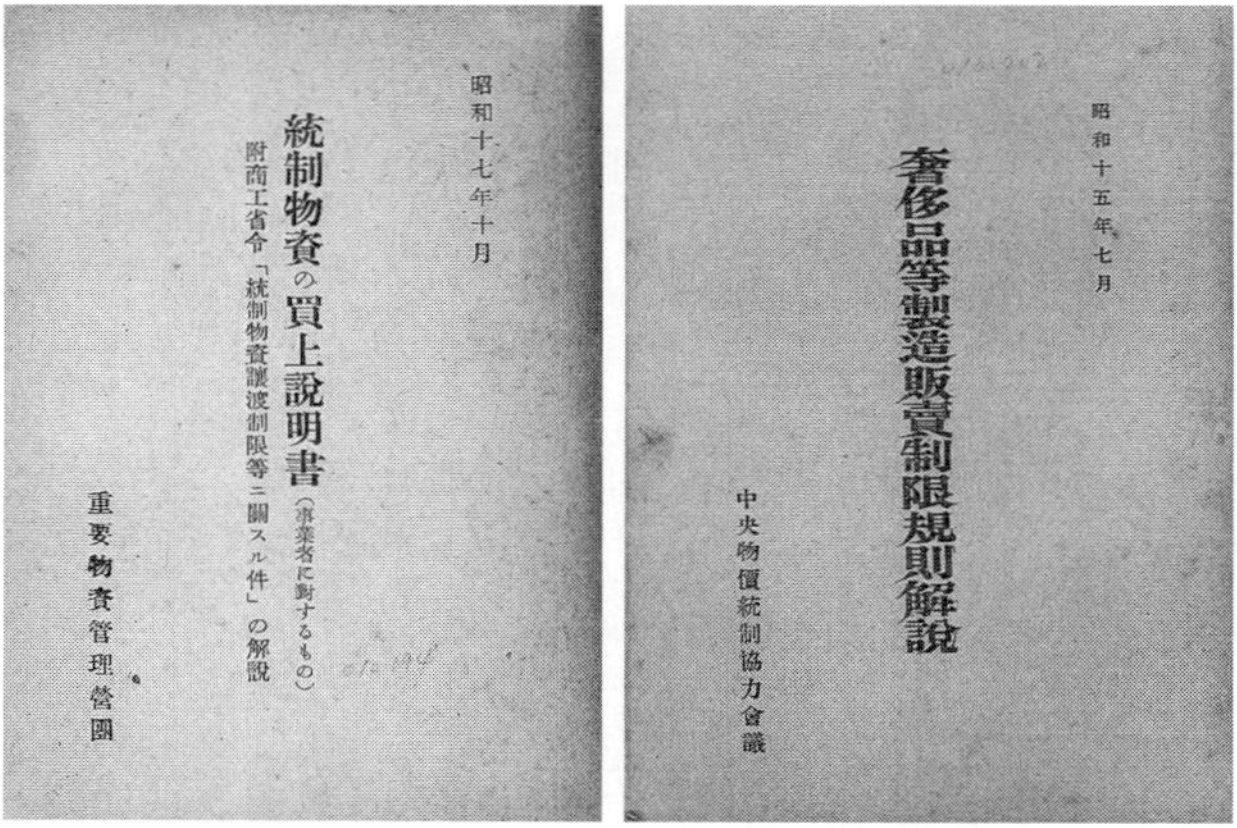


中央物価統制協力会議『奢侈品等製造販売制限規則解説』(右),
重要物資管理営団『統制物資の買上説明書』

商は、一九四一年六月一七日、「打ち切り」という形で決裂した。

　結局のところ、ローヤル・ダッチ・シェル石油会社とスタンダード石油会社は、日本が最も必要とする軍需物資の石油を日本側の要求通りに売らなかったのである。蘭印はゴムや錫も売り渋った。その上に日本からの輸入制限を強化した。輸入は必ず経済省の許可を得ることにし、奢侈《しゃし》品(ぜいたく品)の輸入制限はもちろん、従来の輸入制限外の自由品目に関しても厳重な統制を実施した。これによって日本は、一九四〇年七・七禁令(奢侈品等製造販売制限規則)で、日本で売れなくなった奢侈品を、蘭印に輸出することができなくなった。日独伊三国同盟条約を締結した日本を、蘭印側は準敵国とみなした。蘭印政府は、ゴムや錫が日本からドイツに送られることを理由にして日本側要求を拒絶した。そのために日本の商人は大打撃を受けた。

さらに一九四一年七月二七日、蘭印は英米両国に追随して対日資産を凍結した。これで日本人は蘭印と一切の商取引ができなくなった。翌二八日、蘭印は日蘭石油民間協定を停止した。日蘭印貿易は停止し、平和的な方法で蘭印の石油を手に入れることは不可能となった。

# 第16章

# 松岡外相とハルノート

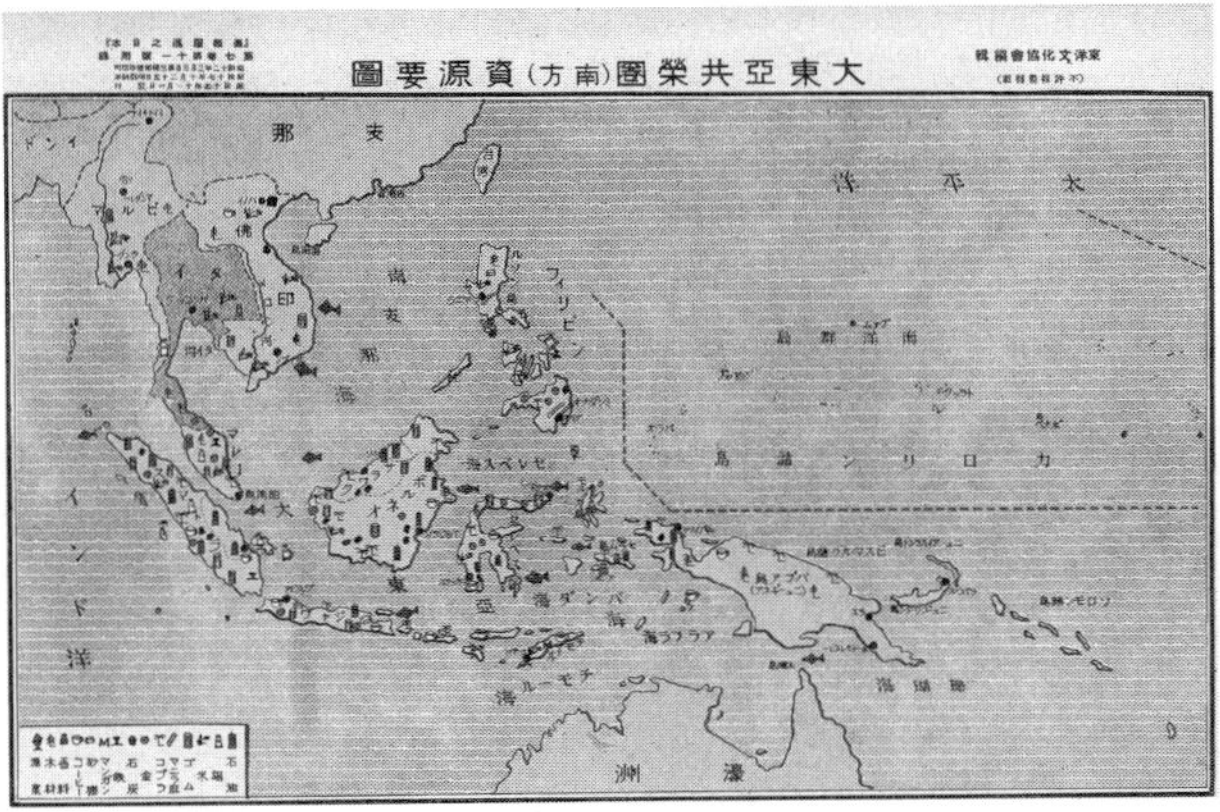


「大東亜共栄圏」南方資源要図

## 1　野村吉三郎、駐米大使に就任――日米国交調整工作

既に「第一三章　天津租界問題とノモンハン事件」の章で触れたように、平沼騏一郎内閣時代の一九三九(昭和一四)年七月二六日、日米通商航海条約廃棄が米国から通告された。本来なら、すぐに対応すべき重要問題であったが、そのまま放置されていた。次の阿部信行内閣の外務大臣野村吉三郎(海軍大将)が、この件について駐日グルー米大使と会談を始めたのが一一月四日からであった。一二月二二日、グルー大使は、暫定協定締結を拒否した。一九四〇年一月一六日、米内光政内閣が成立し、その米内内閣も七月一六日に総辞職した。

七月二二日、第二次近衛内閣が成立し、松岡洋右が外相に就任した。それから間もない八月の末、松岡外相は元外相野村吉三郎に駐米大使就任を依頼した。吉田善吾海相も同意しているからという。そこで野村は吉田海相を訪問し、政府の枢軸強化策と日米親善とは、二兎を追うもので両立し難いと述べて就任を辞退した。野村は近衛内閣や松岡外相の対枢軸国関係強化や対米方針に対して、強い不信感を抱いていた。「独と米を両天秤にかけるようなことで、米国に行っても日米関係の調整はできない」と、松岡に対

しても厳しく批判していた。

九月二七日、日本は日独伊三国同盟条約に調印して、松岡は得意の絶頂にあった。その松岡が三国同盟締結後も、野村に駐米大使就任を要請し続けた。一〇月二日になって野村の所へ豊田貞次郎海軍次官が来て、吉田の後を継いだ及川古志郎海相の意を伝え、駐米大使への就任を懇願した。

一〇月二四日、野村は松岡に会ってハッキリと辞意を表明したが、松岡は「最早、湊川に行ってもよいのじゃないか(楠正成が後醍醐帝の要請で、始めから勝ち目のない湊川の合戦に出向き戦死した故事を指す)」といった。野村は重ねて断った。

一一月七日、野村は近衛首相と面会し、自らの所信を披瀝した覚書を提示しながら話し合いをした。その内容は次のようなものであった。

(一) 米英不可分　英米の関係は大体不可分である。英国の戦争は明らかに米国の戦争で、今はただ名目上の欧州参戦のみが残された問題である。

(二) 対米不戦　支那事変は既に三年を過ぎ、国力は相当消耗した。日米戦争の場合は長期戦となり、わが国はすこぶる不利な境遇となる。故に対米強硬にはおのずと限度がある。これは攻略上戦略上より見て根本の事実だと思う。

(三) 独便乗は不可　ドイツも日本のいうままにはなるまい。かつまた日独相携えて米国と協調するとは考えられない。ドイツを満足させるために日本海軍が、この際米海軍と戦うなどとんでもない。

(四) 武力南進は不可　日本の南方進出の程度方法によっては日米戦争となる。その公算はまず五分五分と思う。米国がもし欧州に参戦しない場合、日米戦は、日本の自制自粛で避けられるかもしれない。だから南方進出の方法に注意し米国に口実を与えないように努めることである。

(五) 三国条約の慎重運用　米国が欧州に参戦する事は大いにあるだろう。その際日本が三国同盟条約上どうするのか、その態度の決定はその時の国情にもよるが、日本としては最も慎重な考慮を必要とするところである。

これは近衛内閣が組閣直後に決定した「時局処理要綱」及び三国同盟条約という国策とまったく相反するものだった。にもかかわらず一一月七日の近衛・野村会談で近衛は野村の対米方針に全般的な同意を表明した。野村の対米方針については、海軍首脳部はもちろん、軍令部総長伏見宮も同意を与えた。そればかりか、海軍の意見を通してもらいたいと激励した。

野村は「国交には武士に二言なしとは行かないだろうが、それでも発言に信頼を繋ぐ必要がある。自分としては、赴任するには政府の方針を知り、前途の見通しをつけおくべき必要を感じる」と所信を述べ、近衛が野村の覚書を了承した結果、野村は近衛の懇請黙し難く駐米大使を引き受けた。

野村は、駐米大使就任を承知した後に米内(元首相・軍事参議官)を訪ね、「海軍も自分の意見をよく理解して、その線で働かせるという約束だから」と伝えると、米内は、「そうやって君を登らせておいて後から梯子を外しかねないのが近ごろの連中だから、充分気をつけるように」と注意した。連合艦隊司令長官山本五十六も、「豊田(貞次郎海軍次官)が野村大使引き出しに一役買ったが、将来野村大将を窮地に陥れねばよいがと思っている、野村大使にはなんら成算がある訳ではない。また目下の状況下で、日米国交を調整せよとは余り虫のよすぎる話だ」と憂慮したという。また、野村が松岡に政府の対米方針を確認すると、これといった方針は無いと言った。

三国同盟後、予想以上に悪化した日米関係に対応するために、アメリカの受けが良く、米国政府高官や陸海軍将官とも人脈のある野村を駐米大使にして、米国の空気を緩和するつもりだけだったのか、それとも本気で野村大使に期待をかけたのか、その辺は明らかでない。

野村の駐米大使就任承諾に併せるように、米国から思いがけない話が飛びこんできた。一一月二九日、訪日中のメリノール派の極東伝道協会の事務総長でカトリック界の有力者であるドラウト神父は、ストラウス(前フーバー大統領の秘書)の紹介状を大蔵省出身で産業組合中央金庫理事井川忠雄に送ってきた。後日ドラウト神父とウォルシュ司教の二人は井川を訪問し、会見の席で日米国交調整工作をもちかけた。

駐米大使に就任した野村吉三郎，グルー駐日米大使と握手し，任地へ旅立つ．東京駅にて

井川はすぐに知り合いの軍務課長岩畔《いわくろ》豪雄《ひでお》に連絡し、岩畔の紹介で陸軍軍務局長武藤章と両人を面会させた。武藤は事の重大さを考え、とりあえず井川に個人の資格でドラウト、ウォルシュと談合させることにした。ドラウトたちには、ルーズベルト大統領も一目おく全米カトリック教会の大物のウォーカー郵政長官がついていることを知ると、井川は日米国交調整を図る絶好のチャンスと期待した。

ドラウト、ウォルシュ両人は帰国すると、一九四一年一月二三日にルーズベルト、ハル、ウォーカーと二時間にわたって懇談し、ルーズベルトは日米国交調整案件に関しては熟慮しようと語り、今後とも両人が日本大使館及びウォーカーを通じて、ハルと非公式に連絡を保つことを決定した。

一九四一(昭和一六)年一月二三日、野村は東京を出発し、二月一一日にワシントンに到着した。「日中戦争に通暁する人物を特派してほしい」という野村の依頼に応じて、東条英機陸軍大臣は二月五日付けで武藤章軍務局長の部下の岩畔軍務課長を選任した。そもそも井川から話を受けて武藤とドラウト、ウォルシュ両師を会見させたのは岩畔だった。それもあって岩畔を選んで野村のもとに送ったのだろう。

そんなわけで野村が着任した時には、日米間の国交を調整するための工作の下地ができていた。ドラウト、ウォルシュ、井川、岩畔、ハル国務長官、野村駐米大使らは非公式な形で日米国交調整案をまとめる作業を極秘のうちに進めた。本来なら外務省がやるべき日米国交調整工作を、外務省抜きで野村駐米大使の下で非公式に、民間の井川と陸軍の岩畔がドラウト、ウォルシュ両師たちと協力して、四月には日米交渉のたたき台としての「日米両国諒解案」をまとめた。

## 2　松岡外相、日米両国諒解案に憤激

一九四〇年九月二三日、日本軍は北部仏印に進駐を開始した。これをきっかけに日本は更に南進して南部仏印及びタイに矛先を向けた。たまたま九月中旬に仏印・タイ国境紛争が起きると、一二月二日、松岡外相は調停を斡旋すると両国に申し入れた。これは勿論単なる善意ではなく狙うところがあり、陸海軍統帥部は一一月中旬頃から武力的威

圧的手段について具体的に研究を開始していた。日本軍がマレー・シンガポール攻略のための南方作戦を実施するには、仏印とタイを抑え、南部仏印とタイに有力な軍事基地を設ける必要があった。日本にとって仏印・タイ国境紛争は戦略上重大な意味を持っていた。仏印の本国フランスは日本の介入を喜ばなかったが、日本は武力をちらつかせながら積極的に介入した。紛争当事国を取り巻く日英米仏四国の思惑が複雑にからみ、調停交渉は難航し紆余曲折があった。最終的に翌年三月一一日、松岡・アンリ会談が妥結し、三国間代表が調停条項の仮調印と、公文交換を行った。松岡外相は、タイ・仏印国境紛争調停の花形役者として賞賛された。三月一二日、松岡外相は盛大な見送りを受けて欧州訪問の旅に出た。訪欧の目的は三国同盟国のドイツとイタリアを訪問することだった。既に日米国交調整に着手していた野村にとって、松岡外相のこの時期の訪欧は不安材料でしかなかった。けれども松岡外相は三国同盟締結直後から、ドイツの仲介によって日ソ国交調整を図りたいと考えていた。一九三六年一一月二五日の「日独防共協定」以来、日ソ関係は悪化していた。北樺太利権問題も暗礁に乗り上げたままだった。日本にとって南進政策を進めるには、ソ連と日ソ条約を結んで北方の安全を確保しておく必要があった。松岡外相は日ソ不可侵条約締結を胸に秘めて訪欧の旅に出発した。

この時、ドイツは独ソ不可侵条約を結んでいたが、対ソ戦争を決めていたので、松岡が期待した日ソ国交調整の斡旋の労をとろうとしなかった。それどころか日本が英国の東洋艦隊の根拠地シンガポールを攻撃するように要求した。一九四一年六月二二日、独軍がソ連へ侵攻して独ソ戦が始まる。ドイツとソ連は互いに独ソ戦は避けられないと覚悟していた。四月七日、帰国途中でソ連に立ち寄った松岡外相は、モロトフ外相と本格的に条約交渉に入った。ソ連側は北樺太利権の解消を条件にして交渉に臨んだ。交渉は難航したが、ドイツの脅威にさらされているソ連は、ドイツの同盟国日本の中立を必要とした。

日ソ中立条約成立，松岡外相とスターリン

四月一三日、松岡外相は日ソ中立条約に調印した。これによって日ソ両国は相互に領土保全と不可侵を尊重すること、一方が第三国の軍事行動の対象となった場合は、他方は該当する紛争の全期間中中立を守ること、締約期間は五カ年とすること等を決めた。

松岡外相の留守中の四月一七日午後から一八日早朝にかけて、ワシントンの野村から電報で「日米両国諒解案」が外務省に届いた。カトリック司教や井川等民間人が主導権を握って日米国交調整を行ったことに、外務省や駐米大使館の親独松岡派は縄張りを荒らされたとして、不快感を露わにした。実際、電報を受け取るまで「日米両国諒解案」成立の経緯について正式に報告を受けていなかった外務省は、この重要案件を本省や外相抜きで進めた野村大使に疑惑を深めた。「米国と共謀して三国同盟条約を骨抜きにするのではないか、米国を利用して日中戦争を解決しようとする陸軍外交ではないか、松岡外相がモスクワから帰国する前に、近衛首相の外相代行中に提議されたのは謀略ではないか」というのである。そもそも野村が駐米大使に就任した時から、松岡外相や外務省と野村の関係はぎくしゃくしていた。

四月一八日夜、大本営政府連絡懇談会(以下連絡懇談会と略す)で「日米両国諒解案」を討議した。

### 連絡懇談会設置の趣意

日米両国諒解案は、それ以来連絡懇談会で審議されるが、「連絡懇談会」について簡単に説明しておく。一九四〇年一一月二六日、東条英機陸軍大臣の提案によって連絡懇談会を設置した。大本営政府連絡会議(以下連絡会議と略す)は、天皇の臨御を仰ぐことなく宮中において行う。天皇臨御の下に行う連絡会議は御前会議という。連絡会議は軽易に開くことができないので、連絡懇談会を設置して政府と統帥部の連絡を密にし、重要案件を協議することにした。連絡懇談会は、恒例的に毎週木曜日に首相官邸に政府と統帥部が集まり連絡懇談を行った。したがって連絡懇談会の設置趣意からして、統帥部を四相会議に列席させるものではない。連絡懇談会が決定した事項は閣議決定以上の効力を有し、戦争指導上、大日本帝国の国策として強力に施策することにした。重要な国策は御前会議、連絡会議、連絡懇談会で決定した。

近衛首相は外務省から日米両国諒解案を受け取ると、問題の重要性に鑑み、夜八時連絡懇談会を招集した。統帥部から陸軍参謀総長・海軍軍令部総長、政府から首相・内相・陸相・海相の他に特に外務省の大橋次官も出席し、陸海軍両軍務局長・書記官長が出席して、米国の諒解案を協議した。そこで大体一致した意見は、

一、この米国案を受諾することは事変処理の最も近道である。すなわち汪政権は大体において失敗である。一方蔣介石の重慶政府との直接交渉も最近は非常に困難である。今日の重慶政府はまったく米国依存であるので、重慶政府との交渉は米国を仲介に入れないとなんともならぬという情勢に鑑みれば明らかである。

二、この提案に応じ日米両国の接近を図ることは、日米戦争回避の絶好の機会となるだけではなく、欧州戦争を世界戦争に拡大することを防止し、世界平和を招来することの前提にもなるのではないか。

三、今日我が国力は相当消耗している。一日も速やかに事変を解決して国力の恢復

培養を図らねばならぬ。一部に主張される南進論の如きは、今では統帥部においても準備も自信もないという位で、やはり国力培養の上からも一時米国と手を握り、物資等の充実を将来のため図る必要がある。

このように大体においては受諾すべしとの論に傾いたが、そこで問題になったのが三国同盟条約だった。またこれまでの御前会議で決めた日華事変処理に関する帝国不動の方針「東亜新秩序の建設」を放棄して「旧秩序に復帰」するような感じを与えるので、新秩序建設という積極面をもう少しはっきりさせるべきである、ということになった。

こうして四月一八日夜の連絡懇談会は大筋では受諾に合意だった。連絡懇談会後、寺崎アメリカ局長は武藤、岡両軍務局長と合議の上、とりあえず野村大使に電報で「主義上賛成」という趣旨を米国側に伝えさせようとした。

後に野村大使と協力して日米交渉をするようにと特使派遣を命じられた来栖三郎は、戦後出版した『泡沫の三十五年』(一九四八年・文化書院)で、当時の状況を分析して、出発点となった「日米両国諒解案」は、これまで日米間紛争の原因となった諸条件はほとんどクリアしており、日本に有利な条件で、「満洲国独立」や「八紘一宇」まで認め、欧州戦終了後における日米協力の布石までなされている、と記している。

ハルは、日本側が「日米両国諒解案」を受諾し、日本から正式に日米国交調整会談を提案し、アメリカがこれに応じる形で、日米間の国交を回復することができると期待していた。

しかし、日米両国諒解案に深い疑惑を抱いた外務次官大橋忠一は、近衛に松岡外相の帰国を待ってから米国に回答するようにと頑固に主張した。

松岡外相が帰国するのを待って直ちに連絡懇談会を開くことにした。その時点では松岡外相が受諾に賛成すれば、日米両国諒解案に基づいて正式に日米交渉が始まるはずだった。良く言えば感情が人一倍繊細でプライドが高い松岡の気性を考慮して、近衛首相自らが立川飛行場まで松岡を出迎えに行き、帰路の自動車の中で松岡に米国案を見せて、なんとか穏便に今夜の連絡懇談会で受諾にこぎつけたいと願っていた。ところが事前にせっかくの計画が流れた。近衛首相の代わりに大橋次官が松岡外相を出迎えに行き、同乗して留守中に届いた日米両国諒解案について説明した。大橋からどのような説明がなされたのかは不明だが、松岡は非常に不機嫌になり、日米両国諒解案を無視する態度をとった。日米両国諒解案は日ソ中立条約調印を手柄にして意気揚々帰国した松岡に冷水を浴びせたようなものだった。松岡は自分の留守中に勝手なことをしたと激怒した。

波乱が予想される中で、四月二二日夜九時半から予定通り首相官邸で連絡懇談会を開いた。出席者の予想通り、日ソ中立条約を土産にして帰国した松岡は滔々と訪欧の気焔をあげ、問題が日米両国諒解案に移ると興奮して、日独伊三国同盟を結んだドイツとの信義の問題を特に強調し、またこの提案は米国の悪意に出たものと理解する、第一次世界大戦中、アメリカは石井・ランシング協定を結んで、さんざん日本を働かせながら、戦争が終わったらこれを破棄した例をあげて論じ、とにかくこの問題はしばらく二週間ないし二カ月位考えさせてくれと言い放ち、一一時退出した。その後残った者は会議を継続し零時半に散会した。

陸海軍首脳部は、仏印・タイ国境紛争問題の時から松岡外相に反感と不満を抱いていた。松岡の性格は独善的で傲慢で意固地だった。松岡の所信と言論と外交措置の三つは多くの場合、一致を欠き矛盾が多く、その真意はつかみ難い。場当たり的でスタンドプレーが多すぎる松岡に、軍部は不快感を示した。

ワシントンへは、「四月二二日、松岡外相の帰京を待ち、日本側の態度を決定することにした」と連絡していたが、受諾の返事を待ちわびている岩畔大佐には「本件の成功は陸海軍ともに希望し、修正案も完全に一致しているが、外相は帰国後病気、総理も病気引きこもり中にして、急遽回訓を発することができない」という電報を送った。

病気療養中と称して引きこもった松岡は、米国側の原案を詳細に検討し、これに対する修正案を準備していた。五月三日の連絡懇談会に出席した松岡は、「米国との間にまず中立条約(不可侵条項は除く)の締結を打診して、その反響を見たいと思うがどうだろうか、伝統的に孤立主義をとる米国は多分嫌だというだろうが、非常時だからこのようなことをやってみてはどうかと考える」と提案した。これは松岡一流の嫌がらせだった。

松岡は既に日米両国諒解案を根本的に否定し、日米交渉そのものを潰す気だった。

松岡はワシントンの野村大使を通じて中立条約締結を申し入れさせ、そのついでに、「日独伊の真の心持ち即ち、独伊は必勝の確信を有すること。英国とは無条件ならば和平するかもしれないがそうでなければ和平しない。米国の参戦は戦争を長引かせるだけで、終わらせるものではないこと。米国の参戦は世界文明を没落に導くことになるので充分に気をつけてもらいたいこと。これらを米国政府に伝え、又三国同盟条約については、日本はいささかたりともこれに悪影響を及ぼすようなことはできないことをつけ加える」という所見を述べた。これは、日米両国諒解案の受諾を待っているハル国務長官や野村大使に、中立条約を申し入れる形で、日本の三国同盟条約厳守の立場を米国側に確認させるというものなので、出席者の大部分は強く反対した。近衛首相が「中立条約は皆不賛成だから取り止めてはどうか」と説得しても、松岡は「考えさせてくれ。野村大使の思いつきとして米国に申し入れさせて、軽く取り扱ってやってみてもいいではないか」と取り合わない。

連絡懇談会では、陸海軍側の修正意見を加味し外相が調整した修正案を審議して、これを承認した。そこで即刻、ワシントンの野村大使から米国側に日本側の修正案を伝達させようという意見が大勢を占めた。ところが松岡は「修正案提出を留保し、まず米国に対して中立条約を提議するべきだ」と主張して譲らない。結局、松岡に中立条約申し入れの件を一任することに決めた。

また五月三日の連絡懇談会で、松岡外相の日米国交調整に関する三原則を承認した。

一、日華事変処理に貢献すること

二、三国同盟条約に抵触しないこと

三、国際信義(ドイツとの)を破らぬこと、即ちアメリカの参戦を阻止すること

松岡のオーラルステートメントをワシントンで受け取った野村は、これをハルに手交したら、最早交渉の余地はなくなると判断し、手交するのをためらうほどだった。

そのオーラルステートメントの要旨は、「独伊は必勝を確信していること。英とは無条件なら和平するが、無条件以外は和平はしないこと。アメリカの参戦は戦争を長引かせるが終わらせはしないばかりか、米の参戦は世界文明を没落に導くものであるので、充分気をつけてもらいたいこと。三国同盟条約に抵触しないこと。同盟については日本はいささかたりともこれに悪影響を及ぼすようなことはできないこと」というものであった。日本側の回答が遅れていることに苛立っていたハル国務長官は、中立条約を全く問題とせず、語気を強めて、速やかに交渉を開始するよう督促した。

五月八日の連絡懇談会で松岡は、「野村大使から日本側の回答が遅れているので、早く返事が欲しいと催促があった。野村がハルに松岡のオーラルステートメントをそのまま読み上げたとのこと。中立条約に関しては、野村は自分にはその権限もなく成立は難

しいと述べた」と説明した。

この連絡懇談会から問題になったのは、松岡が執着するドイツとの信義だった。

松岡外相は連絡会議の席で、「独伊に対して四日日曜日に、阪本欧亜局長から両国大使に、日米全面的国交調整に関する秘密提案があったこと、目下対策を考究中であること、アメリカにオーラルステートメント及び中立条約を提議したことを絶対秘密として伝達したこと。六日朝、オットー独大使は松岡に面会を求め、非常に重大なことを洩らしてくれて、リッベントロップ外相もさぞ感謝していることと思うと謝辞を述べたこと」などを説明した。そして松岡は日米交渉に関する情報を伝えた以上、ドイツとの信義上からいっても、ドイツの意向を確認した上で日米交渉を進めるべきだと主張した。

五月九日、さらに松岡は、日本の三国同盟条約厳守に考え合わせ、米国も援英行為を止めてほしいとアメリカ側に要請した。

五月一二日の連絡懇談会で松岡外相は、「五月三日の連絡懇談会で日米両国諒解案に対する日本側修正案を決定したが、独伊両国側の返電が届くまで、交渉開始を待つように野村大使に命じておいた。けれども期限を過ぎても独伊両国から返電が来ないので、一二日正午、野村大使に正式に交渉を開始するように打電した」と説明した。

こうして日米交渉は一九四一年五月一二日に正式に開始し、一一月二六日のハルノート「日米交渉一一月二六日米側対案」に対し、日本が一二月八日に「対米通牒(覚書)」

を送付して交渉は決裂して終わる。しかし実は正式に交渉を開始した五月一二日の時点で、既に交渉は決裂していたのである。

五月一五日の連絡懇談会で、松岡は、「一三日、野村大使に対して自分の今の心持ちをはっきりとハルに伝えてもらいたいという見地から、次の意味のことをハルに伝えるよう英文電報で、ハル宛ての『覚書』を送った」ことを報告した。その「覚書」の内容は、

ハル・野村正式交渉開始にあたり、その前提は、

A 米国は欧州戦争に参加しないこと。

B 最も早い時機に日支間に和平を招来させる目的で、蔣介石に日本と直接交渉するよう勧告すること。

したがってこの前提を無視して交渉することは、いかなる諒解にも達しないことを分かってもらいたい。

というのである。松岡は、「日本はアメリカの参戦を抑制するために日独伊三国同盟に入った。アメリカが欧州戦に参戦すれば、その時は日米間の戦争を招くであろう」と駐日大使グルーや要人に語った。

もともと松岡は満鉄総裁時代から「満蒙は日本の生命線」というスローガンを創作して、中国東北で関東軍の武力行使を煽った超武断派であった。松岡は、アメリカのよう

な大国には弱気を見せてはだめだ、強気で脅威圧迫しなくてはならないと考えていた。

しかし、これは逆効果だった。今、松岡の言動を見ていくと、その強烈な個性は認めるにしても、一国の外交を取り仕切る外相としては、その度量と思慮深さに欠ける偏狭な人物であったことに驚くと同時に、そういう人物に国の運命を委ねなければならなかった時代の不幸に悲しみを感じる。また官僚の縄張り争いが日本の官庁の伝統になっていることにも驚くばかりである。

ハル長官は野村大使に対し、会談はまだ交渉ではなく単なる会話の段階に過ぎないとした上で、五月一二日の日本側修正案に関して、武力南進をしないという保障の項を削除したことに対する疑惑と、日華事変の項に対する特別の関心とを表明した。また日華事変に関しては英国にもわたりをつけなくてはならないと述べた。そうであるから日本と会談することに対する米国の国内事情の困難のために慎重な態度をとるしかないと説明した。実際にハルの言葉通り、予定していた一四日の大統領の演説も延期になった。

松岡外相のせいで日米両国諒解案受諾の回答が遅れている間に、日米をとりまく情勢は急展開した。米国海軍はドイツ潜水艦に対して哨戒を既に実施していた。更にコンボイ(護送船団)を実施して米国の護送船団がドイツ軍艦と衝突すれば戦争になる危険性があった。それもあって米国は五月一二日に受け取った日本側修正案になかなか回答できなかった。今度は日本側が苛立ちながら米国側の回答を待つことになった。

## 3　日米両国諒解案を骨抜きにした松岡修正案

松岡外相は、日米両国諒解案を修正して五月一二日に野村大使からハル国務長官に渡したが、その主要な修正点について簡単に説明しておきたい。便宜上「諒解案」と「修正案」と略す。また原文は硬い文語体なので、わかりやすい現代文に直しておく。

【諒解案】

二、欧州戦争に対する両国政府の態度

日本国政府は枢軸同盟(日独伊三国同盟)の目的は防禦的なもので、現に欧州戦争に参入していない国家に対して軍事的連衡関係の拡大することを防止するものであることを明らかにする。

日本国政府は、その現在の条約上の義務を免れんとする意思を有しない。もっとも枢軸同盟に基づく軍事上の義務は、該同盟締約国ドイツが現に欧州戦争に参入していない国から積極的に攻撃された場合においてのみ発動するものであることを声明する。

【修正案】

日本国政府は枢軸同盟が防禦的なもので、現に欧州戦争に参入していない国家の戦争参加を防止するものであることを明らかにする。日独伊三国条約に基づく軍事的援助義務は同条約第三条に規定されている場合において発動されるものであることは勿論であることを明らかにする。

松岡は日本はあくまでも日独伊三国同盟を厳守して、米国がドイツと戦争状態に入ったら、日本は自動的に米国と戦う義務があることを示唆した。米国の護送艦とドイツ軍艦が武力衝突した結果、ドイツと戦争状態に入った場合、日本は三国同盟条約の軍事的援助義務を果たすために自動参戦して米国と戦争するのかという問題である。野村大使は松岡が「枢軸国を一体と認め、日本は一貫してドイツと心中する覚悟だ」と考えているなら、米国と話し合いの余地など最初から全く無かったと思った。松岡の修正案で、日米開戦をなんとかして回避したいというドラウト師・井川・岩畔らの企図は完全に否定された。

【諒解案】

三、支那事変に対する両国政府の関係

米国大統領が左記条件を容認し、かつ日本国政府がこれを保障したときは、米国大統領はこれによって蔣介石政権に対し和平の勧告をする。

A　支那の独立。

B　日支間に成立すべき協定に基づく日本国軍隊の支那領土からの撤退。

C 支那領土の非併合。
D 非賠償。
E 門戸開放方針の復活。ただしこの解釈及び適用に関しては将来適当な時期に日米両国において協議するものとする。
F 蔣政権と汪政府との合流。
G 支那領土への日本の大量的または集団的移民の自制。
H 満洲国の承認。
　蔣政権が米国大統領の勧告に応じたときは、日本国政府は新たに統一樹立される支那政府または、その政府を構成する分子と直ちに直接に和平交渉を開始するものとする。
　日本国政府は前記条件の範囲内において、かつ善隣友好防共共同防衛及び経済提携の原則に基づき、具体的和平条件を直接支那側に提示する。

【修正案】
　米国政府は近衛声明に示された三原則及び右に基づき南京政府と締結された条約及び日満支共同宣言に明示された原則を了承し、かつ日本政府の善隣友好の政策を信頼し、直ちに蔣政権に対し和平の勧告をすること。諒解案で列挙されたAからHまでの八カ条はすべて削除。

松岡は米国の役割は、日華基本条約や日満華共同宣言の条項を鵜呑みにして、和平条件には一切介入せず、ただ蔣政権に和平勧告を行うだけであると修正した。この問題に関してハル国務長官は、英国の了承を得る必要があると野村大使に指摘した。

【諒解案】

六、南西太平洋方面における両国の経済活動

日本の南西太平洋方面における発展は武力に訴えることなく平和的手段によるものであることが保障されたるに鑑み、日本が欲する同方面の資源、たとえば石油、ゴム、錫、ニッケル等の物資の生産及び獲得に関し米国側の協力及び支持を得るものとする。

ルーズベルト米大統領

【修正案】

日本の南西太平洋方面における発展は平和的手段によるものであることが明らかにされたるに鑑み、日本が欲する同方面の資源、たとえば石油、ゴム、錫、ニッケル等の物資の生産及び獲得に関し米国側はこれに協力するものとする。

これは日本の南進政策と英領マレーや蘭印等の重要な物資に関する問題である。野村大使は「帝国の

南方発展を武力に訴えないことを、日米両国諒解案の全般の基礎とみなす」ことを日米交渉の根本方針とした。武力南進は絶対に不可であったが、松岡は「現在の混乱する国際情勢の下では、万一他の挑発を受けて武力行使を余儀なくされることもありうるので」という理由で、「武力に訴えることなく」を削除した。ハル国務長官は「武力南進をしない」という日本の保障を削除した松岡に疑惑の念を深めた。けれどもかねてからシンガポール攻略を企図していた松岡としては、削除するのは当然だった。

【諒解案】
日米会談
A 日米両国の代表者間の会談はホノルルで開催する。合衆国を代表してルーズベルト大統領、日本国を代表して近衛首相によって開催する。
B 本会談には第三国のオブザーバーは入れない。
C 本会談は両国間に今次諒解成立後なるべく速やかに開催する。（本年五月）
【修正案】日米会談は全て削除。
これを見た野村が驚いたというが、それは当然だろうと思う。

## 4 松岡外相更迭と近衛首相の憂鬱

五月三一日、ハル国務長官は、五月一二日の松岡修正案に対する米国側の全面的対案を非公式に野村大使に手交した。米国側対案は松岡修正案に対する反対案で、日本にとって容認し難い内容だった。ハルは既に野村に日米国交調整の方針として次のような「ハル四原則」を提示していた。

一、国家の領土保全と主権の尊重
二、内政不干渉
三、商業上の機会均等を含む平等原則
四、平和的手段により現状の変更せらるる場合を除き太平洋における現状の不攪乱

五月三一日の全面的対案は、このハル四原則に基づいた、日本側には厳しい条件だった。その上、ヒトラー攻撃に名を借りて、松岡外相を忌避し内閣から排除しろといわんばかりの痛烈なオーラルステートメントがついていた。野村はこれをそのまま本国日本政府に取りつぐことを恐れた。野村は、六月六日、日米起草委員会を作って、そこで内容を少しでも緩和しようと努力したが、うまくいかない。野村は米国側の回答を待ちわびている外務省に中間報告をした。松岡外相は野村が勝手に日米起草委員会を作ったことは越権行為だととがめた。

一九四一年六月二一日、ハルは独ソ戦が始まる前日に野村に「日米交渉米国対案」(米国側対案と略す)とオーラルステートメントを手交した。ハルは独ソ戦は明日始まると確

信した上で、初めて米国政府の意向を日本側に提示した。ハルは日本政府が「日蘭会商」交渉打ち切りを発表した一八日と独ソが開戦した二二日の間の二一日に、米国側対案を持ち出したのである。日本側は二四日に米国側対案(六月二三日来電)に接したが、この日は南部仏印進駐正式決定の前日だった。独ソ戦勃発直後の南進・北進をめぐって陸・海両軍と松岡外相が論争していた。近衛首相は二五日からほぼ連続で連絡懇談会を開いて、対ソ方針や南進政策を審議した。そして七月二日の御前会議で「情勢の推移に伴う帝国国策要綱」を決定した。

要するに、独ソ開戦後は政府も統帥部も米国側対案を落ち着いて検討する余裕はなかったのである。けれども米国は、日本の枢軸国政策と南進政策を見極め、また牽制の効果を狙った絶妙なタイミングで、米国側対案を提出したと考えられる。

ルーズベルト大統領やハルは、五月半ば、つまり松岡修正案がワシントンに届いた頃には、ドイツは必ず対ソ攻撃を行うという情報を得ていた。米国側は独ソ開戦によって欧州戦争が新しい展開を見せる決定的な時点に至ったことを知っていた。問題は、欧州戦争が新展開を見せた時、日本がこれに対して、どのように行動するかだった。米国側の発言で日本の行動を左右できない。そこで米国の態度や政治的原則を明確にして、充分に知らせた上で、日本自身に決定させるしかないと米国側は考えたのである。

「ナチスドイツの侵略政策を公然と支持する者が日本政府の有力な地位に留まってい

る」ことを非難するオーラルステートメントを野村大使に手交したが、これも極めて政治的な判断の下になされたと考えることができる。

日本側は七月一〇日になって、やっと連絡懇談会で米国側対案を検討した。この日は、斎藤外務省顧問を特別に出席させた。斎藤顧問は米国側対案に関する外務省側の意見を開陳した。

外務省内は、日米交渉をなんとかしてまとめたい野村派の寺崎太郎アメリカ局長と、反対派(松岡外相直系)の大橋次官、阪本欧亜局長、斎藤南洋局長、加瀬秘書官、斎藤外交顧問の間で軋轢が目立っていた。松岡派の斎藤顧問はほとんど全面的な反対意見を開陳した。松岡外相も斎藤顧問と大体同意見だった。松岡は、松岡を忌避するハルのオーラルステートメントを無礼千万と決めつけ、これを取りついだ野村も不届き千万と怒りを露わにした。松岡は日米交渉は妥協の見込みはない、時機をみて打ち切るべきだと主張した。

前に述べたように、ハルは野村に対して「日米両国諒解案」は非公式なもので、政府間の正式な交渉ではないと注意を与えていた。それで五月一二日の松岡修正案を受けてから正式に交渉案を作成した。一方、日本側は「日米両国諒解案」を公式な交渉の大綱として認め、米国政府も日本と同様に認めていると思いこんでいた。「日米両国諒解案」及び「松岡修正案」の延長線上で交渉を始めるつもりだった。六月二一日付けの「米国側対案」は日本側の予想と期待を裏切るものだった。連絡懇談会で松岡が交渉の余地はない、打ち切りだと怒ったのも当然だった。松岡の怒りを買った主な点を三点あげておく。

一、欧州戦争に対する両国政府の態度

日本政府は、三国条約の目的は過去においてもまた現在においても防禦的なものであり挑発に依らない欧州戦争の拡大防止に寄与するものであることを明らかにする。

○米国は事実上三国同盟からの離脱を日本に求めている。

二、太平洋地域における両国の経済活動

日本国及び米国の活動は平和的手段によりかつ国際通商関係における無差別待遇の原則に遵い行う。両国がそれぞれ自国経済の保全及び発達のために必要とする天然資源(たとえば石油、ゴム、錫、ニッケル)の商業的供給の無差別的均霑《きんてん》を受けることができるように協力する。

○米国は、蘭印や英領マレーや南方の天然資源を日本が武力で独占することを許さないといっている。これは日本の南進政策に反する。

三、日華間の平和解決に対する措置

経済的協力　国際通商関係における無差別待遇の原則を本号に適用することにつ

いての交換公文に関する合意に依って決定する。

できるかぎり速やかにかつ日華間に締結される協定に遵い中国領土より日本の武力を撤退すべきこと。
○これは満洲事変の前まで戻れということである。また東亜新秩序の建設を全否定している。
簡単にいえば、米国側対案はこれまでの日本の国策を全面的に否定したも同然だった。

七月一二日の連絡懇談会は再びこの問題をとりあげた。一二日は寺崎アメリカ局長が出席した。一日おいても松岡外相の怒りはおさまらず、ハルのオーラルステートメントは読んだ時にすぐに突き返すべきものである。実に言語道断である。米国はあたかも日本を保護国ないしは属領と同一視している。帝国がこれに甘んじないかぎり受理すべきではない。拒否の理由は明瞭で我が輩が外相である以上受理できないと述べた。そしてステートメントを拒否することと、対米交渉はこれ以上継続できないことを提議した。

松岡の剣幕に参加者一同しばらく沈黙したが、参謀総長が発言をした。

外相の意見には自分も同感であるが、軍部としては南方には近く仏印の進駐あり、北には関東軍の戦備増強という重大なる事態を直後に控えている。この際米に断絶のような口吻を洩らすのは適当ではない。交渉の余地を残すのを妥当とする。

参謀総長の考えは、南部仏印進駐を控えた大事な時に、交渉を断絶して米国を刺激して興奮させることはない、適当な時期まで日米交渉を続けようというものだった。

松岡はこんな米国側対案では交渉の余地がない、すぐに打ち切るべきだと言い張った。

この日、陸海軍は共同の意見を提出した。

一、欧州戦に対する帝国の態度は、条約上の義務と自衛により決まる。

二、中国問題に対しては近衛三原則を基準とし米国は休戦和平の勧告をしても、和平条件に対する介入は許さない。

三、太平洋において所要の場合は、帝国の武力行使を留保しておくこと。

この三点は後々のためにはっきりさせておくのが必要だが、これ以外では米国案の趣旨でかまわない。そして万一交渉が決裂に至るとしても、それは日本の南部仏印進駐まで引き延ばすべきである。

松岡外相もこの陸海軍共同案を基礎として日本側対案を作成することに同意した。一二日の連絡懇談会が終了後、武藤、岡軍務局長、寺崎アメリカ局長、富田書記官長、それに斎藤顧問を加えて協議の結果、日本側対案をまとめた。あとは松岡外相の同意を得るだけだったが、松岡は病気を理由にこれを検討しようとしなかった。にもかかわらずその間に独伊両大使と会見していたので、陸海軍側を激昂させた。一四日になって外相の最終案が決まったが、今度はまずハルのオーラルステートメント拒否を先に発電して、その二、三日後に日本側対案を発電すべきだと言い出した。これに対して首相・陸海軍は米国の悪感情のみを助長して決裂に導く虞《おそれ》があるので、少なくとも同時に発電すべきだと主張した。にも拘わらず松岡は独断でオーラルステートメント拒否を先に発電した。そのあげく松岡は一五日、阪本欧亜局長に命じて、米国にも提示していない日本側対案をドイツへ内報させようとしたことが発覚した。ここまでくると、近衛首相も、最早松岡に重大な外交問題をまかせておけないと決断し、天皇の同意も得て他の閣僚と図って臨時閣議を開いて総辞職することを決めた。

七月一六日、ついに近衛は決心して自ら天皇に辞職を願い出て、第二次近衛内閣は総辞職した。近衛は新内閣を組閣する形で松岡を更迭したのである。この間の松岡の言動を見ていくと、日本に何の利益ももたらさなかった日独伊三国同盟を締結し、日米交渉をふみにじり、日本を太平洋戦争へ駆り立てた松岡の責任は重大である。

## 5　日本軍の南部仏印進駐

「なぜ日本はアメリカと戦争をしたのか?」という疑問に対して「アメリカが石油を全面的に禁輸したから、戦争をするしかなかった」という答えをよく聞くが、日米開戦に大きくハンドルを切らせたものは、七月二日の御前会議で決めた「情勢の推移に伴う帝国国策要綱」である。

「情勢の推移に伴う帝国国策要綱」七月二日御前会議決定

第一　方針

一、帝国は世界情勢変転のいかんに拘らず大東亜共栄圏を建設し、もって世界平和の確立に寄与せんとする方針を堅持す。

二、帝国は依然支那事変処理に邁進しかつ自存自衛の基礎を確立するため、南方進出の歩を進め又情勢の推移に応じ北方問題を解決す。

三、帝国は右目的達成のためいかなる障害をもこれを排除す。

第二　要綱

一、蔣政権屈服促進のため更に南方諸域より圧力を強化す。情勢の推移に応じ適時重慶政権に対する交戦権を行使しかつ支那における敵性租界を接収す。

二、帝国はその自存自衛上南方要域に対する必要なる外交交渉を続行し、その他各般の施策を促進す。

これがため対英米戦準備を整え、先ず「対仏印泰施策要綱」及び「南方施策促進に関する件」により仏印及び泰に対する諸方策を完遂し、もって南方進出の態勢を強化す。

帝国政府は本号目的達成のため対英米戦を辞せず。

天皇臨御の下で行う御前会議で決定した国策は絶対的なもので、新たに御前会議を開いてこれに改変を加えない限り、政府も統帥部も拘束される。わかりやすくいえば、御前会議で決定したことを実行するのが政府や統帥部の役目なのである。いったん御前会議で決めたら、もう後には退けないのである。大日本帝国憲法は、

第一一条　天皇は陸海軍を統帥す

第一二条　天皇は陸海軍の編制及び常備兵額を定む

と規定している。天皇は御前会議の翌日の三日、南部仏印進駐のために新設された第二五軍に対して進駐準備を命令し、また南部仏印に向かう第二五軍の編制を命令した。海軍は南部仏印に向かう陸軍を援助するために、その兵力を増加した。南部仏印進駐の第一目的は、英領マレーや蘭印の物資獲得であるが、それを妨害しようとする英米と戦争も辞さないと決定したのである。

松岡外相は加藤外松駐仏大使を通じて、七月一四日ビシー政権の副総理ダルランに要求を突きつけ七月一九日までに仏国政府の回答を得たいと申し入れた。

㈠ 仏領印度支那の共同防衛を目的とする軍事協力。
㈡ 必要数の日本陸海空軍部隊の南部仏印への派遣。
㈢ サイゴン以下八カ所の空軍基地としての使用、サイゴン及びカムラン湾の海軍基地としての使用及び整備。
㈣ 駐屯軍隊の居住、演習並びに行動の自由容認及びその任務遂行に対する特別の

便宜供与。

(五) 派遣部隊使用通貨の提供。

(六) 「日本軍入国に関する一般的措置の容認及び右入国方法に就ては現地日・仏印当局に於て協議を為すの原則の容認並びに日本軍との衝突防止のため日本軍上陸地点付近より仏印兵力を一時撤去する等適当措置方」

ダルランは回答を引き延ばそうと努力するが、加藤大使は二二日午後六時までに全面的受諾の回答を要求した。ダルランはあきらめて二一日正午に正式回答し、日本政府の要求をほぼ全面的に受諾した。仏印の共同防衛に関する日仏了解が成立し、現地細目協定が成立した。参謀本部は第二五軍に対して予定通り南部仏印に平和的進駐を開始するように発令した。

日本が南部仏印進駐を実施すると、米国は二五日夜、在米日本資産の凍結を発令した。二六日英国が対日資産凍結に踏み切った。蘭印が二八日、日蘭石油民間協定を停止すると、八月一日、米国は綿と食料以外のすべての対日禁輸を発令し、遂に石油が全面的に禁輸となった。日本は、資産凍結に加えて石油の禁輸という厳しい経済的制裁を受けたのである。

経済的制裁を受けた日本に残された選択は、国策を見直して六月二一日付けの「日米交渉米国側対案」にそって日米国交調整を図って南方進出を止めるか、英米蘭との戦争に訴えても御前会議で決めた「情勢の推移に伴う帝国国策要綱」を遂行するかという選択肢しかなかった。日本は平和と戦争の分岐点に立たされた。七月二日に戦争を辞さない覚悟で南部仏印進駐を決め既に南部仏印進駐をした後では、流れはどうしても主戦論に傾く。

物動計画を取り仕切る企画院は、七月二九日、「戦争遂行に関する物資動員上よりの要望」をまとめた。そして、このまま英米等に依存し資源を獲得し国力を培養しようとしても、今の状況ではそれは極めて困難で、生産力拡充計画は遅滞し、日本はやがてやせ衰えるだろう。日本は今迷ったりためらわずに最後の決心をすべき竿頭に立っている。なお武力戦の指導には当たっては、極めて短期間に作戦成果を生産的活用に転換できるように統帥上万全の計画を進めてもらいたいと、要望した。

平和的な交渉で資源が獲得できないなら、戦争に訴えて武力で確保するしかない。このような主戦論は勿論軍部の中にもあった。七月二一日海軍軍令部総長永野修身《おさみ》は、第三次近衛内閣成立後初めての大本営政府連絡会議(場所＝宮中大本営)で「米国に対しては今は戦勝の算があるが、時がたつに従いこの公算は少なくなる。明年後半期は最早や歯が立たない。米国はおそらく軍備の整うまでは問題を引きずり、これを整頓するだろう。従って時を経れば帝国は不利となる。戦わずしてすめばこれにこしたることはない。しかし到底衝突は避けられないとすれば、時を経るとともに不利となることを承知してほしい。尚比島（フィリピン）を占領すれば海軍は戦争がやりやすくなる。南洋の防備は大丈夫相当やれると思う」と強硬な主戦論を述べた。

対米戦も辞さない覚悟で南方作戦を決意した陸軍は、対日資産凍結及び石油禁輸が現実になると、驚愕しショックを受けた。けれども驚愕が覚めると、今度は逆ギレして米国に対する憤激と猜疑とが前面に出てきた。陸軍参謀本部作戦部の中堅層は武力解決を強硬に主張し、対英米戦必至とみて、早急に御前会議を開いて南方作戦開始を正式に決定すべきと主張した。

戦後、米国は石油を禁輸して日本を戦争に追い込んだ、日本は米国に太平洋戦争をやらされたのだという見解を表明する人がいるが、日本は石油禁輸前の七月二日に対英米戦を覚悟していたことを考えると、単純に太平洋戦争をやらされたとはいえないだろう。また海軍は太平洋戦争開戦に消極的だったという人もあるが、永野軍令部総長の言動をみると必ずしもそうとは言えない。八月一七日、米大統領は野村大使を招いて会談し、「覚書、現在以上の武力進出に対する警告」を手交した。そして「日本が武力による隣国支配を続行すれば、あらゆる手段を講ずるし、また日本が平和的なプログラムに変更することを希望する」と警告した。その後野村はワシントンでルーズベルト大統領と会見し、近衛も大統領にメッセージを送り、日米巨頭会談を行って、懸案の日米国交調整を進展させようとした。ルーズベルト大統領は日米巨頭会談に関して、まず日本の具体的な態度を明らかにせよ、という回答を野村に渡した。近衛はこの巨頭会談に期待をかけたが、結局実現しなかった。近衛は和平が遠のき開戦が迫り来るとすっかり憂鬱になり、辞職を考えるようになった。

## 6　東条内閣成立、日米交渉決裂へ

一九四一年九月六日午前一〇時から宮中で御前会議が開かれた。この御前会議は前回七月二日の御前会議で決めた国策の遂行すなわち対英米蘭戦を決定するためのもので、ここで「帝国国策遂行要領」が決定された。

一、帝国は自存自衛を全うするため対米(英蘭)戦争を辞さない決意の下に概ね一〇月下旬を目途とし戦争準備を完整する。

二、帝国は右に並行して米、英に対し外交の手段を尽くして帝国の要求貫徹に努める。

交渉において帝国の達成すべき最少限度の要求事項並びにこれに関連し帝国の約諾し得る限度は別紙のごとし。

三、前号(二のこと)対外交渉により一〇月上旬頃に至るも尚我が要求を貫徹し得る目途なき場合においては直ちに対米(英蘭)開戦を決意する。対南方以外の施策は既定国策に基づきこれを行い、特に米ソの対日連合戦線を結成させないように勉める。

これでわかるように、六月二一日付け「日米交渉米国側対案」から始まった日米交渉は、「日米交渉が決裂したら、対米戦を開始する」と位置づけられて継続することになった。つまり、開戦準備をしつつ日米交渉を続けることになった。

野村大使は九月六日の御前会議決定事項に基づく日本側提案を手交した。アメリカ側は一〇月二日に日米巨頭会談の前に原則的了解が必要だとした上で、中国から日本軍が全面撤退することを要求した。日本は日華事変を四年以上も戦っている。国策「東亜新秩序の建設」を反故にし中国から全面撤退などできるわけがない。

日米交渉によって日米開戦が避けられないと知った近衛首相は、一〇月一二日、荻窪の私邸荻外荘に、東条陸相・及川海相・豊田外相・鈴木企画院総裁を招き、和戦を決める最後の五相会議を行った。陸相は中国から撤兵することはできないと述べた。五相会談で、首相が速やかに戦争を決意すべきだと迫られると、優柔不断な近衛首相は返答に窮した。一〇月一四日、和戦を決するために閣議を開いたが、東条陸相はあくまでも中国からの撤兵に反対で、閣議の意見は一致せず、東条は総辞職を求めた。一〇月一六日、近衛内閣は総辞職し、一〇月一八日東条英機内閣が成立した。

九月六日の御前会議で、一〇月下旬を目途に戦争を決意することを決めたが、それが延長となったので、一一月五日に御前会議を開いた。ここで武力発動の時機を一二月初旬と定め、陸海軍は作戦準備を完整することに決まった。そして日米交渉の要領について定め、米国側が日本側交渉案を拒否したら、日米交渉決裂とみなして開戦することに決めたのである。

四月一六日の「日米両国諒解案」に始まる日米交渉において、ハル国務長官は日米交渉の根本方針として次の四原則を主張していた。

一、日本の武力南進阻止、軍事的征服のためには南進しないという日本の保証

二、太平洋武力介入と三国同盟条約発動阻止

三、米国が参戦したとき、ドイツのために闘わないという日本の保証

四、日本の中国からの撤兵

これをハル四原則というが、一一月五日の御前会議で決定した日本側交渉案は、このハル四原則と全く相容れないものだった。

一一月一日、連絡会議で「帝国国策遂行要領」に基づき「対米交渉甲乙両案」を決定した。そして対米交渉不成立の場合は一二月一日をもって交渉を打ち切りとすることにした。一一月三日、東郷外相は野村大使のサポートをさせるために来栖三郎をワシントンに特使として派遣することを決めた。これは来栖に「人質になりに行け」と命じたも同然であったが、米国に対しては、日本の開戦の決意を隠蔽するためだった。

一一月四日、政府は対米交渉甲乙二案を野村大使に発電した。これは九月二五日に日本側が米国に提出した提案に対する米国側の希望にできる限り合わせる趣旨によって修正し、日本側の主張を緩和したものだった。しかし本文に目を通す限りでは、これまでのものと比べて飛躍的に緩和したとは思えない。正直なところ、「どこを緩和したのか」と言いたくなってしまう。以下、甲乙両案である。

一、甲案

本案は九月二五日、我が方提案を既往の交渉経過で判明した米側の希望に出来うる限りミートする(合致する)趣旨で修正した最後的譲歩案で、懸案の三問題について我が方主張を左記の通りに緩和するものである。

(一) 通商無差別問題

九月二五日案では到底妥結の見込みがない場合は「日本国政府は無差別原則が世界に適用されるものであるから、太平洋全地域即ち支那においても本原則の行われることを承認する」と修正する。

(二) 三国条約の解釈及び履行問題

我が方では自衛権の解釈を濫《みだ》りに拡大する意図がないことをさらに明瞭にすると共に、三国条約の解釈と履行に関しては従来しばしば説明したように帝国政府が自らの決定によって行動する次第で、この点は既に米国側の了承を得ているものとみなす論旨で応酬する。

(三) 撤兵問題

本件は左記の通り緩和する。

A 支那における駐兵及び撤兵

支那事変のため支那に派遣した日本国軍隊は北支及び蒙疆の一定地域及び海南島に関しては、日支間平和成立後所要期間駐屯させる。それ以外の軍隊は平和成立と同時に、日支間で別に定める協定に従い撤去を開始し、治安確立と共に二年以内にこれを完了するものとする。

(註) 所要期間につき米側から質問があった場合は、概ね二五年を目途とする旨をもって応酬する。

B 仏印における駐兵及び撤兵

日本国政府は仏領インドシナの領土主権を尊重する。現に仏領インドシナに派遣されている日本国軍隊は支那事変が解決するか、または公正な極東平和が確立したら直ちに撤去する。

なお四原則については、これを日米間の正式妥結事項(諒解案、その他声明であるとを問わず)中に包含させることは、極力回避する。

二、乙案

本案は甲案の代案ともいうべきもので、もし米側が甲案に著しい難色を示すときは、事態切迫し遷延を許さない情勢であることを考え、何らかの代案を急速成立させ、ことが決裂するのを未然に防止する必要ありとの見地から案出された第二次案であって、内容は左の通り。

㈠ 日米両国政府はいずれも仏印以外の南東アジア及び南太平洋地域に武力的進出を行わないことを確約する。

㈡ 日米両国政府は蘭領印度で、必要とする物資の獲得が保障されるように相互に協力する。

㈢ 日米両国政府は相互に通商関係を資産凍結前の状態に復帰する。米国政府は所要の石油の対日供給を約束する。

㈣ 米国政府は日支両国の和平に関する努力に支障を与えるような行動に出ないこと。

備考

㈠ 必要に応じ本取り決めが成立したら、日支間和平が成立するか又は太平洋地域での公正な平和が確立するなら、日本軍隊を撤退させる約束をしても差し支えない。

㈡ 必要に応じては、往電第七二六号甲案中に包含されている通商無差別待遇に関する規定及び三国条約の解釈及び履行に関する規定を追加挿入する。なお本案を提出する時期についてはあらかじめ請訓せよ。

こうした交渉案を発電する一方で政府は、一一月五日に御前会議で、外交交渉不成立の場合は一二月初頭、武力発動すなわち開戦することを決定したのである。

## 7　ハルノートと対米通牒――真珠湾奇襲

一一月七日野村大使はハルに甲案を提示した。一方、日本軍部は御前会議で開戦を決定すると、いよいよ具体的な作業に入った。連絡会議において一〇日、「戦争経済基本方策」を、一一日、「対米英開戦名目骨子」を決定した。

一一月一三日、アメリカは中立法を改正し、アメリカも臨戦態勢に入った。

一一月一五日、ハルが野村大使に、甲案における通商無差別に関し提案し、経済政策に対する日米共同宣言案を提示した。この日、来栖大使がワシントンに到着したが、日米交渉はまさに手の施しようのない状態になっていた。

一一月二〇日、東郷外相は野村大使に乙案提出を訓令し、米側不承諾の際は交渉決裂するもやむなしと通達した。野村・来栖両大使は、ハル長官と会見し乙案を提出した。

一一月二二日、東郷外相は野村・来栖両大使に三、四日中に日米話し合いを完了し、二九日までに一切の手続きを完了するように訓令した。

一一月二五日、日本が日独伊防共協定五カ年延長に関する議定書をベルリンで調印すると、俄然米国の態度が硬化した。

一一月二六日、ハル長官は日本側乙案を拒否し、ハルノートを提示した。ハルノートというのは、ハルの覚書である。

それは第一項で「政策に関する相互宣言案」として改めてルート四原則を挙げ、さらに国際通商における機会均等につき五項目を挙げ、第二項は「合衆国政府及び日本国政府の採るべき措置」として一〇項目を挙げている。その一〇項目の中に中国・仏印からの日本軍の撤収、蔣介石政権以外の政権の不支持、中国での治外法権の放棄等が謳われていた。

確かに、これは満洲事変勃発当時の状態に復帰せよと言わんばかりの要求で、日本軍部としては絶対容認できないことは明らかであった。しかし、これはあくまでも覚書であって、これを承知しなければ、武力行使をするぞなどと書かれているわけではない。この覚書を検討した上で、これらの諸原則を支持して実際に日米交渉に適用すべきではないかという内容だった。

一一月二七日、このハルノートを受け取った日本は、アメリカ側の態度が四月一六日の「日米諒解案」よりも厳しくなっていることを理由に、これで交渉は完全に決裂したと結論する。御前会議で決めた通り、日米交渉が決裂したので一二月初頭に武力発動、開戦することになった。天皇臨席の下で開く御前会議で決定したことは至上絶対だったからである。

日本では戦後、ハルノートを最後通牒とか最後通告等だと言っているが、ハルノートは国際法上の「開戦に関するハーグ条約」に基づいた正式な「最後通牒」ではない。単なる国務長官のメモに過ぎない。最後通牒として必須の明確な開戦理由もなければ、条件も期限に関する記述もない。四月一六日から半年余りに亘って続けてきた日米国交調整交渉の過程における米国側一案である。御前会議でタイムリミットを定めた日本が、「日本にとって最後通牒にも等しいものだった」と勝手に解釈しているだけである。第一、大統領ではない国務長官が議会にも諮らずに最後通牒など出せる訳はない。

一二月一日、御前会議を開催し、対米英蘭開戦を決定した。

一二月五日には、閣議で一一月二六日のハルノートに対する「対米通牒(覚書)」案を了承する。また攻撃開始をワシントン時間一二月七日午後一時、東京時間一二月八日午前三時と決定する。それにあわせて、野村・来栖両大使が「対米通牒(覚書)」をハルに手交することにした。

来栖三郎は『泡沫の三十五年』で次のように回想している。一二月七日日曜日、来栖は一一月二八日の政府訓令にあった「帝国政府見解」が到達したという報告を受ける。

「覚書を電報したが長文であること、覚書を受け取ったことは厳秘にせよ、覚書提出時期は追電する」という電報と覚書全文と「覚書は七日午後一時なるべく国務長官に直接手交せよ」という内容電報がほとんど一時に到着した。

覚書は機密保持上タイピストに叩かせてはならないという訓令があったのでタイプ専門ではない上級書記官がタイプした。肝心の覚書はハルと打ち合わせた一時にはとうてい間に合わないので、やむを得ず、約束時間を午後二時に延ばして、野村大使と国務省に行きハルと面会し、実際にハルに手交したのは、予定より一時間二〇分遅れのワシントン時間二時二〇分だった。

この日本側の「対米通牒(覚書)」についても、「最後通牒」と思い違いしている人が多い。やれタイプ清書が遅れたとか、やれ翻訳に手間取ったとかいう文書は、「対米最後通牒」ではない。「日米交渉は妥結点がないので、これで打ち切る」という「対米通牒(覚書)」、つまり、外務省の外交メモランダム(覚書)にしか過ぎなかった。手の混んだ説では「最後通牒のようなハルノートを突きつけられたので、最後通牒のような外交文書を出したのだ」と説明しているが、「ような」もので戦争を始められてはたまらない。

結局、日本は最後通牒も宣戦布告もせず、ハワイに奇襲攻撃をかけたのである。もっとも無通告攻撃をかけたのは海軍ばかりではなかった。陸軍は海軍の真珠湾奇襲の前の一二月八日午前二時頃、英領マレーのコタバルに奇襲上陸した。

野村・来栖がハルに対米通牒覚書を手交したのは、真珠湾奇襲から一時間後のことであり、これを読んだハルは、既に日本軍のハワイ攻撃の報に接していたので、「交渉九カ月を通じて自分は一言も虚言を述べなかった。自分は五〇年の公生涯を通じて、こんな恥知らずな虚偽と歪曲に充ちた文書を見たことがない……こんな大がかりな嘘とこじつけを言い出す政府がこの世にあろうとは、今の今まで夢想だにしなかったことである」と吐き出すように言った。二人は言葉もなく退出した。

よく日本では、「対米通牒(覚書)」を最後通牒と誤解したあげくに、米国は最後通牒を暗号解読していたという人もいる。確かに外務省の電報は解読されていたが、そもそも出されもしなかった最後通牒をどのようにして読んだのだろう。アメリカ軍が日本軍の暗号解読に成功したのはミッドウェー海戦以後のことだという。それに山本五十六はハワイ攻撃の前々日から友軍間の無電連絡を停止していた。

確かに「対米通牒(覚書)」の翻訳が遅れたり解読されていたということは、アメリカ真珠湾攻撃調査委員会記録(『現代史資料36　太平洋戦争(三)』一九六九年・みすず書房)にも出てくる。それには「日本政府は最後通牒らしきものを送ろうとしているようだが、最後通牒の条件を満たしていない。ただし受信が完了したら暗号機を破壊せよともいっているから、警戒するように通電した」というのがある。間違いなく最後通牒は出されなかったのである。

# 第17章
# 太平洋戦争

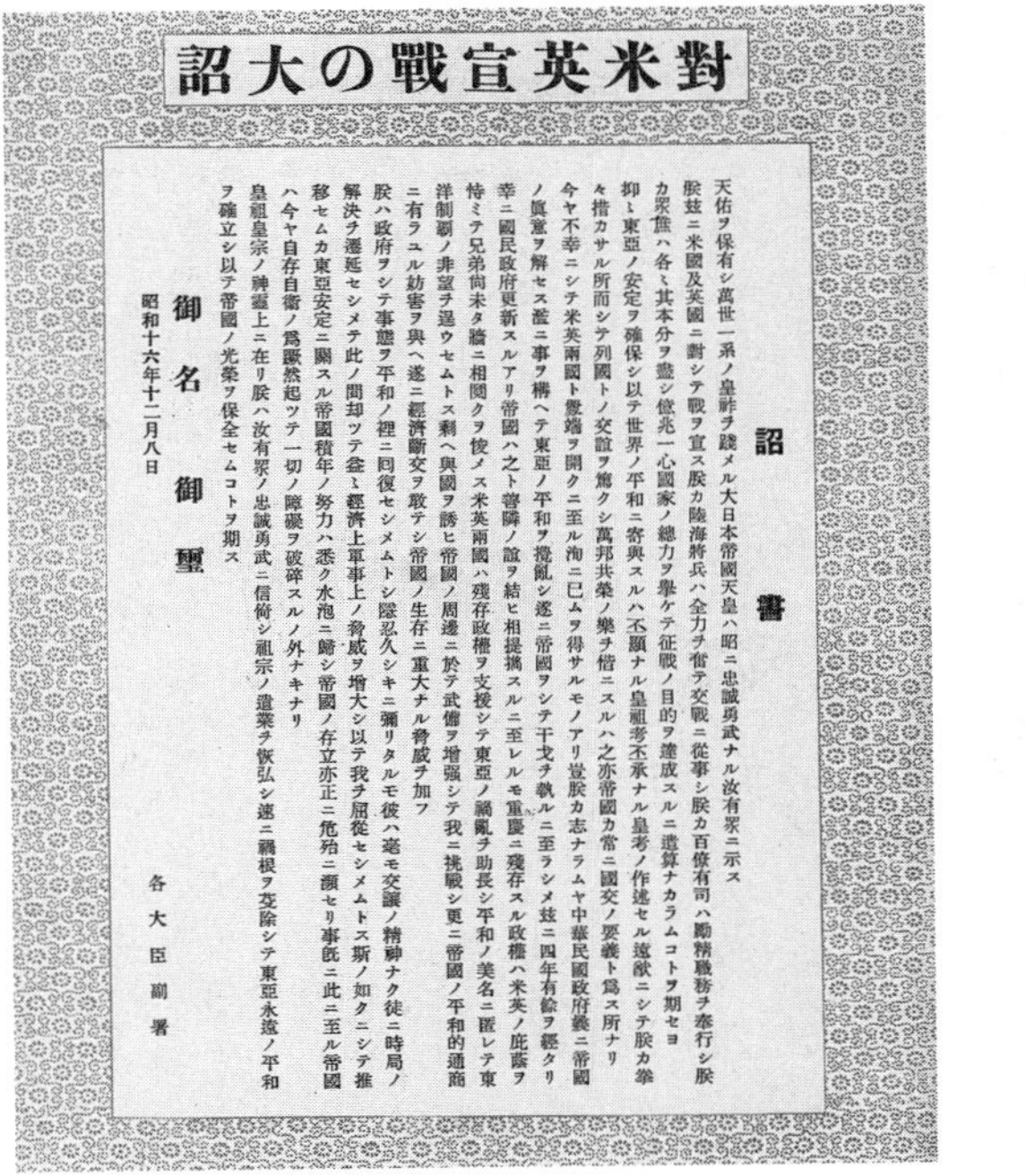

對米英宣戰の大詔

詔書

天佑ヲ保有シ萬世一系ノ皇祚ヲ踐メル大日本帝國天皇ハ昭ニ忠誠勇武ナル汝有衆ニ示ス
朕茲ニ米國及英國ニ對シテ戰ヲ宣ス朕カ陸海將兵ハ全力ヲ奮テ交戰ニ從事シ朕カ百僚有司ハ勵精職務ヲ奉行シ朕
カ衆庶ハ各〻其ノ本分ヲ盡シ億兆一心國家ノ總力ヲ擧ケテ征戰ノ目的ヲ達成スルニ遺算ナカラムコトヲ期セヨ
抑〻東亞ノ安定ヲ確保シ以テ世界ノ平和ニ寄與スルハ丕顯ナル皇祖考丕承ナル皇考ノ作述セル遠猷ニシテ朕カ拳
々措カサル所而シテ列國トノ交誼ヲ篤クシ萬邦共榮ノ樂ヲ偕ニスルハ之亦帝國カ常ニ國交ノ要義ト爲ス所ナリ
今ヤ不幸ニシテ米英兩國ト釁端ヲ開クニ至ル洵ニ已ムヲ得サルモノアリ豈朕カ志ナラムヤ中華民國政府曩ニ帝國
ノ眞意ヲ解セス濫ニ事ヲ構ヘテ東亞ノ平和ヲ攪亂シ遂ニ帝國ヲシテ干戈ヲ執ルニ至ラシメ玆ニ四年有餘ヲ經タリ
幸ニ國民政府更新スルアリ帝國ハ之ト善隣ノ誼ヲ結ヒ相提攜スルニ至レルモ重慶ニ殘存スル政權ハ米英ノ庇蔭ヲ
恃ミテ兄弟尚未タ牆ニ相鬩クヲ悛メス米英兩國ハ殘存政權ヲ支援シテ東亞ノ禍亂ヲ助長シ平和ノ美名ニ匿レテ東
洋制覇ノ非望ヲ逞ウセムトス剰ヘ與國ヲ誘ヒ帝國ノ周邊ニ於テ武備ヲ增强シテ我ニ挑戰シ更ニ帝國ノ平和的通商
ニ有ラユル妨害ヲ與ヘ遂ニ經濟斷交ヲ敢テシ帝國ノ生存ニ重大ナル脅威ヲ加フ
朕ハ政府ヲシテ事態ヲ平和ノ裡ニ囘復セシメムトシ隱忍久シキニ彌リタルモ彼ハ毫モ交讓ノ精神ナク徒ニ時局ノ
解決ヲ遷延セシメテ此ノ間却ツテ益〻經濟上軍事上ノ脅威ヲ增大シ以テ我ヲ屈從セシメムトス斯ノ如クニシテ推
移セムカ東亞安定ニ關スル帝國積年ノ努力ハ悉ク水泡ニ歸シ帝國ノ存立亦正ニ危殆ニ瀕セリ事既ニ此ニ至ル帝國
ハ今ヤ自存自衞ノ爲蹶然起ツテ一切ノ障礙ヲ破碎スルノ外ナキナリ
皇祖皇宗ノ神靈上ニ在リ朕ハ汝有衆ノ忠誠勇武ニ信倚シ祖宗ノ遺業ヲ恢弘シ速ニ禍根ヲ芟除シテ東亞永遠ノ平和
ヲ確立シ以テ帝國ノ光榮ヲ保全セムコトヲ期ス

御名御璽

昭和十六年十二月八日

各大臣副署

宣戦の大詔

## 1　宣戦布告はなされたか？

前章で、日本は最後通牒も宣戦布告もなく、無通告で戦争を始めたと書いたが、もう一度考えてみたい。一九四一年一二月八日未明、日本海軍はハワイの真珠湾奇襲で太平洋戦争を開始した。開戦の第一報は八日午前七時のラジオ(日本放送協会)の臨時ニュースで、放送原稿は、「帝国陸海軍は、今日未明西太平洋でアメリカ・イギリス軍と戦闘状態に入りました。大本営陸海軍部発表(昭和一六年一二月八日午前六時)『帝国陸海軍は本八日未明、西太平洋に於いて、米英軍と戦闘状態に入れり』今日六時大本営陸海軍部から、この様に発表されました。繰り返して申し上げます」(『放送報道編輯例』一九四四年・日本放送協会)となっていた。この大本営発表を『東京朝日新聞』は「今八日未明……戦闘状態に入れり」、『大阪朝日新聞』は「本日未明……戦争状態に入れり」、他の新聞は「本八日未明……戦闘状態に入れり」と書いた。『大阪朝日』だけが明確に「戦争状態に入れり」と書いたが、ここで「戦争状態に入った」と「戦闘状態に入った」のでは、どう違うのかを戦時国際法で見ておこう。

普通「戦争(war)」というのは、兵力による国家間の争闘である。国際法上で「戦

朝日新聞 夕刊

# 帝國・米英に宣戰を布告す

## 西太平洋に戰鬪開始

布哇米艦隊航空兵力を痛爆

## 宣戰の大詔渙發さる

詔書

帝國の對米英宣戰

朝日新聞 第一夕刊

# 帝國・英米に宣戰布告

十五日臨時議會を召集

## 對米英宣戰の大詔發布

詔書

## 布哇比島を決死空襲

## 新嘉坡を大爆撃

上海で英艦撃沈、米艦降伏

大本營陸海軍部發表（八日午前六時）帝國陸海軍は本日未明西太平洋において米英軍と戰爭狀態に入れり

## 我空軍ホノルル大爆撃

眞珠灣で米艦船二隻撃沈

米戰艦オクラホマ炎上す

宣戰布告を伝える『東京朝日新聞』夕刊と『大阪朝日新聞』の第一夕刊(いずれも日付は翌12月9日)

争」というのは、一国が自国の主張を相手国にのませるために、対手国に対して平時にはやってはならない武力等の加害手段で対手国に攻撃をかけ、相手国の抵抗力を挫くことが許される状態のことである。それはまた同時に、平時と違う国際法上の関係(戦時国際法規上)の権利義務の関係が発生する二国またはそれ以上の国家間の状態をいうのである。だから戦争は「戦争状態(state of war)」という語を用いる。したがって「戦争状態」とは国際法上の「戦争」のことなのである。国際法上の戦争は、単に兵力の衝突(戦闘や空襲等)を指すのではなく、戦争を原因として生じる戦時国際法上の関係——たとえば交戦国は中立国の主権を侵してはならないという義務であるとか、中立国は自国内への交戦国の軍隊の侵入を拒否する権利——が発生することも含めて総体的な状態を戦争状態という。

では日本は、いつから米英と「戦争状態に入った」のか。一九〇七年、ハーグの第二回平和会議で、「敵対行為開始に関する条約」が議定された。これを「開戦に関するハーグ条約」という。この条約の趣旨は、戦争開始の形式を定めたのではなく、「予告なくして敵対行為を開始してはならない」ことを定めたのである。立作《たちさく》太郎は、『戦時国際法論』(一九三一年・日本評論社)で、「無通告で敵対行為を開始してはならない」と決めた理由を解説している。わかりやすく要約しておく。

開戦に関するハーグ条約の実施以前は、開戦に際して宣戦または最後通牒を必要とする国際法規がなかった。それで、どのような敵対行為を開戦とみなすかが問題だった。ただしその当時でも、国際紛争の有無、談判の有無と無関係に、相手国が主張をのむか否か不明な場合に、突然不意打ちを行うことは慣習国際法規違反だとみなされた。談判が長引き決裂が明らかになったとき、宣戦をせずに敵対行為に出ても違法とは言えず、このような場合は、戦争状態の開始の意思をもって最初の敵対行為を行った瞬間より、戦争状態の開始と認めた。けれども明瞭な予告無くして敵対行為を行い、これで開戦できるとすると、国際関係の安全を確認することができなくなる。そこで第二回平和会議で、締約国は、宣戦または条件付き宣戦を含む最後通牒により、明確なる予告をした後でないと、敵対行為を開始してはならないことを、新たに約した。

一九四一年一二月八日当時、日米英三国とも「開戦に関するハーグ条約」の締約国だったので、当然、日本は米英に宣戦をして戦争状態に入らねばならない。開戦に関するハーグ条約は「宣戦」(開戦宣言＝Declaration of war)の方法を次のように規定している。

一　**宣戦**　宣戦とは戦争状態に入るぞという「開戦の意思」を相手国に明瞭に表示して通告することである。宣戦には開戦の理由を明示しなければならない。単に開戦の意思だけでは足りない。開戦の理由は詳細に説明する必要はない。また宣戦の通告方法は問わない。口頭での宣戦は禁止されていないが、理由をつける必要上、文書、電報によって通告するのが妥当である。直接相手国政府あるいは相手国の対外的代表機関(大使館、外交部、公使、大使等)に通告する。

二　**最後通牒**(Ultimatum)　最後通牒は条件付きの宣戦である。一定期間内に要求を容れない場合に、敵対行為を開始することを相手国政府に通告し、その要求が容れられない場合に初めて開戦するのである。開戦の効力を一定の条件の成否に賭けているので、これを条件付き宣戦という。ふつう最後通牒には、対手国に自国の要求を受け入れる期限、たとえば二四時間、四八時間等を指示する。最後通牒は、条件に示した要求を期限までに実現しなければ戦争を開始するという意思を明らかにするものである。したがって開戦後、対手国にさらに新たな通告――宣戦をする必要はない。

開戦に関するハーグ条約は、戦争状態に入るという通告と敵対行為開始との間にどれほどの期間をおくかという規定がない。そのために戦争開始を覚悟した敵国に対して宣戦とほとんど同時に敵対行為を開始することで、事実上の不意の襲撃を加えることを許すことになった。だからといって無通告で敵対行為を開始してもよいと認めてはいない。

南部仏印進駐以来、日本は石油の全面的禁輸、資産凍結などの経済的制裁を受けて、米英蘭との関係は完全に悪化していた。新聞は「日米交渉決裂なら米との開戦か」という論調の記事を載せていた。それで一二月八日、臨時ニュースを聞いた国民は「遂に開戦、戦争開始だ」と理解した。『大阪朝日新聞』は「米英と戦争状態に入れり」つまり

「米英と戦争を開始した」と書いた。実際に日本が米英に宣戦をした上で敵対行為を開始したなら問題はないが、実は日本軍は「開戦に関するハーグ条約」に違反して、宣戦せずに無通告で米英に敵対行為を加えた。もちろん大本営はそれを承知していた。大日本帝国憲法は宣戦を天皇の大権と規定している。天皇が宣戦しない前に大本営が宣戦することはできない。もし天皇の名において米英両国に宣戦し、その後に敵対行為を開始していたら、大本営は「本八日〇時〇分、大日本帝国は米国及び英国と戦争状態に入れり」と発表したはずである。

では大本営発表の「帝国陸海軍は本八日未明、西太平洋に於いて、米英軍と戦闘状態に入れり」はどういう意味なのか？　戦争状態は、国家が戦争の意思をもって行う敵対行為によって開始されることがある。いいかえれば日本軍が米英軍と戦闘をしても、戦争の意思がなければ戦争状態にはならない。たとえば日本はノモンハン事件ではソ連軍と、満洲事変及び日華事変では中国軍と戦闘状態を続けたが、日本もソ連も中国も戦争状態に入る意思を表明せず、宣戦しなかった。だからノモンハン事件は日ソ戦争にならなかったし、満洲事変、日華事変は日中戦争にならなかった。この問題について前原光雄は『戦争法』(一九四三年・ダイヤモンド社)の中で次のように説明している。

戦争は、戦争の意思をもってする敵対行為によって開始されることがある。戦争の意思なき敵対行為は、戦争の開始とはならないが、相手方がその敵対行為は戦争の意思をもって為されたと解し、これに戦争の意思をもって応酬するときは、この時に戦争が開始せられたものと解すべきである。一九四一年一二月八日の早朝、わが軍はハワイ、比島、ダバオ、グアム、ウェーク、シンガポール、香港などを爆撃し、マライ半島に奇襲上陸した。大東亜戦争は、この敵対行為開始の時に勃発したのである。敵対行為は戦争の意思をもって行われねばならないので、単に敵対行為のみでは戦争の開始にならない。しかし、相手国の兵力に対して攻撃を加えるごとき敵対行為は、相手の反撃を予期し、しかも、これと交戦する意思をもって為されるものであるから、戦争の意思あることを忖度《そんたく》できるが、単に相手方の商船を拿捕《だほ》した場合のごときは、戦争の意思をもって為されたか、あるいは復仇を目的として為されたか決定に困難なような場合がある。一方が戦争の意思をもって敵対行為を行えば、相手方の戦意の有無に拘らず戦争は開始せられる。

これでわかるように、一二月八日午前六時、大本営は「日本の陸海軍は米英両国軍に対して戦争の意思をもって敵対行為を加え、戦闘を続けている」というニュアンスで発表した。『大阪朝日新聞』はそのへんのニュアンスをくみ、八日未明に敵対行為によって日本は戦争を開始したと解釈して、あえて「戦争状態に入れり」と書いたのだろうか？　そこのあたりは不明である。

一二月八日午前一一時四〇分、宣戦の大権を有する天皇は詔書を渙発《かんぱつ》した。

天佑を保有し、万世一系の皇祚を践《ふ》める大日本帝国天皇は、昭《あきらか》に忠誠勇武なる汝有衆に示す。

朕茲《ここ》に米国及び英国に対して戦を宣す。朕が陸海将兵は全力を奮って交戦に従事し……億兆一心国家の総力を挙げて征戦の目的を達成するに遺算なからむことを期せよ。(以下略)

このように、国民に米英と開戦したことを布告した。ところが米英は、日本が「開戦に関するハーグ条約」第一条に基づく宣戦(通告)無しの不意打ちで開戦したので、騙し討ちにあったと非難した。野村・来栖両大使は、ハル国務長官に一一月二六日のハルノートに対する日本側回答「対米通牒(覚書)」を手交したが、日本海軍はその一時間以上も前に真珠湾を空襲していた。「対米通牒(覚書)」を受け取ったハル国務長官は「こんな恥知らずな文書…」と怒った。開戦に関するハーグ条約に基づく最後通牒ならまだしも、日米交渉に関する「覚書」を真珠湾奇襲の後で差し出したのだ。恥知らずだ、騙し討ちだと怒るのも無理はない。

ハル国務長官

一二月八日、日本は米英の領域に侵入して米英軍に奇襲攻撃をかけて開戦した。日本が開戦したのは蘭印の石油を我がものにするためで、蘭印の石油を安全に確保するために、蘭印への侵攻は慎重を期した。一二月八日に宣戦の大詔を渙発した時点では、日本軍はまだ蘭印軍と戦争状態に入っていなかった。「宣戦の大詔」にオランダの国名がないのは、そのためである。

信夫《しのぶ》淳平は『戦時国際法提要 上』(一九四三年・照林堂書店)で日本の無通告開戦を弁護している。

大東亜戦争は昭和一六年一二月八日早朝、帝国海軍航空部隊のハワイ空襲にて火ぶたが切られ、次で宣戦の大詔の渙発となった。すなわち順序としては、帝国陸海軍は八日未明、西太平洋において米英軍と戦闘状態に入り(同日午前六時大本営陸海軍部発表による)、しかして宣戦の大詔は同日午前一一時四〇分に渙発せられたものと拝察すべきである。(同時刻の情報局発表によれば「ただいま宣戦の大詔が発せられました」とある、もっとも情報局の発表時刻を一一時四五分とした新聞も一、二あった。)

この順序に疑惑をはさみ当時米国では開戦手続きを規定したる一九〇七年のハーグ条約に照らし帝国政府の開戦を違法とか背信とか称せる非難の論が一部の間に唱えられたようであるが、それは問題とするに価値なきものである。なるほど該条約には、日米英三国ともに批准国であるから、技術的に論ぜば右の開戦手続きは該条約の規定に抵触すと言えぬでもない。しかしながらおよそ戦争は仮に右に抵触するところ有りたればとてその法的の成立を毫も妨げるものではない。もともと該条約の規定は調印国に向かって敵対行動の開始に関する手続き上の義務を課したものであるけれども、あえてこれを開始する能力すなわちいわゆる交戦権に制限を加えたものではない。故にたとえ本条約上の義務を欠けばとて交戦権を行使せんとすれば為し得ざるに非ずで、したがって手続きは違法なりとするも戦いそのものは成立するのである。戦いを構成する要件は別にありて、開戦の手続きという形式の有無ではない。……国際法則は現実の事態の要求と一致するように律定せねばならぬ。この意味において該ハーグ条約には、その時代錯誤たるの故に必然更正を加うるの要あることとすでに述べたごとくである。あるいは該条約規定の開戦の手続きのごときは、今日はもはや拘束力無きものと論じ得ぬでもあるまい。いずれにしても今日、該条約の規定に拘泥して開戦手続きの当否を云為するがごとき、それは事態の変遷を弁知せざる迂儒《うじゅ》の管見たるを免れない。

日本の無通告開戦はハーグ条約違反だと米国は非難した。これに言い訳ができないので、信夫はハーグ条約に違反して無通告で敵対行為によって開戦しても、日本が始めた戦争は国際法上の合法な戦争だから、米国の非難など問題にする価値は無いと問題点をすり替えたあげく、ハーグ条約が規定している開戦の手続きは、現実の実態と一致しない、今や時代遅れだから、今日では拘束力がないと言ってもよい、そんな規定に拘泥し開戦の違法性をとやかくいうのは、「時代の変遷に無知な、ろくでもない学者の屁理屈だ」と盗人猛々しい暴論を展開したのである。

ただし信夫も野村・来栖両大使がハル国務長官に手交した「対米通牒(覚書)」が最後通牒だとは一語も言ってない。信夫が取り上げないのは、「対米通牒(覚書)」は開戦に関するハーグ条約で規定した最後通牒としての要件を備えていないからである。

立作太郎は、「国際法上、戦争開始の効果を生ずる宣戦は、一方の国から対手国に対する国際的な意思表示であって、一方の交戦国が国内において人民に対して発する戦争開始の布告は、国際法上の戦争状態を開始する効果を有するとは言えない。開戦に関するハーグ条約が規定している開戦宣言は、一方の国より対手国に対する国際的な意思表示でなくてはならないことに注意を要する」と述べている。

そうなると天皇が渙発した「詔書」(「宣戦の大詔」)は、米国・英国に対する国際的な意思表示としての文書かどうかが問題となる。天皇が「汝有衆=日本国民」に対して、朕(天皇の自称)は米国及び英国と戦争を開始したことを布告する「詔書」は、ハーグ条約が規定した宣戦布告ではない。米国が疑惑の念を抱き、違法だ背信だ騙し討ちだと日本を非難するのは当然である。

## 2 「大東亜戦争」――「大東亜圏」における連合国対枢軸国の戦争

戦争の目的を達成するために、交戦国は予め作戦を立て準備をする。開戦前の一九四一年一一月五日、天皇は大元帥として、陸、海軍に次のような作戦を命令した。

**南方作戦**（寺内南方軍総司令官に対する杉山参謀総長の奉勅命令）

**作戦目的**　東亜における米国、英国次で蘭国の主要なる根拠地を覆滅し、南方の要域を占領確保するに在り。本作戦により占領を企図する領域は、フィリピン、グアム島、香港、英領マレー、ビルマ、ジャワ、スマトラ、ボルネオ、セレベス、ビスマルク群島、蘭領チモール等とす。

**作戦方針**　陸海軍緊密なる協同の下にフィリピン及び英領マレーに同時に作戦を開始し、勉めて短期間に作戦目的を完遂す。

**作戦指導要領**

(イ) マレーに対する先遣兵団の上陸と、フィリピンに対する空襲とをもって作戦を開始し、続いて航空作戦の成果を利用し、主力をもってまずフィリピンに、次でマレーに上陸せしめ、速かにフィリピン及びマレーを攻略す。
別に作戦の初期グアム島、香港、英領ボルネオの要地を占領し、またタイ国及びインドシナの安定を確保す。

以上の間なるべく速かにビスマルク群島、蘭領ボルネオ、セレベス等の要地を、次でマレー作戦の進捗に伴い、南部スマトラの要地を占領し、ジャワに対する作戦を準備すると共に資源要域を確保す、モルッカ群島及びチモールの要域を占領す。

(ロ) 対ジャワ航空基地の整備に伴い、敵航空勢力を制圧し、ジャワを攻略す。またシンガポール占領後適時北部スマトラの要域を占領す。

(ハ) 以上の作戦中、米国主力艦隊の行動に応じ、連合艦隊が邀撃《ようげき》配備に転換する場合、或いはソ国の参戦等あるも、フィリピン及びマレー作戦は継続遂行し、なし得る限り速かに既定作戦目的の完遂を図るものとす。

(ニ) 以上の間機を見て南部ビルマの航空基地等を奪取し、なお作戦概ね一段落し状況これを許す限り、ビルマ処理のための作戦を実施す。

海軍軍令部総長永野修身は「**大海令第一号**」を山本五十六連合艦隊司令長官に命令し、一二月上旬、開戦に向けて諸般の作戦準備を完整するため、所要の作戦準備を実施するように命令した。開戦直前の一二月一日、「大海令第九号」は山本連合艦隊司令長官に次のように命令した。

一、帝国は一二月上旬を期し、米国、英国及び蘭国に対し開戦するに決す。

二、連合艦隊司令長官は、在東洋方面敵艦隊及び航空兵力を撃滅すると共に、敵艦隊来航せばこれを邀撃撃滅すべし。
三、連合艦隊司令長官は南方軍総司令官と協同して速かに東亜における米国、英国次で蘭国の主要根拠地を攻略し、南方要域を占領確保すべし。
四、連合艦隊司令長官は所要に応じ、支那方面艦隊の作戦に協力すべし。
五、前諸項による武力発動の時機は後令す。
六、細項に関しては軍令部総長をしてこれを指示せしむ。

開戦後、陸海軍は共同して「南方作戦」の目的を達成するために努力し、目覚ましい戦果を挙げたが、一方、対日戦を覚悟していた米英も開戦前に参謀会議を開き、開戦の暁には太平洋地域の防禦要点をどう確保するか、その具体的方策等について検討した。そこでシンガポールをめぐり米英間の見解が対立した。英国にとってシンガポール軍港はマレー半島と大英帝国の防衛の拠点だった。シンガポールを失えばインド洋より濠州、ニュージーランドに至る交通線(これは英国の生命線だった)は切断される。そこで英国は米国太平洋艦隊を南シナ海・マラッカ海峡に分遣してシンガポールを防衛させるべきだと主張した。

しかし米国は太平洋艦隊の分遣には反対だった。日本が南部仏印の飛行場を占拠して、シンガポールを爆撃圏内に入れたら、もはや防衛できない。フィリピン方面の太平洋艦隊を分遣して英国東洋艦隊を支援させても、ただ単に日本海軍に対して米国海軍を各個に撃破させる機会を提供するだけだ。したがって米国は太平洋艦隊を分遣しないで、そのまま完全に保持することが、戦略上根本的に重要だと主張した。こうした経緯があり、結局太平洋方面は米国太平洋艦隊が単独で責任を負うことになった。

米英蘭は、日本が蘭印の石油を狙っていることを承知していた。米英蘭は共同して作戦会議を開き、蘭印の防衛措置を検討した。日本は南部仏印に進駐した後、さらに南進を継続するとすれば、次はどこを攻撃するだろうかが問題となった。日本の攻撃は必至で止めることはできないと予測したが、ターゲットを絞れなかった。英国は既に二年近くも欧州で戦争をしていたので、兵力に余力がなかった。英国に本国政府が亡命中のオランダ・蘭印軍は弱体化していた。米国も参戦を覚悟はしていたが、議会には参戦反対派も多く、戦争のために必要な準備はできていなかった。

米英蘭三国は共同陣営を組んではいたが、各国の事情と国益は必ずしも一致していなかった。それでも三国とも、日本軍には同時多発攻撃をする能力はない、ただ一カ所しか攻撃できないと思いこんでいた。これが日本軍を侮り、油断する原因となった。

日本軍は予想を裏切って一二月八日未明から一〇日にかけて、フィリピン、香港、英領ボルネオ、マレー半島、グアム島等を攻撃、上陸した。

一、八日早朝から天津租界、上海共同租界、沙面英国租界に進駐し、敵性権益を接収した。
一、八日未明、ハワイ奇襲とほぼ同時に香港攻撃を開始した。
一、英領マレー方面、八日未明マレー半島に奇襲上陸作戦を敢行した。
一、八日午後、タイ国は日本軍のタイ国通過を認め、タイ国に平和的に進駐した。
一、フィリピン、八日航空機及び主要飛行場を急襲、一〇日未明に上陸。
一、グアム島、一〇日未明に上陸、一二日占領。
一、英領ボルネオ、一六日未明に敵前上陸。

一二月一〇日仏領インドシナのサイゴンその他飛行場から出撃した日本の爆撃機は、英国東洋艦隊のプリンス・オブ・ウェールズとレパルスを攻撃して撃沈した。主を無くしたシンガポール軍港はその役割を失った。日本軍はタイを抑えたので、次のフィリピン、ビルマ、蘭印攻略が容易になった。

一一月初旬以来、日本軍は英領マレー半島上陸作戦の準備を整えていた。一二月八日、真珠湾を奇襲する以前、午前一時四〇分、コタバルに奇襲上陸した。この上陸作戦を成功させるには、輸送船(兵員や武器弾薬などの軍事物資搭載)の安全確保と、上陸地点の英軍の地上兵力を撃滅しておくことが必要だった。つまり日本軍の緒戦の水陸両作戦を成功させるために、制海権と制空権を予め獲得しておく必要があった。事前に最後通牒など出したら、無事に上陸できるかどうか危うくなる。それで日本は英国に対しては最後通牒も宣戦布告もなしに、無通告で奇襲攻撃をかけて開戦したのである。

連合艦隊司令長官山本五十六は、米国のマハン提督に私淑していた。米国海軍の戦略家・海軍史家として著名なアルフレッド・セイヤー・マハン提督は、制海権の重要性を説き、制海権の獲得又は制海権を利用する作戦は、艦隊の撃破を先決とするという戦略理論をたてた。山本五十六はマハンの戦略理論を実践し、米国太平洋艦隊の根拠地真珠湾を先制攻撃し制海権を奪った。真珠湾軍港に碇泊していた艦隊に損害を与えたことで、日本軍は緒戦の作戦を有利に順調に進めることができた。

南方作戦の成否の鍵を握る真珠湾奇襲は見事に成功したが、その成果には問題があった。オワフ島の陸上施設にほとんど被害がなく、石油タンク、修理工場などは無傷だった。また高速航空母艦が任務を帯びて出港中だったので危難を免れた。キンメル海軍大将麾下の諸艦隊が無事だったことは、米太平洋艦隊にとって不幸中の幸いだった。

真珠湾を奇襲されると、ただちに米英は日本に宣戦布告をした。米国が日本に宣戦布告をすると、独伊は三国同盟条約によって、一二月一一日、米国に宣戦布告をし、米国も独伊に宣戦した。これで米国は一洋作戦にも不足する海軍で、大西洋と太平洋の両洋で戦うことになり、独立以来の危機に瀕した。けれども真珠湾の騙し討ちは、米国国民を奮起させた。それまでの孤立主義を一掃し、米国は事実上挙国一致で参戦することになった。

一二月一二日、情報局は「今次対米英戦争に支那事変を含めて大東亜戦争と呼称することに決定した」と発表した。つまりこの時点から、日本のかかわるすべての戦争が「大東亜戦争」になったのである。これを戦後「太平洋戦争」と呼称するようになるのは、日本の敗戦後の米国の占領軍命令によるものであった。

太平洋戦争が勃発すると、関係各国は一斉にその立場を明らかにした。一九四二年一月一日、ワシントンで「連合国共同宣言」に米・英・ソ連・オランダ・中国(重慶政府)・オーストラリア・ベルギー・ニュージーランド・中南米諸国等二六カ国が署名した。署名国は「大西洋憲章—英米共同宣言」(一九四一年八月)に賛意を表し、次のように宣言した。

一、各政府は、三国条約の締約国及びその条約の加入国でその政府が戦争を行っているものに対し、その政府の軍事的又は経済的な全部の資源を使用することを誓約する。

二、各政府は、この宣言の署名国政府と協力すること及び敵国と単独の休戦又は講和を行わないことを誓約する。

これで交戦国は連合国と枢軸国に分かれた。いずれの連合国も単独で休戦や講和を行わないと日独伊三国同盟国側に宣言した。一月三日、蘭印に米英蘭濠連合部隊の司令部を設置した。

実は開戦以上に難しいのが、どうやって戦争を終結させるかである。日華事変から四年以上が過ぎても日本は終結の目途さえつけられなかった。その日本軍は太平洋戦争を始めるにあたって次のように戦争の終末を予定した。

**対米英蘭蔣戦争終末促進に関する腹案**(昭和一六年一一月一五日・大本営政府連絡会議決定)

**方針**

一、速に極東における米英蘭の根拠を覆滅して自存自衛を確立すると共に、さらに積極的措置により蔣政権の屈服を促進し、独伊と提携してまず英の屈服を図り、米の継戦意志を喪失せしむるに勉む。

二、極力戦争対手の拡大を防止し第三国の利導に勉む。

**要領**

一、帝国は迅速なる武力戦を遂行し東亜及び南西太平洋における米英蘭の根拠を覆滅し、戦略上優位の態勢を確立すると共に、重要資源地域並びに主要交通線を確保して、長期自給自足の態勢を整う。あらゆる手段を尽して適時米海軍主力を誘致しこれを撃滅するに勉む。

日本は戦争の初期の作戦を「第一段作戦」と名付け、これを成功させるために、邪魔な米国太平洋艦隊をたたくことを目的とし、真珠湾の獲得を目標としなかった。戦略上、開戦と同時に米国太平洋艦隊を真珠湾軍港内で壊滅させ、それから本腰を入れて蘭印その他の南方資源地帯を獲得する。石油、ゴム等の天然資源や戦略的物資が豊富で、しかも人口が多い島嶼を手中に収めれば、日本は東亜を支配し八紘一宇を顕現して、遂には世界を支配することも可能だと思った。日本軍は獲得した占領地域を強化して、その周囲に防衛線を張り占領地域を守り抜く。やがて米英両国はゴム、錫、タングステン等の戦略物資を得るために日本に和平交渉を申し入れて、日本が征服した新領土を保持することを認めざるを得なくなるはずだと期待した。

日本側と連合国側の、以下の広大な地域領域が、太平洋戦争の交戦区域になった。日本、千島列島、南樺太、関東州、朝鮮、台湾、満洲帝国、タイ、ビルマ、香港、マレー半島、フィリピン、ハワイ、ミッドウェー島、ウェーク島、グアム島、セレベス島、ジャワ島、ボルネオ島、ソロモン諸島、ビスマルク群島等、仏印、ニューカレドニア。その他委任統治中の南洋群島、米領島嶼、ニューギニア等に、東経一三〇度の線までに散在する西太平洋島嶼を加えた領域。

日本はこの広大な区域を「大東亜圏」と称した。そしてさらにインド、オーストラリア、アリューシャン列島、シベリア等を大東亜圏の外廓圏と位置づけた。大東亜戦争の交戦区域は、大陸と海洋と島嶼を合わせ、東西約九〇〇〇キロ、南北約八〇〇〇キロ、陸地面積約一四〇〇万平方キロ、その人口はおよそ七億人に達した。つまり日本はアジアと太平洋の七億の人々を戦争に巻き込んだのである。しかも日本は一国で広大な交戦区域で戦うことになった。まさに神武天皇建国以来の最大の危機だった。

## 3 日本軍、緒戦の勝利

ここで、また国民学校教科書『初等科国史 下』をみよう。

昭和十六年十二月八日、しのびにしのんで来たわが国は、決然としてたちあがりました。忠誠無比の皇軍は、陸海ともどもに、ハワイ・マライ・フィリピンをめざして、一せいに進攻を開始しました。勇ましい海の荒鷲〔海軍航空部隊〕が、御国《みくに》の命を翼にかけて、やにわに真珠湾をおそいました。水《み》づく屍《かばね》と覚悟をきめた特別攻撃隊も、敵艦めがけてせまりました。空と海からする、わが猛烈な攻撃は、米国太平洋艦隊の主力を、もののみごとに撃滅しました。この日、米・英に対する宣戦の大詔がくだり、一億の心は、打って一丸となりました。二重橋のほとり、玉砂利にぬかづく民草の目は、決然たるかがやきを見せました。

ほとんど同時に、英国の東洋艦隊は、マライ沖のもくずと消え、続いて、かれが、百年の間、東亜侵略の出城とした香港も、草むす屍とふるいたつわが皇軍の精鋭によって、たちまち攻略されました。昭和十七年を迎えて、皇軍は、まずマニラを抜き、また破竹の進撃は、マライ半島の密林をしのいで、早くも二月十五日、英国の

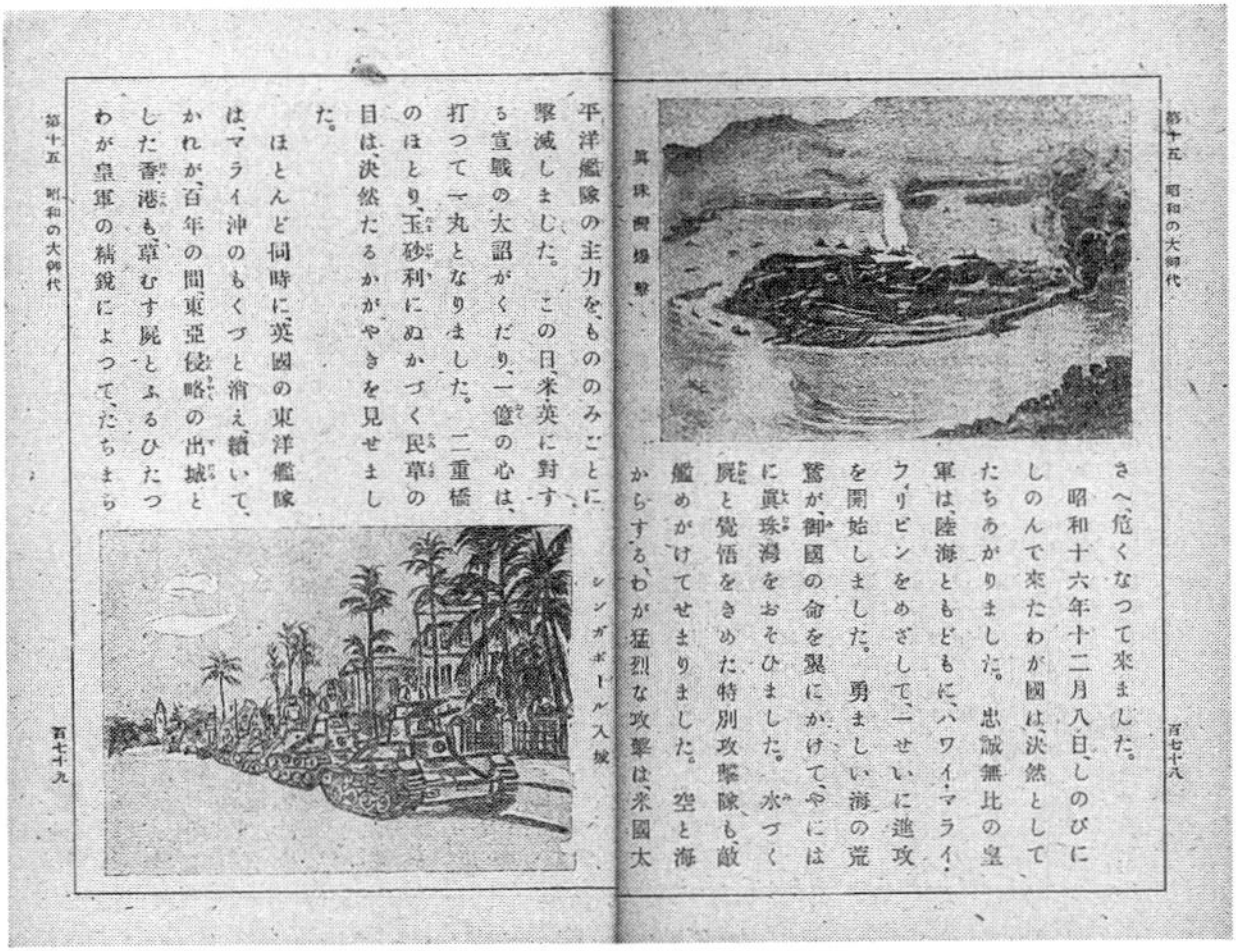
第十五　昭和の大御代

さへ危くなつて來ました。
　昭和十六年十二月八日、しのびにしのんで來たわが國は、決然としてたちあがりました。忠誠無比の皇軍は陸海ともどもに、ハワイ・マライ・フィリピンをめざして、一せいに進攻を開始しました。勇ましい海の荒鷲が、御國の命を翼にかけて、やには眞珠灣をおそひました。水づく屍と覺悟をきめた特別攻撃隊も、敵艦めがけてせまりました。空と海からする、わが猛烈な攻撃は、米國太

眞珠灣爆撃

百七十八

第十五　昭和の大御代

平洋艦隊の主力を、もののみごとに撃滅しました。この日、米・英に對する宣戰の大詔がくだり、一億の心は、打つて一丸となりました。二重橋のほとり、玉砂利にぬかづく民草の目は、決然たるかがやきを見せました。
　ほとんど同時に、英國の東洋艦隊は、マライ沖のもくづと消え續いて、かれが、百年の間東亞侵略の出城とした香港も、草むす屍とふるひたつわが皇軍の精鋭によつて、たちまち

シンガポール入城

百七十九

国民学校教科書『初等科国史　下』

本陣、難攻不落をほこるシンガポールを攻略しました。その後、月を重ねて、蘭印を屈服させ、ビルマを平定し、コレヒドール島の攻略がなり、戦果はますます拡大されました。相つぐ大小の海戦に、撃ち沈められた敵の艦船は、おびただしい数にのぼっています。しかも、細戈千足《くわしほこちたる》の国〔精巧な武器を充分備えた国〕のますらおは、西に遠くマダガスカルの英艦をおそい、北ははるかに米領アリューシャン列島を突いて、世界の国々をあっといわせました。

とあるように、日本軍は開戦からほぼ四カ月、まさに破竹の進撃で、先

の「作戦指導要領」の(イ)から(ニ)までの項目すべてを実行した。その間、マレーやマニラで援蔣華僑の虐殺まで行った。

一九四二年一月一一日、日本軍は蘭印のオランダ軍と戦闘を開始した。セレベス島北部のメナド及びバリックパパン、パレンバン、スマトラ島の各地を占領した。

三月一日、第一六軍はジャワ島に上陸し、あっと言う間にスラバヤ、バタビア等の各地を占領した。三月九日、戦意を失った米英蘭濠の四カ国連合軍は降伏し、第一六軍は陸軍記念日の三月一〇日にバンドンに入城した。

日本軍は英領ボルネオ、蘭印の油田地帯も占領したが、蘭印側は「焦土作戦」をとって、占領前にすべての石油精製施設を徹底的に破壊して、日本軍が利用できないようにした。破壊された施設を復旧して採油精製するのに三年から五年を要するほどだったという説と、六カ月程度で復旧できたという説がある。しかし、実際に蘭印の石油精製施設が復旧したかどうかの確かな記録はない。恐らくだめだったのだろう。

一九四二年一月二日、日本軍はマニラを占領した。二月二二日、極東米陸軍司令官マッカーサーは、司令部をオーストラリアへ移すことを決定した。バターン半島とコレヒドールの戦況が悪化すると、マッカーサーはコレヒドールを脱出して、三月一七日、オーストラリアに脱出した。この時マッカーサーは「アイ・シャル・リターン(私は必ず帰る)」の名セリフを残した。日本軍は激戦の末、五月五日、コレヒドール島に敵前上陸を敢行した。五月七日、日本軍がコレヒドール要塞を攻略すると、ウエーンライト中将は日本軍に無条件降伏を申し入れ、遂にアメリカ東亜軍は全面的に降伏した。ウエーンライト中将はラジオを通じて無条件降伏したことを放送し、ミンダナオ島、北部ルソン島の米軍に命令を伝達して無条件降伏させた。

フィリピンのコレヒドールで米軍が追いつめられて無条件降伏しようとしている時、南の珊瑚海で連合国軍が反撃と前進の第一歩を踏み出した。

## 4　米軍、早くも反攻——珊瑚海海戦、ミッドウェー海戦

戦争の第一段の南方作戦は、計画通りに遂行され最初の予定通りに占領を完了した。次の第二段に入るにつれて、戦争を有利な終結に向けるために、どのような作戦をいかに遂行すべきかが問題になった。大本営は「対米英蘭蔣戦争終末促進に関する腹案」を決定していたが、その具体的方策は未定であった。そのため開戦後の戦局に伴って、急遽今後の戦争指導の大綱の再検討を迫られた。いつも最初の一発は効果的にガツンと叩くが後が続かないというのが、日本軍の欠点でもあった。あわてて大本営政府連絡会議は、「今後採るべき戦争指導の大綱」を定め、三月一三日、天皇の裁可を得て、やっと第二段作戦の作戦指導ができた。大本営海軍部は、反撃の機会を狙う米空母による一連

の作戦等を考慮して、第二段作戦で米空母部隊を撃滅し、有利な講和を米国にのませるための攻勢を行うという方針を固めた。四月一五日(推定)、天皇は「**大東亜戦争第二段作戦　帝国海軍作戦計画**」を裁可した。

第二段作戦の目的は、「太平洋、インド洋にある敵の艦隊並びに航空兵力を撃滅すると共に、更に所要の戦略的要点を獲得し、帝国不敗の戦略的態勢を強化確立し、もって英国を屈服し、米国の戦意を破摧すること」だった。この第二段作戦の主なものは五月「MO作戦」、六月「ミッドウェー攻略作戦」、七月「フィジー・サモア・ニューカレドニア攻略作戦」だった。短期間に作戦を実施して一気に米英を追いつめようとした。

第二段作戦を決定した直後の四月一八日、空母「ホーネット」を基幹とするドゥーリトル隊B25機が日本本土を初空襲した。米軍機がやすやすと東京に侵入して空襲したことに大本営は非常な衝撃を受けたことは事実であるが、それでミッドウェー作戦を計画したという説は誤りである。

山本連合艦隊司令長官は、米国の戦意を破摧するために米太平洋艦隊の交通線を遮断する作戦を考えた。米海軍は太平洋上に次の三本の洋上交通線を持っていた。

① 太平洋の北部　北米のアラスカ→ダッチハーバー→アリューシャン列島→千島列島

② 太平洋の中央部　サンフランシスコからフィリピンのマニラを結ぶ線。この直

線上にハワイ↓ミッドウェー島↓ウェーク島↓グアム島↓マニラがある

③　太平洋の南部　ハワイ↓米領サモア↓フィジー諸島↓ニューヘブリデス島↓ニューカレドニア島↓ソロモン諸島の南を進んで珊瑚海に入り↓ニューギニアの東のポートモレスビーとオーストラリアの間のアラフラ海を抜けてオーストラリアのダーウィンに至る線

この三本の交通線上の基地を確保占領して交通線を遮断することは、太平洋艦隊の艦隊並びに航空兵力を撃滅すると共に戦略的要点を獲得することになる。その結果、米軍の反攻の足がかりをつぶし、第一段作戦「南方作戦」で獲得した戦果を守れる。

**「MO作戦」―珊瑚海海戦**

「MO作戦」は、交通線の③の珊瑚海から連合軍の基地があるポートモレスビー間の交通線を遮断する作戦だった。日本軍は開戦と同時に、②のサンフランシスコからフィリピンのマニラを結ぶ線にあるハワイを奇襲し、続いてグアム島を攻撃した。ウェーク島(海兵隊が航空機と潜水艦の基地を建設中だった)では猛烈な抵抗にあったが、一二月二三日に完全占領した。一九四二(昭和一七)年一月二二日、日本軍はウェーク島を「大鳥島」と改名した。

大本営が作戦の第二段の方針を決定すると、ソロモン南部と東ニューギニアのポートモレスビーを攻略して、航空基地を確保し、オーストラリア方面への進出を図るための作戦をたてた。四月中旬、連合艦隊司令長官は、MO作戦(ツラギ島、ポートモレスビー、ナウル島、オーシャン島攻略戦の名称)を命令した。

五月三日、MO攻略部隊は、ソロモン諸島のガダルカナル島のすぐ北にある小さな島ツラギを奇襲して占領した。ツラギはソロモン諸島の首都で、米海軍の水上機基地のある要衝だった。ここを日本軍が抑えたら、珊瑚海とその沿岸の制海権・制空権を獲得することができ、米国とオーストラリアの補給線を遮断できる。それによってMO作戦の目的であるポートモレスビー攻略も容易になるはずだった。

ツラギは第二段作戦を実施する上で、極めて重要な進攻拠点だった。もちろん米国にとってもツラギは重要な防衛拠点だった。志摩少将麾下のツラギ攻略隊は、五藤少将麾下の攻略支援隊、丸茂少将麾下の掩護隊に支援されて、無血上陸した。だが翌四日、米機動部隊の空襲を受け日本側小艦艇にかなりの被害がでた。

日本軍がツラギに無血上陸した時、米国太平洋艦隊の第一七機動部隊(指揮官、海軍少将フレッチャー)の軍艦は珊瑚海上で洋上給油を受け、遊弋《ゆうよく》(待機)していた。

五月三日一九時、フレッチャーはマッカーサー陸軍大将からの情報電報を受け取った。それは、濠州基地から発進した米偵察機が、ツラギ沖で軍隊を揚陸中の日本軍の輸送船二隻と、日本軍艦五、六隻を確認したというものであった。フレッチャーは今こそ反撃のチャンスだと決心した。

五月四日、航空母艦「ヨークタウン」の搭載機は日本のツラギ攻略隊を奇襲した。日本軍は緒戦で蘭印を始め幾多の島嶼を安易に征服した。その成功に馴れていて、一度ツラギを占領したら、米軍はもう反撃してこないだろうと思いこんでいた。だからツラギ攻略作戦を支援した支援隊や掩護隊は、ツラギが確保されるとすぐ後退していった。皮肉なことにその後でツラギ攻略隊が空襲されたのである。

コレヒドール島が陥落し、フィリピンの米軍が無条件降伏に追い込まれる中で、ツラギ攻略は五月五日から六日にかけて珊瑚海海戦に移行した。

七日、ラバウルを出航したポートモレスビー攻略隊は、敵の攻撃圏内に入った。そこでMO攻略部隊は全力を挙げて敵艦隊の撃滅を命じられ、珊瑚海海戦が始まった。この海戦は、米太平洋艦隊第一七機動部隊の航空母艦「ヨークタウン」「レキシントン」の搭載機と日本のMO(「茂」)攻略部隊(指揮官、海軍中将井上成美)の航空母艦「瑞鶴」「翔鶴」「祥鳳」が搭載する航空機の戦闘で、史上初の航空母艦搭載機の航空戦だった。日米両軍の兵力はほぼ同等だった。米軍は航空母艦戦の戦術演習等の訓練は全くやっていなかった。それがいきなり本番で初めて日本海軍の大型航空母艦に対して攻撃をかけたのである。

日米両軍の艦艇は直接交戦することなく、双方の搭載機が相手の航空母艦や軍艦を爆撃して損害を与えた。悪天候の中で敵艦の姿をろくに見ないまま、日米両軍は手探り状態で攻撃した。七日小型空母「祥鳳」が敵艦載機約五〇の先制空襲を受けて沈没した。八日九時頃から始まった戦闘で、日米双方の索敵機はほぼ同時に機動部隊を発見した。日本機は空母「レキシントン」に大損害を与え自沈させ、空母「ヨークタウン」を大破させた。米軍機は「翔鶴」を大破させた。この珊瑚海海戦は無我夢中のうちに進行し、八日一一時四〇分頃には終わったといわれている。

ラバウルで珊瑚海海戦の戦闘を知った井上成美中将は、作戦続行不能と判断して、全艦隊に珊瑚海から北方に引きあげるように命令した。また五月一〇日、井上中将はポートモレスビー攻略作戦を七月三日まで延期すると決定した。

珊瑚海海戦で日米ともに航空母艦一隻ずつと護衛駆逐艦一隻ずつを失った。航空機の損害もほぼ同数であったが、艦船や航空機の増産能力の差からみれば、日本軍の痛手の方がはるかに大きかった。また偶然とはいえ、初めて日本海軍と決戦して大型艦を沈め、日本軍の進撃を止めて珊瑚海から撤退させたことで、米軍の意気は大いに上がった。フィリピンでコレヒドール島が日本軍に占領された時、太平洋艦隊は偶然訪れた反撃のチャンスを珊瑚海でつかんだ。大本営は、珊瑚海で敗戦への第一歩を踏み出したとは想像もしなかった。

**ミッドウェー海戦**(六月五日から七日)

大本営海軍部は一九四二年五月五日、「大海令第一八号」によってミッドウェー攻略作戦(AF)及びアリューシャン攻略作戦(AO)を発令した。連合艦隊司令長官山本五十六は陸軍と協力しミッドウェー及びアリューシャン列島西部の要地を攻略することにした。

この作戦が成功すると、新しい外廓防衛圏(キスカ島、ミッドウェー島、ウェーク島、マーシャル島、ギルバート島、ガダルカナル島、ポートモレスビーを結ぶ線)を完成できる。山本司令長官は、米国との講和のきっかけとなるような決戦を自ら演出し、ミッドウェー島の攻略とアリューシャン列島西部の攻略を計画したのである。

ミッドウェー島は、ハワイ群島を守る軍事拠点だった。島の面積はウェーク島よりも小さいが、海底電信通信基地、海軍航空基地で太平洋艦隊直属の守備隊を置いていた。大きな水上機格納庫、油槽その他多数の軍事施設があった。また陸上機用の五三〇〇フィートの滑走路もイースタン島に完成していた。米国潜水艦に対する重要な前進給油地点であり、これらの潜水艦は日本近海を航行する日本船舶を悩ますようになっていた。

山本司令長官の見解では、ミッドウェー島攻略の目的は、ニミッツ海軍大将率いる太平洋艦隊を決戦の場に誘いだすことだった。山本司令長官は一九四二年中に太平洋艦隊を壊滅させなければ、太平洋戦争に勝てないと覚悟していた。だからこそ米国が絶対に見捨てられない要地を奪わなくてはならない。それにはミッドウェー島が最適だった。もしミッドウェー島を占領すれば、一層広範囲にわたって哨戒警備にあたることが可能になり、防衛態勢を強化できる。

山本司令長官はミッドウェー海戦に賭けるべく、海軍の全兵力を動員して作戦を練った。六月三日、ミッドウェー攻撃の前日にアリューシャン列島に攻撃を加え、アッツ島、キスカ島に上陸させ、太平洋艦隊の指揮を混乱させ、アリューシャン方面へ向けておびき出し、連合艦隊はこれを捕捉して殲滅する。六月四日、優勢な航空母艦部隊はミッドウェーに爆撃を加え、同島の飛行場を破壊し防禦力を減殺してから上陸作戦を敢行する。五日、南西から近接する攻略部隊は、約五〇〇〇名の兵力を揚陸して、ミッドウェーを占領する――という計画だった。

日本航空母艦隊の戦闘機は六月五日早朝、ミッドウェー基地を攻撃した。発電所、燃料タンクが炎上、格納庫を破壊した。米軍も反撃したが、基地は完全に破壊された。けれども航空母艦戦では空母四隻「赤城」「加賀」「蒼龍」「飛龍」が次々に爆撃を受け戦闘不能になり沈没した。七日までの間に、日本は四隻の空母と一隻の重巡洋艦「三隈」を失い、三五〇〇名が戦死した。その内の一〇〇名は第一級の熟練パイロットで、これが日本軍の致命的な痛手になった。

ミッドウェー島の海空戦は、日本の近代海軍に加えられた最初の最も破壊的な敗北だった。ミッドウェー作戦についても、多くの戦記図書で書かれているように、米軍は連合艦隊の作戦暗号を解読していたので、日本軍の誘導作戦に乗らず、逆に手ぐすね引いて、日本軍の来襲を待ち構えていた。

ミッドウェー、アリューシャン同時攻略作戦は兵力を二分した。本来なら全総力を挙げて総攻撃すべき時に兵力を集中できなかった。日本が得意とする奇襲攻撃の神通力が消え、作戦行動を読まれた日本軍が逆に奇襲を受ける結果になった。日本軍は艦隊兵力では圧倒的に優勢だったが、ミッドウェー海戦ではその兵力を発揮する機会に恵まれないまま海戦は終わった。

| 喪失 | 日本側 | 米国側 |
|---|---|---|
| 航空母艦 | 四 | 一 |
| 巡洋艦・甲 | 一 | ― |
| 駆逐艦 | ― | 一 |
| 航空機 | 二五〇機 | 一五〇機 |
| 戦死者 | 三五〇〇名 | 三〇七名 |

以上がミッドウェー海戦の結果とされているが、空母四隻が沈没し搭載機全機もまた失った。それに定数外を加えると二八五機を失ったとも言われている。米軍は珊瑚海海戦に続いてミッドウェー海戦でも日本軍を退却させた。そしてこの時から大本営海軍部の発表は怪しくなった。しばらくは大本営陸軍部にさえ、ミッドウェー海戦の真相を隠していたくらいだった。国民の戦意喪失を恐れた大本営は、架空の戦果を作文したり損

害を過小評価したでたらめな情報を流すようになった。「大本営発表」が「でたらめ情報」の異名になる出発点でもあった。

一九四二年五月の珊瑚海海戦は、一応は引き分けだった。六月にミッドウェー海戦で日本海軍始まって以来の大敗北を喫し、七月のガダルカナル島戦で陸海軍共に挽回不能な所まで追いつめられ、五月から七月にかけてのわずかな期間に、優勢から劣勢に転落した。

## 5　凄惨なガダルカナル島争奪戦

ガダルカナル島はソロモン諸島の南端にあり、地図でみるとツラギのすぐ南にある。島の南岸は狭い平地から急に山地に変わる。島の北側には飛行場を建設できる広さの平地があった。

一九四二年七月一日、日本軍はガダルカナル島に警備の陸戦隊員と航空隊四〇〇名及び二五〇〇名の労働者を揚陸し、島の北側に飛行場の建設を開始した。この飛行場は長さ八〇〇メートル、幅六〇メートルという、偵察機・戦闘機用の滑走路であった。ポートモレスビー攻略作戦が中止になったので、代わりにガダルカナル島を哨戒基地にする計画をたてたのである。飛行場は八月五日に完成した。今日のような建設機械や資材はなく、すべて人力でほぼ一カ月で飛行場を完成させたというから、相当きつい作業だったろうと想像はつく。

当時のガダルカナル島には一万五〇〇〇人の島民が住んでいた。日本海軍の警備隊はガダルカナル島に上陸し占領すると、全島住民を対象に一四歳以上五〇歳未満の男子に三〇日間、一日一〇時間の強制労務を課した。賃金は払ったがお話にならないわずかな額だった。島民は飛行場が完成すると、日本軍から離れた場所へ避難したという（朝日新聞名古屋社会部『戦争の時代50年目の記憶〈上〉』一九九五年）。島民たちは日本人を嫌って、後に米軍側へ避難し、米軍側に積極的に協力するようになった。恐らく日本軍に、島民の反発を買うような乱暴な行為があったのだろう。戦史や戦闘記録はきちんと残っている場合が多いけれども、戦争にまきこまれた現地の人々の声や暮らしや被害を記録している出版物は少ないのが現実である。ガダルカナル島はあたかも無人島であったかのような印象を与えて日本軍の戦闘を詳細に記録しているが、島民の見守る中で激戦が行われたのが実情だった。

日本軍がやっと飛行場を完成させると、その翌々日、つまり開戦から八カ月後の八月七日、米海兵師団一万一〇〇〇名がガダルカナルを、約六〇〇〇名がツラギ島を奇襲し上陸した。完璧な奇襲作戦で、最初の上陸には、日本軍の抵抗を受けなかった。米軍はツラギ、ガダルカナルを奪回し、日本の作戦を失敗させる。ガダルカナル島の飛行場はヘンダーソン飛行場となり、そこから島嶼を飛石を伝うようにして北上し、日本軍の根拠を潰しながら、日本本土を攻撃する作戦をたてた。米軍はガダルカナル島から反攻作戦を開始し勝利をめざすのに対して、日本軍はガダルカナル島を奪われたら第二段作戦は完全に失敗で、勝利への望みは限りなくゼロになる。

八月七日の米軍の初奇襲から約半年にわたり、ガダルカナル島で「地獄の血戦」と呼ばれる争奪戦が展開された。米軍は約七万の兵力を送りこみ、約二〇〇〇名の戦死者を出した。これに対して日本軍は逐次増派で三万六〇〇〇名の兵力を送りこんだが、日本軍にとって敵は米軍だけではなく、マラリア、風土病の熱病、飢餓で二万五〇〇〇名の戦病死者を出した。ガダルカナル島戦の戦況の経過については、次の年表で見ていただきたい。

一九四二年＝昭和一七年

八月　七日　米軍(二万名)、ガダルカナル島及びツラギ島に上陸

八月　八日　第一次ソロモン海戦

八月一三日　大本営、第一七軍にガダルカナル島の奪回を命令

八月一八日　一木支隊、ガダルカナル島に上陸(隊長一木清直大佐は盧溝橋事件の大隊長であった)

八月一八日　東部ニューギニアの北岸のブナに南海支隊上陸。オーエンスタンレー

山系越えで南岸のポートモレスビー攻略を企図
八月二一日　ガダルカナル島で一木支隊潰滅、一木支隊長自決
八月二四日　第二次ソロモン海戦
八月末(不明)　ガダルカナル島に川口支隊(主力五五五〇名、別働隊六五〇名)上陸
九月一三日　川口支隊、米軍陣地に夜襲をかけ惨敗。ポートモレスビーに向かう南
　海支隊に撤退命令
一〇月二四、二五日　ガダルカナル島上陸の第二師団による攻撃開始。二度の夜襲
　に敗北。密林へ退却
一〇月二六日　南太平洋海戦(このあたりから米軍側はレーダー使用による砲撃で、
　日本軍の得意の夜戦行動を封じることになった)
一一月一二―一四日　第三次ソロモン海戦。この間に日本軍救援に第三八師団主力
　がガダルカナル島に上陸するが損害が拡大するだけ
一一月三〇日　ルンガ沖海戦
一二月一〇日　大本営重慶進攻作戦中止を指示
一二月三一日　大本営、ガダルカナル島からの撤退を決定
　一九四三年＝昭和一八年
二月一―八日　ガダルカナル島の日本軍撤退

（二月二日　ソ連スターリングラードの独軍壊滅）

ガダルカナル戦闘についても数多くの図書があるが、従軍記に描かれた戦場の凄惨さはどれもこれも酸鼻のきわみで、兵士が飢餓のために次々と落命して行く様子などはとても平静な気持で読めない。ガダルカナル島が「餓島」の異名で呼ばれた状況がうかがえる。私の父方の従兄がここで戦死している。それらの図書はおしなべて補給作戦の杜《ず》撰《さん》さ、逐次増派という拙劣さについて厳しく批判しているのに納得できる思いが募る。

それではガダルカナル島作戦はやらなくてもよかった作戦であろうかというと、米軍の反攻の出鼻を挫くために、ぜひともやらなければならなかった作戦であった。ただ実際の作戦が机上の空論で、相手は優秀な敵であることを計算に入れていなかった。立案者はノモンハン事件で暴走した参謀辻政信である。どこかに唯我独尊の思い上がりがあったのだろう。

珊瑚海海戦、ミッドウェー海戦、ガダルカナル島争奪戦は、敗戦のきっかけとなった戦闘だった。そして日本が敗戦するに至った原因のすべてはこの三つの戦闘の中にあった。一九四三(昭和一八)年二月九日の大本営発表の一節に、「ガダルカナル島に作戦中の部隊は昨年八月以降引き続き上陸せる優勢なる敵軍を同島の一角に圧迫し激戦敢闘克《よ》く敵戦力を撃摧しつつありしが、その目的を達成せるに依り二月上旬同島を撤し他に転進せしめられたり」とあった。当時、国民学校初等科五年生の少国民の私ですらも「転進＝退却」と理解し、日本の負け戦だと思った。大本営陸軍部も国民を騙すようになったのである。

年表でポートモレスビー攻略の南海支隊がブナに上陸したことに触れたが、この時の日本軍の兵力は、陸軍約八〇〇〇名、海軍約三四三〇名、これに台湾の高砂義勇隊と朝鮮義勇隊各五〇〇名、さらにラバウルで強制連行した現地住民一二〇〇名であった。前人未踏のジャングルと道のない険しい山を越える地獄の行軍のすえ、ポートモレスビーを眼下に見下ろす山頂に至ったときに大本営から撤退命令が出されたのである。

ある日、平穏な日常生活をしているところへ、突如、外国の軍隊が現れて、食糧を取り上げられ、勝手に家族と引き離されて強制労働にひっぱりだされて、戦場を彷徨させられた。日本軍はそれをアジア諸国でやったのである。大東亜共栄圏建設の聖戦の美名の陰に、アジア諸国の幾多の無辜の民の犠牲があった。それなのに、あの戦争で日本はアジア諸国を解放したなどと、いまだに信じて疑わない後生楽な日本人が少なくないとは、どういうことなのか。

敵弾に倒れ、マラリアや熱病に冒されて死に、飢餓により落命した兵士たちのほとんどが、戦争をやらされた側の人間である。やらされた側の人間は、やらせた側の責任を問えないのだろうか。「下級のものは上官の命を承ること実は直ちに朕が命を承る義なりと心得よ(軍人勅諭)」で納得して終わりにしなければならないのだろうか。

一九四三(昭和一八)年は、年頭のガダルカナルの退却で始まった敗戦への出発点であった。日本国民にとって最も大きな衝撃は「連合艦隊司令長官山本五十六がソロモン上空で戦死した」という、五月二一日の大本営発表であった。続いて五月三〇日、大本営はアッツ島の日本軍守備隊の玉砕(という名の全滅)を発表した。以後、「山本元帥、アッツ軍神部隊に続け!」と軍部は国民を叱咤激励するようになった。私は国民学校を通じて販売された山本元帥の写真とアッツ島守備隊長山崎保代少将の写真を飾り、仇を誓った。アッツ島でも父方の遠縁の従兄が戦死した。山本元帥戦死の衝撃の陰に隠れてしまったような山崎少将に同情して、両者のポートレートを並べて飾ったのである。

# 第18章

# 敗北への急傾斜

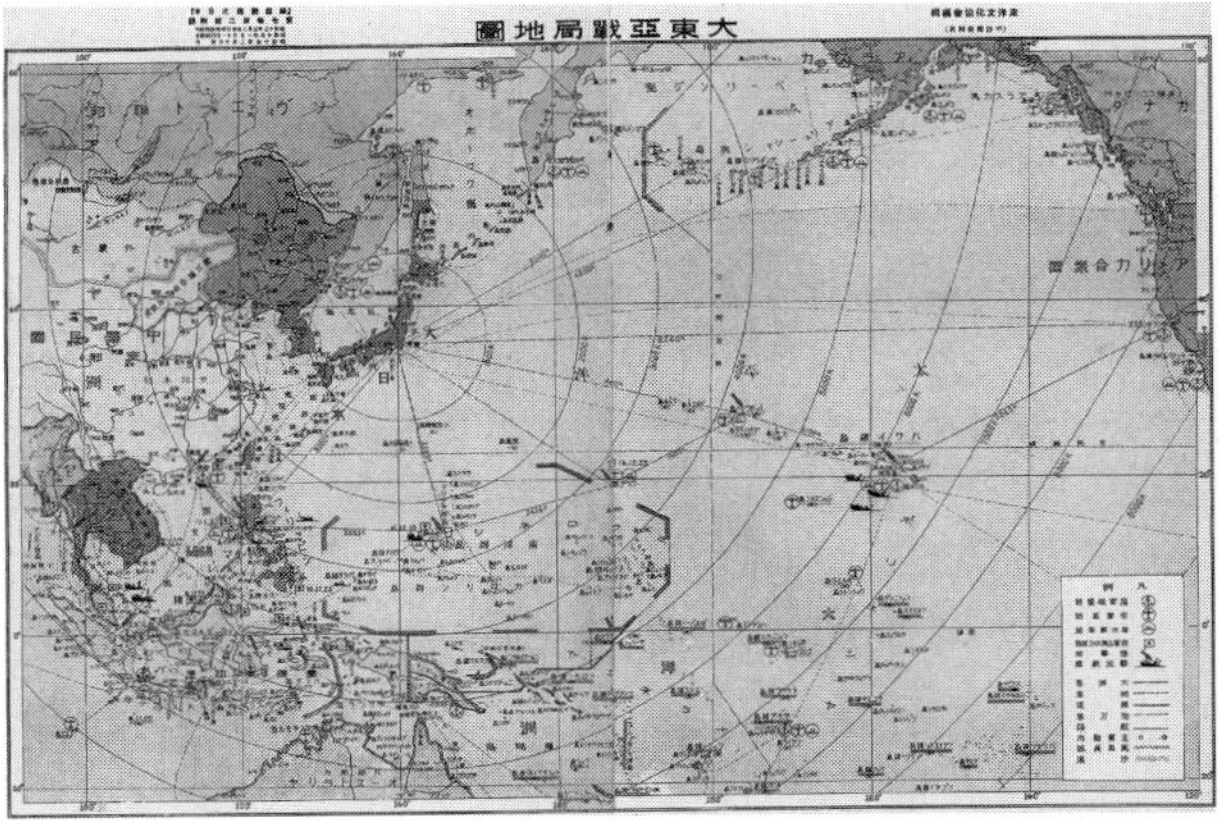


「大東亜戦局地図」

## 1　占領地軍政がもたらした現地生活の破壊

戦争後半世紀近くなってから「なぜか日本は勝てるはずのない戦争を始めた」などとしたり顔に論評するような者が現れた。たしかに日華事変の結着がつかないうちに、大東亜戦争(太平洋戦争)を始めた。これまでと同じように中国と戦いながら、交戦区域を拡大して米英蘭と戦うことにした。冷静に日米間の国力や工業生産力の差を考えると、米国と戦争しても勝算はない。それなのになぜ開戦したのだろう?

日本は大東亜戦争に戦勝すると信じたから開戦したのであって、敗戦するつもりで戦争を始めるわけがない。日本は長期戦を覚悟して戦えば戦勝できると考えていた。南方のスマトラ・ボルネオ・ジャワ・ビルマの石油資源を確保すれば、日本が戦時中に必要な大量の石油は、完全に自給できる。蘭印は焦土作戦に出て油田や製油施設を爆破破壊したが、一、二年の内に復興し開発できるようになるから、長期戦になれば日本の戦時経済力は強化できる。南方資源の鉄・石油・錫・石炭その他の軍需資源さえ確保すれば、日本は対米依存から完全に脱却し、自給自存の国防国家を建設できる。大東亜戦争が五年、一〇年と長期になればなるほど、軍需資源の自給力は増強されるから有利になると考えた。

緒戦の第一段作戦で日本軍は予想以上の戦果をあげ、大東亜から米英勢力を撃退した。南方方面軍は大量の米英蘭俘虜を抱えてビルマ、フィリピン、英領マレー、香港、蘭印等を占領した。

戦時国際法は、戦争継続中の占領は、占領国の戦争遂行能力の保持及び拡充を最大目的とすること、占領軍は領土権は持たないが、占領軍の利益と安全を図るために、ほとんど絶対的な権力を行使できると認めている。米英軍は必ず態勢を整えて反攻に出てくるが、その時までに日本軍は戦力を増強して防衛態勢を整えなくてはならない。日本軍は、次のような方針で占領地を統治することにした。

一、極力残存統治機関を活用し、在来の風俗習慣はこれを尊重する。
二、現地住民に対しては相当の負担を負わせる。
三、統治に宗教を利用する。
四、華僑は充分に利用する。あらゆる手段を尽くして蔣政権から離脱し日本軍政に協力させる。日本軍の命令に従わない、協力しない華僑はことごとく一掃する。
五、日本語の普及を図る。簡単な日常会話、カナ文字の普及は統治を容易にするので、学校その他各種機関を利用して日本語を普及する。

一九四二年一月一九日、初代香港総督に磯谷廉介《いそがいれんすけ》中将が就任した。英領マレーには軍政を施行し、二月一七日シンガポールを「昭南島《しょうなんとう》」と改称した。英国の東洋艦隊の軍事根拠地、東亜侵略の拠点、東洋搾取の根拠地だった香港とシンガポールを、大東亜の防衛と新秩序建設の拠点にした。一九四二年一月三日、日本軍はマニラを占領すると前フィリピン政府書記官長バルガスをマニラ市長とし、一月七日、バルガスと協定を結び軍政に協力させた。ビルマは同年八月一日、民族主義者のバーモ博士を首班とする新行政府を成立させた。バルガスとバーモは軍事、政治、経済各分野にわたり日本の軍政に協力することになった。蘭印は軍政を施行して油田や石油施設の復興と開発に努めた。タイと仏印とはこれまで以上に軍事・経済・政治的に友好関係を継続することにした。

戦時国際法は、占領地で「占領軍の需要の為にする」ものを徴発することを認めている。「占領軍の需要」の範囲は広く、兵員の食糧、被服、軍馬の糧秣《りょうまつ》、物資運搬及び兵員輸送に必要な船、車、牛馬、鉄道、邸宅、ホテルのような不動産等々、占領軍が必要とすれば徴発できる。また占領地の住民に対して「占領軍の需要の為にする」課役(車両の運転、物品の運搬、死体の処理、道路橋梁の修繕等の労働使役)を課すことも認められていた。もちろん徴発や課役の濫用は違法だった。

日本軍は現地自活主義(兵員の給料を除き、現地軍が必要とするものは原則として現地で調達する)を伝統としてきたので、補給を軽視する傾向があった。

日本の思惑を代弁すれば、このようなものだったろう。

——南方諸国は、自力で独立や解放を戦いとるだけの能力を有する国は一国もない。東亜の盟主、指導国日本の援助によって独立戦を戦うしかない。日本が大東亜地域の住民を欧米列国の植民地支配から解放する、ここに大東亜戦争の意義と必然性がある。大東亜戦争は、日本国民だけの戦争ではなく、東亜の諸民族が打って一丸になって共同戦線を張るべきである。したがって戦争遂行と大東亜建設のための負担を、南方諸民族も応分に負担しなければならない。

——このような理由で、占領地住民に適法の範囲を超えた徴発や課役(強制労働)を課した。これが敗戦後に問題となった。俘虜や現地住民に違法な強制労働を課した罪で、多くの日本人がＢＣ級戦犯に問われた。

日本軍が南方の占領地域で使用する現地通貨は、現地通貨表示の軍票を使用することにした。一九四二年三月三〇日、日本政府は東京に主たる事務所を置いて南方開発金庫を設立し、一九四三年四月一日から現地通貨表示の南方券を発行し、現地の軍費の支払いもこの南方券によることになった。

日本軍は南方を占領したが、占領地の一般民衆の生活を顧慮するような余裕はなく、当分は搾取的方針をとらざるを得ないと考えていた。日本からの追送物資は、現地治安の維持及び現地労力の使役上必要最小限に止め、通貨価値の下落、その結果生まれる現地経済の混乱は一応度外視して、軍需物資の獲得に邁進することを決めていた。

参謀としてマレー半島のシンガポール作戦に従事した辻政信中佐は、一九四二年四月一九日、「華僑工作実施要領」で、「第一期作戦終了後には、マレー全体の華僑に対し、軍費並びに統治資金の調達を命ず。シンガポールを中心として主要都市の有力華僑全体に対し、最低五〇〇〇万円の資金調達を命ずるものとす」とした。辻は東京で、「献金しない華僑は処刑すると脅迫して金を巻き上げた。占領地開発には日本の金は使わず華僑の資力を利用するという方針をとっていること」を悪びれもせず報告した。

フィリピンの「ペソ」軍票は現地通貨ペソと、マレー、シンガポールの海峡ドル軍票は現地通貨海峡ドルと等価に流通させ、円滑に流通させた。これは中国で四年半にわたる通貨工作の失敗からやっと学んだ結果であった。

日本にとっては戦争遂行に必要な石油・鉄・錫その他の鉱物資源の獲得が第一であり、ゴム・砂糖その他の農産物資源は敵国向け遮断物資として区分した。また南方経済の開発または建設は、日本が完勝するまで据置き戦争遂行を最優先させた。これは大東亜解放のために避けることができない犠牲であるとした。

しかし、日本が敵国向けに錫及びゴム・砂糖・コプラその他農産物資源の売買、運搬、輸送、積み出しを禁止した結果、遮断物資は過剰物資として占領地にあふれた。特に問題になったのはゴムだった。ゴムが過剰資源となったため、ゴム農園は閉鎖され、失業者があふれた。ゴムが輸出できなくなると、ゴムと交換に輸入してきた食糧その他民需

軍用手票(中国，蘭印，フィリピン，英領マレーなどで発行されたもの)

物資も途絶し、いっそう失業者があふれ生活必需物資が不足した。

戦争遂行、完勝を最優先した日本の占領軍は、有効な過剰資源対策を打てなかった。南方占領地の経済は破壊され住民は極度の困窮に陥ったが、日本が戦争に完勝するまではやむを得ない、大東亜共栄の理想の実現のために大東亜の全民族は我慢して協力しろと日本は主張したのである。しかも占領地の経済が破綻したところに、南方開発金庫を通じて巨額の現地通貨表示の軍票を発行したのである。その結果、日本軍に占領された各地はすさまじい悪性インフレに襲われて、一般住民の生活そのものまで破壊されてしまったのである。

## 2 南京政府、儲備券を大量発行——通貨膨張と物資不足

一九四〇年三月三〇日、汪兆銘は南京で遷都式典を行い、新中央政府を樹立し中華民国国民政府(以下南京政府と呼称)を名乗って重慶政府に対抗した。一九四一年一月六日、南京政府の中央儲備銀行が南京に開業し、南京政府の国幣として新法幣《ほうへい》—儲備《ちょび》券を発行することになった。日本は、華北に中国聯合準備銀行を創設して聯銀券を発行させたが、それから約三年遅れて中央儲備銀行に儲備券を発行させた。

南京政府は、儲備券を中華民国の新法幣として無制限に流通させたが、正貨準備や為

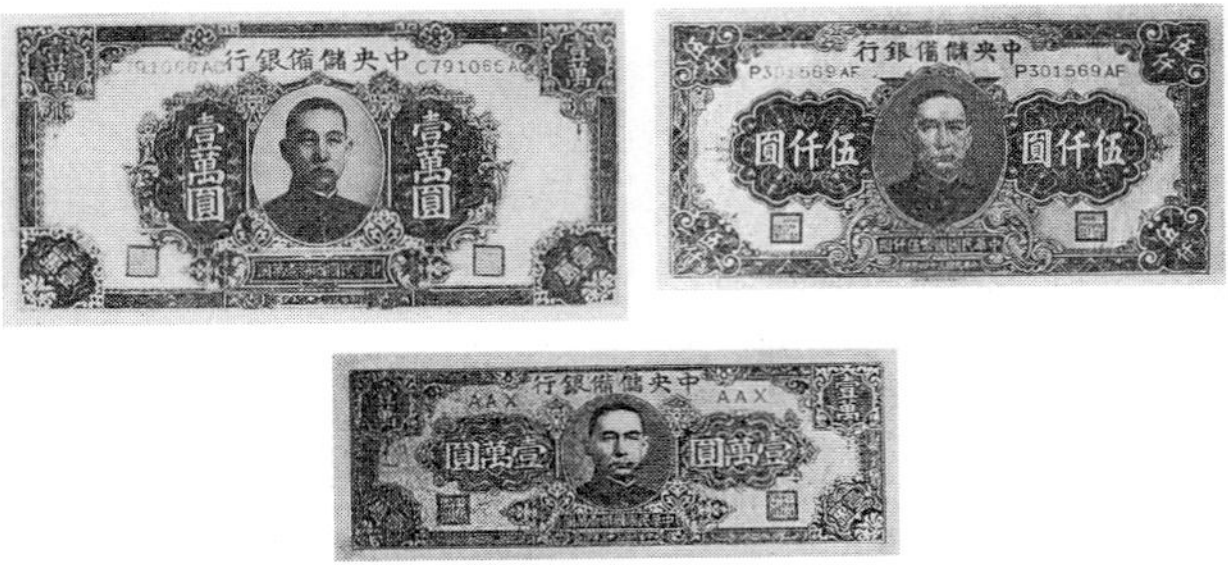


中央儲備銀行券

替安定資金が乏しいために、外貨と兌換性をもたせることができなかった。一方重慶政府の法幣は最初からポンドやドルと兌換できた。法幣は上海租界を根拠地とする外国銀行や米英の為替安定資金援助のもとに、日華事変から四年を経ても中国の法貨として民衆の間に確固たる地位と勢力を保持していた。したがって華中から法幣を駆逐するには、米英と一戦を覚悟して日本が上海租界を接収しないかぎり不可能だった。

そこで上海で自由にドルやポンドと兌換できる法幣と、儲備券とをパーでリンクさせ、法幣の外貨兌換性を逆用して、儲備券の対外的価値の基礎を法幣に求めることにした。そして法幣を通じて外貨を獲得して外国から石油や建設資材などを購入し、最終的に法幣の外貨資金を食いつぶして、蔣介石の抗戦を支える法幣を潰滅に追い込み華中から駆逐しようとした。日本は一九三八年から聯銀券を使用して法幣駆逐と外貨獲得を試みたが結局失敗した。その失敗に懲りず何の反省もなく、華中でも儲備券を使って外貨を獲得し法幣を駆逐しようとした。

こうして儲備券は法幣に戦いをいどんだが、儲備券発行後約一カ年は手も足も出なかったというのが実情だった。一九四一年末の発行高はわずかに二億元程度に過ぎなかったが、横浜正金銀行と預け合い契約をして拡充工作を行った。大東亜戦争が勃発し、日本軍の租界進駐とともに米英系その他敵性銀行が接収され、さらに中央、中国、交通、中国農民等重慶政府の機関銀行や華商銀行等の清算が行われる段階になって、やっと儲備券がクローズアップされるようになった。

日本の華中における通貨工作は、法幣と儲備券の全面交換、軍票の新規発行の廃止、及び上海地区の通貨調整が主なものであった。もちろん、そのいずれの場合にも儲備券の価値維持が目指されていたが、その後物資不足、食糧不足から来る急激なインフレのために儲備券の価値は下落の一途をたどった。

先に書いたように、華北の聯銀券が円元パーを宣言して登場すると、円系通貨と法幣の価値の差に目をつけた投機家に食い物にされた。次に儲備券が華中に登場すると、投機家たちは法幣・儲備券・軍票・外貨を乗り換えて利ざや稼ぎを行った。

一九四一年七月、日本軍の南部仏印進駐が確実になると、二五日夕刻、米国は、在米日・満・華の資産凍結に踏み切った。次いで、英国もまた在英及び属領に在る日・満・華の資金を凍結した。この英米の資産凍結令の結果、上海の日本の貿易及び為替取引は完全にシャットアウトされた。在華外国銀行は一般への外貨供給を極度に手控えた。対米為替レートが安値になると重慶政府の法幣安定資金委員会は八月一八日から為替管理を実施し、正当な中国(重慶政府)への輸入貿易だけに外貨を与えた。

その結果、儲備券を通じて法幣を獲得して外貨を稼ぐという所期の目的は、実行不可能になった。日本側の読みの甘さであり誤算だった。その上、資金凍結されたために輸入が減少し物資不足を招いた。中国人投機家は軍票、金塊、商品を買い漁った。

南京政府は上海と外部の物資交流を禁止した。重慶政府も奥地物資を日本の占領地上海に移入することを防止した。こうして日本の軍事行動及び経済建設を妨害し、経済的圧迫を加えた。八月に入ると上海は深刻な物資不足に陥り、物価は暴騰し悪性インフレが起きた。軍費現地支払い通貨としての儲備券は日本軍の占領地区内で通用しただけで、占領地の外や奥地では法幣しか通用しなかった。日本軍が、儲備券で軍需品やその他物資を調達するのは困難になった。悪性インフレの最大の原因は儲備券の大量発行による通貨の膨張だった。通貨が膨張して儲備券の価値が下落したことに加えて、極端に物資が不足し、物価が昂騰してインフレに拍車をかけたのである。

一九四四(昭和一九)年になると、中国のインフレはさらに悪性度を増した。その事情について、「昭和一九年一一月　対支問題について結城豊太郎顧問より、内閣総理大臣、大東亜省、大蔵省各大臣に提出したものの写し」(『続・現代史資料11　占領地通貨工作』一九八三年・みすず書房)は次のように説明している。

通貨及び物価について

儲備券、聯銀券昭和一九年一〇月末の発行残高は、聯銀券は一〇三億円、儲備券は八四一億元で最近は日に儲備券は五、六億元、聯銀券は七、八〇〇〇万元の増加であり、本年末には儲備券一五〇〇億元、聯銀券一五〇億円に増加するやに見込まれている。北、中支における物価騰貴の原因については戦局の不利、生産の停頓、輸送の不円滑、中国側の騰貴、囤積《とんせき》(物資隠匿)等の色々な原因が複合していることは勿論であるが、最近の通貨の膨張が与って大きな影響を与えていることは、争うことはできない。

この最近における通貨膨張の大部分は、経済の急速戦力化の要求化に基づく我が方の物資調弁並びに蒐買代金の放出増大に基因するものであって、なかんずく調弁並びに蒐買機関相互の競合がこの勢いを一層助長しているものである。このような通貨増発の勢いでは向後中国経済の維持、物価の暴騰抑制を期することは到底不能と考えられる。

(中略)物価騰貴の日本側に与える影響は深刻で、日本側の事業会社、銀行等の経営はいよいよ困難を加重し、また在留邦人の一部すなわち官公吏、銀行、会社の俸給依食者等の生活は非常な脅威にさらされており、その結果、これらの人々の士気

支那派遣軍総司令部『緊急事態下の対華政策』(極秘) 1944年3月

は頗る振るわないのみならず、鉄道従業員の若干は瀆職《とくしょく》事件を惹起して支那人の軽侮を招いている極端な事例もある。

叙上の諸点に鑑み、支那側官公吏の生活安定のためには給与の改善、現物給与の増加を、また知識人の生活改善のためには文化活動の増大等を図るべきで、これに必要な処置を国民政府をしてとらしむるよう指導援助をなすことが極めて必要でこれに要する財源についてはアヘン、煙草等の利益を適当処理するよう各般の施策をなすべきである。在留邦人の生活困難に対してもまた適当給与の改善あるいは支那人の納得しうるよう特殊配給を改善すること等の要あるは勿論である。なお現地における統制は日本側のみを対象とすること多く、したがって物価騰貴による利益は支那側が占め、日本側は逐次経済的に後退するの傾向にあるが、日本側事業に対する統制は支那側とにらみ合わせ適当に緩和することが必要である。叙上の諸対策をもってするも物価の騰貴は免れ得ざるべく、したがって日本側所要物資の蒐買並びに軍の現地調弁の費用は増大することとなり、ことに適正価格による蒐買の原則が確立している以上、本邦予算の増加は避け得ないところである。

今、手許にある支那派遣軍総司令部の「昭和一九年三月」付けの『緊急事態下の対華政策』という極秘文書は、すでに日本軍敗退の場合の対策にまで言及しているのに驚かされる。これには鉄道・交通機関はすべて中国側に委譲すべきであるとか、企業などについても言及されているが、ここでは「通貨金融対策」の一部だけ紹介しておく。

(1) 最悪の事態下に於て予想さるる金融通貨部面混乱の様相概ね次の如し。

イ、物価は甚しく暴騰し、物資は極度に囤積さるべし。

ロ、金融機関は取付けを受けその機能はほとんど停止すべく、彼等は進んでその資金を以て自ら囤積を行うべし。従って金融は梗塞し、生産商業の運行は甚しく阻害さるべし。

ハ、日本及び南京政府の将来に対する悲観的予想により通貨不安は益々激化し通貨機能喪失に近き状態を呈すべし。

右の如き事態に於ける我方の対策としては、自らその渦中に入って強力を以て之が抑圧を図る場合と可及的経済混乱の埒外にありて華人自らの自衛力を助成するに止むる場合とあり。前者による場合は、公定価格制度の強行、投機囤積者、貪官汚吏《たんかんおり》の懲罰、金融機関に対する融資命令、公債の強制保有等を考慮し得るも、いずれもその効果の大なるを保証し難し。思うに経済上の混乱というも要するに日本側敗退、南京政府の消滅、儲備券の崩壊を必至と見る処に根本原因を有するものなるが故に、日本側敗退するとも中国経済は独立して存続するものと安心を与うればこの混乱は救い得べし。されば彼等をして政治力と分離せる通貨金融組織を作らしめ、我方に於いて可及的これに触手せざるものとするのみならず、囤積の取締まり、民生の維持等につきても専ら彼らの自治的組織に委ね、我方に於いては、唯之を阻害する直接の経済攪乱行為に対する取締まりをなすに止むるを賢明とすべし。

あきらめきった総司令部が、通貨金融問題については、無責任に投げ出そうとする気配を感じる。それほどまでに事態は悪化していた。

## 3　激化する中国戦線

そうした中でも、重慶政府、中国共産党、中国民衆は抗日戦争継続の意思を捨てず、長期持久戦態勢を強化した。英米が政治的、経済的、軍事的援助を重慶政府に与えたので、敗戦国の運命を辿るはずの重慶政府はいつまでたっても敗戦国にならなかった。

日本軍は短期間に広大な地域を占領した。その結果中国は日本軍の占領地区と非占領地区に分離された。重慶政府は広大な占領地と非占領地の境界を「接敵地区」と位置づけ、対日経済攪乱工作の拠点にした。接敵地区を利用して、対日逆封鎖、占領地区内の物資の奪取、円系通貨流通の妨害、占領地区に対する経済攪乱工作、転口税徴収(占領地区と非占領地区の間の物資の交易に五%の転口税を徴収した)等を実施した。

日本は奥地の農産物や中国特産の軍需物資(タングステン・アンチモニー・桐油等)を獲得できず、鉄道爆破、人為的操作による物資不足や物価高は日本現地軍の自活を窮屈にし、華北経済開発を遅延させた。事変は終結せず資源開発も思い通りに進まなかった。

一九四〇(昭和一五)年七月七日事変三周年記念日、中国共産党は「自らを全国抗日勢力結集の核心にせよ」と全党員に抗日戦継続を訴えた。華北共産党八路軍は一九四〇年八月二〇日夜、「百団大戦」(団は一連隊のことで百個連隊以上の兵力を投入した大戦という意味)を決行し、華北の主要な鉄道(石太線・京漢線・同蒲線・津浦線等)の守備が手薄な地点を襲い、橋梁、線路、電柱、電線等を破壊した。特に河北省の井陘炭鉱の石炭を搬出する石太線(石家荘—太原)と同蒲線(太原・永済)の北部を集中攻撃した。良質の無煙炭を産出する井陘炭鉱を守備する小兵力の日本軍を全滅させ、炭鉱設備を徹底的に破壊した。最も重要な新坑を、少なくとも半年以上出炭不能にした。九月下旬から一〇月始めにかけて、「百団大戦」第二次攻勢を河北・山西・察哈爾省方面で決行し、日本軍を攻撃した。

百団大戦は、八路軍の犠牲も大きかったが日本軍に甚大な損害を与えたので、民衆の士気を鼓舞し抗日戦に活力を与えた。弱気になっていた国民党内の妥協和平の動きも抑えた。日本政府や軍部は、軍事力で解決できる見込みはなく、占領地の治安を維持するだけで精一杯だった。勿論報道管制が厳しく布かれていたから、日本国内には知らされなかった。

北支方面軍は、全く予期しなかった百団大戦の奇襲で、甚大な損害を被り、鉄道や炭鉱施設の復旧に多大の日時と巨費を要した。日本軍は兵力を増強して八路軍の根拠地に対する掃蕩戦を強化した。しかしこれまで説明したように極度のインフレにより、日本軍の食糧その他の軍需物資の現地調達は困難になった。

そこで八路軍と民衆を分断し、解放区・遊撃区を壊滅するために、「三光作戦」(殺光・搶光・焼光の三光、殺し尽くし、奪い尽くし、焼き尽くすという意味)を行った。戦闘員か非戦闘員か曖昧だという理由で、日本軍は一般民衆(女性、子ども、年寄りまで)を無差別に殺戮した。三光作戦は中国人の憎悪と敵愾心を激しくかきたてた。

一九四二年一月一日、重慶政府は連合国共同宣言に署名し、単独で日本と休戦や講和をしないことを宣言した。中国は連合国の一員として抗日戦を継続することになった。一九四二年初頭、中国大陸(満洲を含む)に、陸軍は総兵力二一〇万のうちの八五万を置いていた。陸軍にとって主戦場は依然として中国大陸であり、太平洋戦争の目的は日華事変を速やかに解決することだったのである。

日本軍は重慶政府を屈服させるために、援蔣ビルマルートを完全に封鎖した。それまでは月二万トンの物資を輸送したルートが途絶したことは重慶政府にとって大きな痛手だったが、同時に物資不足は物価の暴騰を招いて悪性インフレを加速させ、日本の首をしめる結果になった。

戦後多くの日本人は、大東亜戦争は米国に敗れたが、中国には勝っていたと勘違いしているようだ。そのためか、中国で日本軍がどうしても勝てなかった実態をよく理解していない。ここで一九四二年に入ってからの中国戦線の概略を述べておく。

**第二次長沙《チャンシャ》作戦**（四一年一二月二四日―四二年一月一五日）

太平洋戦争を始めると支那駐屯軍は香港作戦と呼応し、一〇万の大軍を投入して第二次長沙作戦を決行した。長沙は湖南省の粤漢鉄道の要衝である。長沙を占領しさらに衡陽を奪い、粤漢鉄道の広州―武昌を打通すれば、鉄道で朝鮮の釜山から広州、香港を結ぶことができる。

日本は香港、仏印、タイに駐屯している日本軍に対する軍需物資の補給は海上輸送に頼っていた。けれども海上からの補給は船舶不足と米英の空軍や潜水艦の脅威という問題を抱えていた。朝鮮半島から中国大陸を縦断して南方へ通じる補給線を確保することは日本軍の念願だった。太平洋戦争は石油と補給線の争奪戦といっても過言ではない。

一九四二年一月一日、日本軍は長沙へ総攻撃をかけた。すでに香港は陥落している。

なんとしても長沙を占領しようとしたが、中国軍の猛烈な抵抗にあって、一五日撤退を余儀なくされた。第二次長沙作戦で日本軍は死傷者五五〇〇人を出した。

**浙贛作戦**《ジャーガン》（四二年五月中旬から九月）

浙贛の浙は浙江省、贛は江西省の別名で、浙贛作戦は、浙江省と江西省の飛行場と浙贛及び沿線地区鉄道を破壊する大作戦である。一九四二年四月一八日、米軍ドゥーリトル隊のB25一六機が日本本土を初空襲した。東京、横浜、横須賀、名古屋、神戸を爆撃し、一五機は中国の浙江省の飛行場を目指して飛び去った。首都空襲の衝撃は大きく、大本営は直ちに浙江省の麗水《リーシュイ》と衢県《チュイシエン》、江西省の玉山《ユーシャン》にある飛行場を占領し、徹底的に撃滅せよと命令した。また浙贛線の東西、南昌と杭州から進撃して衢県と玉山を挟み撃ちにし、麗水の飛行場も占領した。日本軍は飛行場周辺の軍事施設、橋を徹底的に破壊し、一般民家も利敵民家とみなして焼き払った。

浙贛作戦は前半は六〇年来の豪雨による大洪水、後半は真夏の炎熱に苦しみながら遂行した。日本軍は補給や準備をおろそかにして浙贛作戦を決行したので、多くの戦死傷病者を出したが、それ以上に中国軍や作戦地域の住民に甚大な被害を与えた。

**重慶作戦（四川作戦）**

重慶政府を屈服させて南京政府一本にし、汪兆銘と和平を結んで日華事変を終結しようと考えて、大本営は蔣介石の国民政府の首都、四川省の重慶を攻略する大作戦計画を立てた。一九四二年九月三日、杉山参謀総長は支那派遣軍に作戦の準備命令を下した。一五師団の大兵力を動員して、西安と武漢の両方面から進攻して重慶及び四川省の要衝を攻略することにした。しかしガダルカナル島の戦局が悪化したので、一二月一〇日、重慶作戦を中止せざるを得なくなった。

重慶の国民政府軍と日本軍の戦闘は不活発になったが、後方の解放区では、日本軍と中国共産党の八路軍・新四軍解放区の人民との間に苛烈な戦いが続けられた。

中国戦線は膠着状態に陥っていたが、日本軍はなお六〇万の兵力を中国戦線に置いていて、広大な占領地の治安維持と確保で精一杯だった。中国共産党の勢力が増大するにつれて日本軍への襲撃が頻発した。一九四三年、援蔣ビルマルート完全封鎖が続く中で四つの掃蕩作戦を行ったが、決定的な効果を得ることはできなかった。

**江北殲滅作戦**(二月中旬―三月下旬)

華中の漢口・岳州《ユエチョウ》・沙市《シャーシー》を連ねる揚子江三角地帯の掃蕩を目的とした。

**江南殲滅作戦**(五月五日―六月一〇日)

揚子江江南地区の船舶輸送確保と洞庭湖《ドンティンフー》から宣昌の中国野戦車隊の撃滅を目的とした。

**広徳作戦**(九月三〇日―一〇月一五日)

安徽省・浙江省の省境の広徳付近を攻略確保して中国忠義救国軍の根拠地を覆滅し、治安の確保を目的とした。

**常徳殲滅作戦**（一一月二日―四四年一月初旬）
湖南省北部の常徳地域の中国軍撃滅を目的として行った。
大本営は中国大陸の飛行場から連合軍の爆撃機が台湾や本土を空襲することを恐れていた。一九四三年一一月、江西省の遂川《スイチュアン》から飛来した米軍爆撃機が台湾の新竹海軍飛行場を爆撃した。これに衝撃を受けた大本営は一九四四年一月二四日、大陸打通作戦の実施を命令した。
米潜水艦や在華米空軍の活躍で、日本本土と南方圏の海上交通は困難になっていた。中国国内の制空権も在華米軍側に移りつつあった。

**大陸打通作戦**（一九四四年四月一八日―一九四五年二月上旬）
華北の京漢鉄道、粤漢鉄道、湘桂《シアングィ》鉄道（衡陽・柳州《リウチョウ》）の打通確保を目的とし、河北の北京から広州まで中国大陸を縦断する、日中一五年戦争を通じて最大規模の作戦だった。中国軍に打撃を与え、反攻の主力を弱体化させる。粤漢鉄道と湘桂鉄道沿線の空軍基地を破壊し、日本本土への空襲を防止する。粤漢、湘桂両鉄道を確保してビルマ、仏印、南方の島嶼等に孤立している日本軍の退路を確保する。日本本土と南方圏の陸上交通路を確保するとともに、各沿線の米空軍基地の覆滅並びに中国軍の撃破と継戦意思の破砕をねらった。
これらを目的として一九四四年四月一八日、日本軍は最後の大作戦を実施した。日華事変からすでに七年が過ぎ重慶政府の戦力も戦意も低下していた。一九四四年一一月、桂林《グイリン》、柳州が陥落し、敗走を続けた国民政府軍は全兵力の三分の一を失い、軍事的挫折は頂点に達した。蔣介石にとって、この時期が最も苦しい時期だった。精鋭部隊を失った上に、勢力を拡大する中国共産党とも戦わなくてはならなかった。

日本軍が一五個師団、兵員五一万、馬匹約一〇万、火砲一五五一門、戦車七九四両、自動車一万五五〇〇両という最後の力を振り絞った大陸打通作戦は、一九四五年二月までに大体の目標を達成して終了した。これで中国全土の鉄道の要地を抑え大陸打通を完成した。けれども関東軍が満鉄沿線を守備するならまだしも、広大な中国大陸で鉄道幹線全線を守備するのは、はっきりいって不可能だった。鉄道の主要な駅を確保するのが精一杯で、点と点を結ぶ線はすぐにぼろぼろにされた。

大本営は、一九四四年一月七日、インパール作戦を認可した。これは連合軍のビルマ全面奪回及びレド公路打通を阻止するための作戦で、三月八日作戦を開始した。また大本営はインパール作戦と呼応する形で、一月二四日大陸打通作戦を命令し四月一八日から作戦を開始させたのである。援蔣ルートの根拠地ビルマと中国の関係を考えると、両作戦がほぼ同時に進行したのも、充分うなずける。

## 4　援蔣レド公路とインパール作戦

日華事変が長期戦化すると、援蔣ルートが問題になった。一九三八年一一月、英国船が六〇〇〇トンの武器弾薬をビルマのラングーンに陸揚げし、ラシオ経由で雲南省の保《バオ》山《シャン》、昆明《クンミン》から四川省の重慶政府に輸送した。以来、援蔣基地ビルマとビルマルートが注目されるようになり、天津租界問題の東京日英会談でもこの援蔣ビルマルートが問題になった。

ビルマルートはラングーンを起点とし、鉄道または自動車路でマンダレー・ラシオ・ワンチン・龍陵《ロンリン》・恵通橋(怒江に架かる鉄製の吊り橋)・保山・大理《ダーリー》・昆明に至るルートを主とする。その他、ラングーン・マンダレー・バーモ・ナムウカン・ムゼ・ワンチン・龍陵というコース、バーモ・ミートキイナ・龍陵というコースがあった。いってみればビルマ全体が援蔣ルートだった。

一九四二(昭和一七)年三月八日、日本軍がビルマのラングーンを占領すると、ビルマ戦線は急変した。日本軍はあらゆる機動力を動員し、急速有利な作戦を実施してビルマルートに沿い、在ビルマ英印軍に急迫した。ビルマと中国の国境、雲南省南北の線に進出して、四月二九日、ビルマルートを完全に封鎖した。

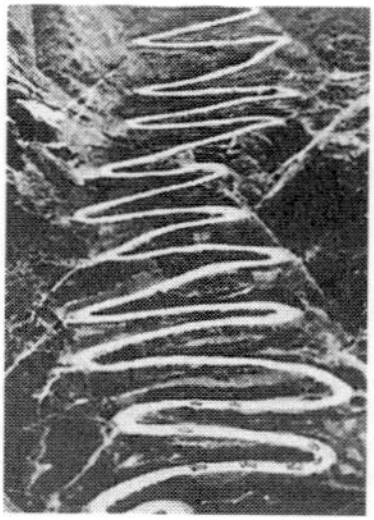

ビルマ援蔣ルートを建設する苦力(右)，開通したレド公路

これは重慶政府と連合軍には痛手だった。連合軍はB24・29爆撃機、DC輸送機隊等によってインドと重慶を往復して、緊急の軍民需物資を空輸補給した。日本ビルマ航空部隊は連合軍の空輸ルート迎撃作戦を実施したが、連合国軍は絶え間ない輸送を継続した。やがて日本軍の航空兵力が減少すると迎撃作戦を継続できなくなった。連合軍の気流の不安定なヒマラヤ越えの空輸は、危険で高価でしかも効率が悪かった。そこで連合軍は米国の協力を得て、インドのレドから雲南省まで援蔣地上ルート＝レド公路を造ることにした。

レド公路は、インドのアッサム州のレドからシンブヤン・マインクワン・カマイン・ミートキイナ・バーモ・ナムウカン・ワンチン・芒市・龍陵・拉孟・保山・昆明そして重慶に至る軍用道路である。米軍スティルウェル将軍と蔣介石によって、一九四二年一〇月中旬に共同で建設計画案が立てられ、一一月五日、米国政府の正式承認を得た。米国の工兵隊が中心となり、一二月二五日からブルドーザー等の重機を駆使し、原始林を切り開いて工事を開始した。

中国遠征軍は、インド・ビルマ国境方面からビルマを横断しビルマ・中国国境を越えるレド公路を開鑿するために、連合軍と協力して国境付近の日本軍に攻撃をかけた。

連合軍が先頭にたち、工兵隊や苦力や現地労働者たちは道路を建設しながら後を追った。ビルマのものすごい雨季の最中、険しいジャングルを切り開いて道路を貫通させる工事が難航すると、スティルウェル将軍はミズーリ河の洪水を治めた大技師ピック老将軍を米国から飛行機で呼び寄せた。ピック将軍の指揮計画の下で、雨季でもレド公路の建造を進めた。工兵隊は油送管の建設や大規模な土木工事に従事したプロ技術者集団だった。工事がタローまで進むと戦車がブルドーザーの先鋒を務め、工兵隊は日本軍の攻撃を受けながらタローに飛行場を建設した。

米国は、シンブヤンからカマインまで、八車線、軍用トラックの走行に耐える軍用道路を造った。レド・ハイウェイと呼ぶほど立派で本格的な軍用道路だった。

蔣介石・宋美齢夫妻と，中国戦区最高司令部参謀長スティルウェル将軍

一九四三(昭和一八)年夏、連合国軍は、ヨーロッパ、太平洋、中国等の全戦線で一斉に反攻を強化した。日独伊枢軸国軍の作戦不振の兆候は隠しようもなくなった。

ヨーロッパでは、一九四三年七月一〇日、アイゼンハワー率いる連合軍はイタリアのシシリー島に上陸、一カ月後に占領した。この間にムッソリーニ首相が失脚し、九月八日、イタリアは無条件降伏した。一一月からベルリン空襲が始まった。

太平洋方面では、一九四三年後半に入ると、マッカーサー(連合軍西南太平洋方面司令官)がソロモン諸島及びニューギニア方面で「飛び石作戦」を開始した。一九四二年中の、珊瑚海海戦、ミッドウェー海戦、ソロモン海戦で、日本海軍は航空母艦及び搭載機、貴重な熟練パイロットを失った。ガダルカナル島戦で大敗し、一九四三年二月七日夜に第三次撤退を終えると、日本は攻撃一本槍から守勢、防禦に転じた。緒戦で日本が戦時占領した島嶼を、米軍は次々に奪回した。九月、日本は絶対国防圏を、マリアナ、カロリン諸島まで縮小させた。

一九四三年に入ると、英印中連合軍及び米中連合軍は、インド・ビルマ国境付近アッサム州の航空基地から攻勢に転じた。二月にはウィンゲート准将率いる英印軍は、インドのインパールから北ビルマのミートキイナにまで出撃した。重慶政府が崩壊して連合国側から脱落し、単独で降伏すれば、日本は中国大陸に足止めされている大量の兵力を、太平洋方面やビルマに転用できる。連合国側は、ドイツ、イタリアを降伏させる目途が立つと、早急に戦争終結を図るためにも、ビルマ奪回とレド公路の打通を全力をあげて実現することにしたのである。一九四三年一〇月以降、スティルウェル中将の指揮する米中連合軍がインド国境からビルマのフーコン谷に進出し、英印軍もインパール方面やベンガル湾沿いのアキャブ方面に兵力を集中し、本格的な反攻を準備した。

一方、第一五軍司令官牟田口廉也中将は、インド・ビルマ国境を越えて、インドのコヒマとインパールを占領する作戦「インパール作戦」を立てた。

水田政吉(日石専務)は『石油』(一九三八年・ダイヤモンド社)の中で、インドのアッサム州のゴラガートの東側に油田があり、日華事変勃発当時、チンドウィン河の北方に新油田が発見されたと述べている。

一般には、第一五軍の牟田口廉也が強引に無謀なインパール作戦を計画実施したといわれている。けれどもインパールの北方にレド公路の出発地レドがあり、レドの背後には英印軍の航空基地があり、さらにインド油田があった。おりしも英米印中連合軍の反攻が迫っていた。日本軍は、インパールとコヒマを攻囲して、インパールの航空基地と交通の要衝コヒマを占領確保する。そしてそこからアッサム州北部の英印軍の空軍基地を攻撃し、レド公路を封殺し、あわせてアッサム州の油田を確保すれば戦局を建て直すことができる。補給や準備の面で不安はあるが、本格的な雨季に入る六月までに首尾よく作戦を終了させることができたら、戦局を好転できる。

大本営の中にはビルマの地勢や気候を考慮し反対論もあったし、現実的な不安材料はたくさんあった。まずビルマの原隊からインパールやコヒマまで進撃することが非常な困難を伴う。チンドウィン河を越え、険しいアラカン山系の密林を抜け、フーコン谷を

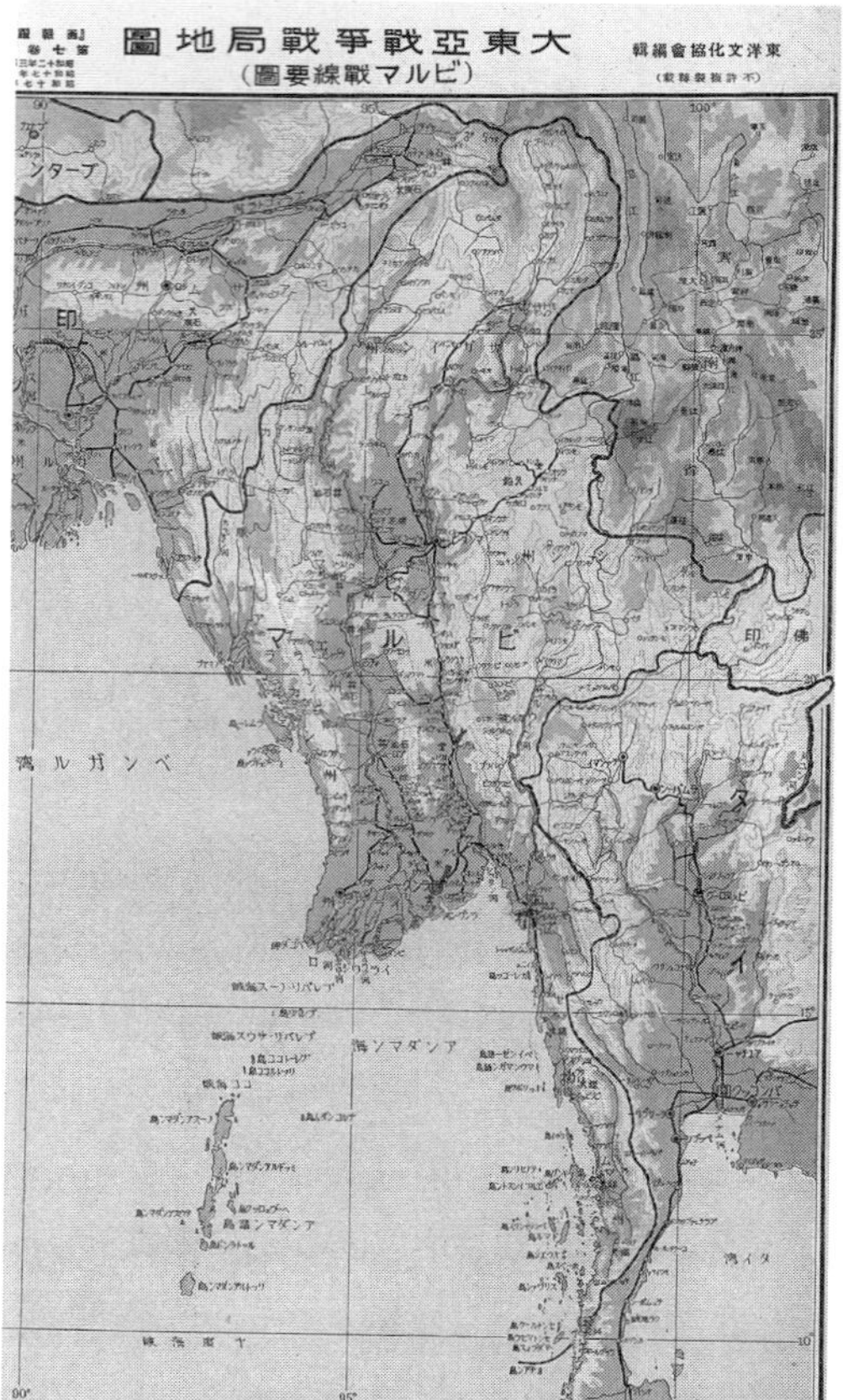

ビルマ戦線要図

渡って国境を越えてインドに入り、無事にコヒマやインパールまでたどりつけるか。インパールにつくまでに武器弾薬、糧秣、医薬品等の補給は持つか。制空権をすでに失っているではないか。敵軍の反撃に耐えられるか等々。とはいえ、日本軍は無為に敗戦に追い込まれるくらいなら、作戦に伴うリスクやコストは無視しても、一か八かやるしかなかった。

インパール作戦を計画した牟田口の熱心な主張に大本営が動かされ、東条英機も作戦を全面的に支持した。こうして一九四四年六月までにインパールを攻略する計画で、三月八日、第一五軍はインパール作戦を開始した。第三三師団(師団長柳田元三中将)は三月八日、南方からインパールへ、第一五師団(師団長山内正文中将)及び第三一師団(師団長佐藤幸徳中将)は一五日、インパール、コヒマへ突進を開始した。

第三一師団は険しく厄介な地形を踏破して、四月六日、ついにコヒマを占領した。第一五、第三三の両師団も四月中頃にはそれぞれインパール市街をはるかに望む地点にまで進撃し、一応インパール包囲態勢をとった。そこで大本営は四月一一日、ビルマ方面軍の下に第三三軍(軍司令官本多政材中将、第一八師団基幹)を設けて、フーコン河及び雲南正面の作戦を担当させ、第一五軍が後顧の憂い無く作戦遂行に専念できるようにした。

ところがインパール周辺に対する第一五、第三三師団の包囲攻撃は早くも四月上旬から挫折してしまった。インパール包囲態勢をとるにはとれたが、いざ殲滅戦となったら容易に前進できない。ぐずぐずしているうちに例年より早い雨季が来てしまい、その間に英軍は完全に立ち直りを見せた。六月に入ると形勢は逆転し、逆に日本軍が押されだした。これは疾病、空腹、弾薬の欠乏、対戦車兵器の皆無、制空権の喪失などといった悪条件から、日本軍の戦力が著しく低下したからであった。一方立ち直った英印軍はコヒマを奪回し、さらに第三一師団を圧迫し、六月二三日頃にはコヒマからインパールに通じる街道を奪回した。戦車部隊を先頭にしてインパールの被包囲部隊に続々増援軍を送り込んだ。しかもインパールの英印軍は地上からも補給を受けるようになり、その上、強力な増援部隊を得たので、確実に蘇った。

その結果、日本軍の悲惨な退却が始まったのである。マラリアなどの熱帯病に冒され、飢餓にあえぎながら、兵士たちは降りしぶく猛烈な雨の中を、三々五々として長蛇の列を作り、泥濘の道をよろめきつつ歩いた。銃器は捨てても飯盒《はんごう》だけは手放さなかった。道ばたには泥に突っ伏す日本兵の遺体があった。やっとの思いで、ジャングルを抜けたところに英印軍の戦車、飛行機、落下傘兵が先回りして待ち受けており一斉射撃を浴びせられた。退却は難渋を極め、まさに地獄絵さながらであったという。その間、中国征軍は怒江を越えて、中国側のビルマ北東部国境方面に進出した。

七月四日、遂に大本営は作戦中止を決定。七月一〇日、牟田口中将から第一線の部隊に作戦中止命令が伝えられ、日本軍は退却した。インパール作戦に参加した日本軍兵力は約九万人で戦死傷者は約七万二〇〇〇人という壊滅的な損害であった。

八月三日、米英軍は北部ビルマのレド公路の要衝ミートキイナを攻略し占領した。完全包囲の下で約二カ月半にわたり激戦を続けたミートキイナ守備隊は玉砕した。カマイン、モーガン、ミートキイナ、バーモ、ナムウカンと、レド公路の要衝は連合軍が奪回した。

九月七日、雲南省の拉孟の日本軍守備隊が、九月一四日には騰越の守備隊が、中国軍の雲南遠征軍の攻撃にあって玉砕した。雲南省側のビルマルートの要衝、怒江に架かる鉄製の吊り橋「恵通橋」も雲南遠征軍に奪われた。雲南遠征軍は、一一月末までに騰衝、龍陵、芒市の奪回に成功。ミートキイナから南下東進してきた米中連合軍と合流した。これによってインドのレドからビルマ北部を経て雲南省に至るレド公路開通の見通しがついた。

その後、インパール方面から進撃した英印軍は、中部ビルマの重要拠点マンダレーの北方へ進出し、ベンガル湾沿いにインドからビルマへ突入した英印軍は、四五年一月三日に東部ビルマの要衝アキャブを奪回した。こうして日本は一九四五年初頭までに中北部と西部のビルマを失い、「絶対国防圏」は西の端からも崩れ始めた。

レド公路は一九四二年一二月二五日に着工し、一九四五年一月二八日、五〇〇台のトラックが物資を満載してビルマから雲南省に入り昆明へ向かった。ビルマルートを失ってから、トラックで補給物資が届くのは二年八カ月ぶりのことだった。

## 5 太平洋戦線から日本本土へ

一九四三年の後半期になるまで、米軍は、対日大反攻の進撃を妨げる邪魔者を除去する仕事に手を焼き、進撃は思うにまかせなかった。その邪魔者とはラバウルであった。ラバウルは日本の連合艦隊の大根拠地で、ここに海軍の兵力を集結させていた。一九四三年六月から、米軍は南、南西太平洋の日本軍の前線基地の島嶼を攻略しつつ、二正面からラバウルに向けて進撃した。ラバウルを包囲し、徹底空爆で無力化させることにした。

その間、米国の産業力は、厖大な量の軍需品を生産し続けてきた。そこで生産された軍需物資は、今や北アフリカ戦線を制圧し、さらにシシリー島及びイタリア本土への進攻作戦を支えるに充分過ぎるほどであった。それればかりか、その一部は翌年のヨーロッパ進攻に備えて残しておいたくらい厖大なものであったという。それでも太平洋方面はやはり第二次的な戦場であった。

しかし一九四三年の末頃までには、太平洋方面にも厖大な戦備が回されてきたので、ラバウルに二正面作戦を展開することができた。南西太平洋方面に続く中部太平洋方面の作戦には「エセックス」級の航空母艦が投入され、作戦遂行の最重要の主動力となった。

このアメリカ航空母艦「エセックス」は排水量二万七〇〇〇トン、飛行機九〇機を搭載可能な新型であった。これが一九四三年夏までに太平洋方面に就役した。また巡洋艦の船体より建造した「インデペンデンス」級の軽航空母艦も、これとほぼ同期に太平洋方面に到着しつつあった。こうして一九四四年一一月ギルバート諸島作戦が行われるまでには、同方面には「エセックス」級の航空母艦五隻と、「インデペンデンス」級の航空母艦五隻とが作戦可能であった。しかもその上に、さらに速力は遅かったが海辺の橋頭堡争奪戦の際に航空掩護のできる護送用軽航空母艦六隻も使用できたのである。しかも米潜水艦はこの方面で隻数をますます増やし、日本商船、貨物船、輸送船を魚雷攻撃で間断なく沈めていた。知りたくもないことだが、一九四三年一一月までにアメリカ潜水艦は日本船舶一九五万トンを撃沈していたと報告していたのである。

一九四三年一〇月一二日、南西太平洋方面の連合軍はラバウルに対して大規模な爆撃を開始した。

一九四四年二月に、日本軍はラバウルの航空基地から全兵力を引き揚げるが、それまで連合軍は、くり返し行った空爆で無力化し孤立化したラバウルに徹底攻撃を加えた。

連合軍の反攻にとって最大の障碍ラバウルが除去されようとしている最中の一九四三年一一月二七日、連合国の米国のルーズベルト大統領、英国のチャーチル首相、中華民国重慶政府の蔣介石総統ら首脳者は、北アフリカのカイロで軍事、外交会議を開き、「カイロ宣言」を声明した。

**カイロ宣言**

各軍事使節は、日本国に対する将来の軍事行動を協定した。

三大同盟国は、海路、陸路及び空路によって野蛮な敵国に仮借のない圧力を加える決意を表明した。この圧力は、既に増大しつつある。

三大同盟国は、日本国の侵略を制止し罰するため、今次の戦争を行っている。同盟国は、自国のためには利得も求めず、また領土拡張の念も有しない。

同盟国の目的は、一九一四年の第一次世界大戦の開始以後に日本国が奪取し又は占領した太平洋におけるすべての島を日本から剝奪すること、並びに満洲、台湾及び澎湖島のような日本国が清国人から盗取したすべての地域を中華民国に返還することにある。日本国は、また、暴力及び強欲により日本国が略取した他のすべての地域から駆逐される。前記の三大国は、朝鮮の人民の奴隷状態に留意し、やがて朝鮮を自由独立のものにする決意を有する。

以上の目的で、三同盟国は、同盟諸国中の日本国と交戦中の諸国と協調し、日本国の無条件降伏をもたらすのに必要な重大で長期間の行動を続行する。

米英華三国は、日本国の抵抗を挫き降伏させると自信満々の宣言を行い、日本に対する三同盟国の主張決意を明確に示した。わかりやすく言うと、三同盟国は日本を降伏させ、日本の委任統治領の南洋群島を日本から剝奪する。満洲、台湾及び澎湖島を中華民国に返還させる。その他日本国が略取したすべての地域から日本軍を駆逐する。朝鮮を植民地から解放し独立させる。これまで日本が戦争や事変によって手に入れた版図をすべて奪うと宣言した。このカイロ宣言は後の「ポツダム宣言」の基礎となる。

戦争は国家間の争闘である。戦争を開始するのも降伏するのも終了するのも国家の意思で行う。どんなに国民が「もう勝ち目もないし戦争をやめたい」と願っても、戦争は止められない。大日本帝国憲法は、宣戦及び講和の権限を天皇に与えている。簡単に言えば天皇が降伏すると決定しない限り降伏できない。

米軍は、日本本土決戦によって、日本国軍の最高司令官の大元帥天皇がいる首都東京を攻略し、大元帥天皇に降伏条件をのませ、大日本帝国を降伏させることにした。敵国日本の抵抗力を挫くために米軍の機動部隊(航空母艦を基幹に、戦艦・巡洋艦・駆逐艦・護衛駆逐艦・輸送船・多数の補助艦・上陸用舟艇)は、台風のように中部太平洋方面から日本本土を狙って北上した。

一九四三年一一月二一日、米軍はギルバート諸島のタラワ、マキン両島に上陸した。

一九四四年一月三一日、中部太平洋方面の米軍はマーシャル諸島の日本軍基地に攻撃を開始した。一九四四年二月から米軍は、かつてない大規模な攻撃を開始した。マーシャル諸島を攻撃し、空爆と砲撃を浴びせた。二月八日までにクェゼリンが占領された。基地を奪取され制海権を失い、海上封鎖されて補給路を遮断されると、ますます補給が困難になった。

二月一七、一八日、米軍は日本軍にとって南洋群島防衛の要衝であるトラック島を猛攻撃した。日本軍はこの攻撃で飛行機の損耗＝二七〇機、沈没＝艦艇一〇隻、輸送船三一隻、人員約七〇〇名、その燃料糧秣のほとんどを一挙に失った。

日本海軍は、不覚にも哨戒偵察飛行に重大な過誤があり、米艦隊の接近を察知できなかった。これが壊滅的な大損害を受ける大きな原因だった。ミッドウェー海戦、南太平洋の海戦でも、日本海軍は敵の捜索偵察を軽視して敗退した。失敗しても責任を問わない、反省しないという体質は軍隊創設以来の伝統だった。

米国太平洋艦隊はソロモン諸島、ギルバート諸島、マーシャル諸島、トラック諸島、カロリン諸島、マリアナ諸島(サイパン、グアム、テニアン)、硫黄《いおう》島を日本軍から奪取して占領した。一九四四(昭和一九)年三月以降の戦闘史を整理しておく。

三月三一日　連合艦隊古賀峯一海軍大将戦死

四月　六日　日本軍、インパール作戦でコヒマ占領

四月一八日　中国で大陸打通作戦開始
六月　六日　連合国軍、北フランスのノルマンディ上陸、進攻開始
六月一六日　在華米軍機、九州を初空襲
六月一九日　マリアナ沖海戦
七月　四日　大本営、インパール作戦中止を決定
七月　七日　サイパン島守備隊全滅
七月一八日　サイパン島失陥の責任を負い、東条内閣総辞職。陸軍参謀総長に梅津美治郎大将
七月二一日　米軍、グアム島上陸。二四日、テニアン島に上陸
七月二二日　小磯内閣成立
八月一〇日　グアム島守備隊全滅

一九四三年に入ると、持てる国米国は、工業力と生産能力を最大限に発揮して艦船、飛行機及び兵器を厖大に生産し、これを前線に補給するようになった。圧倒的物量で優勢を確保し、米軍の兵力の損失を最小限に食いとめ、早急に戦闘に勝利しようとした。そのために兵器の改良、新兵器の開発をした。水陸両作戦では艦隊は掩護砲撃を行い上陸部隊を支援する。上陸に先立ち驚異的な艦砲射撃を行い、特に水際砲撃は莫大な弾薬を消耗した。水際砲撃のために、高性能弾丸、ロケット、爆弾及び信管が使用できるよ

うに砲を開発した。サイパン島攻略戦の六月一三日から七月一二日に至る一カ月に米軍は約一万一〇〇〇トンの弾丸を攻撃機動部隊の艦艇から発射した。

一九四三年のソロモン海戦以来、戦闘は航空機消耗戦になったが、日本の生産力は米国とは比べものにならなかった。資材、燃料、輸送船、労働力、工業力、技術力、武器弾薬、航空機、軍艦の何もかも日本は劣っていた。日本軍守備隊は、絶望的な劣勢の中で島嶼の基地を死守しようとした。生命を弾丸に代えて米軍に抵抗し全滅した。一九四三年末にラバウル攻防戦で大量の航空兵力を失ったことは、その後の日本軍の敗北を示唆するものであった。

マッカーサーは「必ず帰る《アイ・シャル・リターン》」という名セリフを残してフィリピンからオーストラリアに脱出したが、一九四四年九月から米軍はフィリピン奪回に乗り出した。これに対して寺内寿一南方軍総司令官は、一〇月二二日、フィリピンの山下奉文軍司令官に、海軍と協力してレイテ島を防衛し米軍を撃滅せよと命令した。

一〇月二三日から二六日、レイテ湾沖海戦が起きた。スリガオ湾戦、サマール海戦、エンガノ沖海戦がほとんど同時に起きた。レイテ海戦は、その後の勝敗を決定した。日本海軍は大敗し、戦艦武蔵を失った。

一二月七日、米軍はレイテ島の裏側オルモック付近に上陸し、ここを占領すると、日本軍が苦心して集積した大量の軍需品や糧秣を奪った。米軍は一二月一五日、ミンドロ島に上陸した。大本営は一二月二七日、レイテ戦を終了した。次いで米軍はルソン島のリンガエン湾に上陸した。リンガエンには多数の飛行場があり、鉄道や道路網の中心地だった。フィリピン防衛の要であり南シナ海から来る日本軍を押さえることができた。

一九四五年二月に入ると、長距離爆撃機による日本本土空襲が可能になったが、戦闘機の掩護をつけるために、戦闘機基地が必要になった。東京から一四〇〇キロ離れた硫黄島には三つの飛行場があり、戦闘機基地にぴったりだった。米軍が硫黄島を確保したら中型爆撃機による日本本土攻撃もできる。硫黄島を奪取されたら日本各地が日常的に空襲されることになる。

敗色が濃厚になり敗戦がいよいよ現実味を帯びてくると、近衛文麿元首相は、共産革命を避けて国体護持をはかるために、和平工作を天皇に上奏した。内大臣木戸幸一・近衛ら宮中グループと鈴木貫太郎内閣は、こともあろうに満ソ国境紛争で衝突をくり返してきたソ連に、和平の仲介を依頼しようと画策した。ソ連は連合国の一員として枢軸国のドイツと戦争していた。けれども中立条約を締結している日本には宣戦していなかった。中立条約にすがりつき、ソ連に期待をかけて和平の仲介をしてもらおうと考えた。ところがソ連はヤルタ会談(米英ソ首脳会談・一九四五年二月四―一一日)で対日参戦を約束していた。ソ連は南樺太をはじめ北方の島々を奪還しようと企図していた。

四月五日、ソ連はヤルタ会談の決定に基づき日ソ中立条約を延長せずと日本に通告した。七月一三日、鈴木内閣は近衛を派遣したいとソ連に申し入れたが、一八日に拒否された。

一九四五年七月一七日からベルリン郊外のポツダムに、米国大統領トルーマン、イギリス首相チャーチル（労働党内閣が成立してからはアトリー首相）、ソ連のスターリン首相が集まり、ドイツの戦後処理と対日終戦問題について会談した。すでに五月七日、ドイツは無条件降伏し、日本の降伏も確実だった。

七月二六日、米英華は対日降伏勧告「ポツダム宣言」を発表した。また米英ソ三国は、ドイツの戦後処理に関する「ポツダム協定」を八月二日に発表した。連合国米英ソ華首脳は、「ポツダム宣言」及び「ポツダム協定」で、ドイツと日本の戦争犯罪人を裁くことを確認した。

当時ソ連は日ソ中立条約による中立関係を維持していたので、ポツダム宣言に参加しなかった。けれども半月後の八月八日、ソ連は日本に宣戦し、同時にポツダム宣言に加わった。その結果、ポツダム宣言は連合国主要国である米英ソ華の対日降伏勧告となった。

スターリンはすでに対日戦終結について会談していた。中立条約を締結しているから、ソ連は日本の依頼を受けてくれるかもしれないという身勝手な鈴木内閣の期待は見事に裏切られた。

三月一〇日　東京大空襲
三月一七日　硫黄島守備隊全滅
四月　一日　米軍、沖縄本島に上陸開始
四月　五日　ソ連、日ソ中立条約を延長しないと通告。小磯内閣総辞職
四月　七日　鈴木貫太郎内閣成立
五月　七日　ドイツ無条件降伏
六月二三日　多数の沖縄県民を犠牲にして、沖縄戦終了
六月二八日　マッカーサー元帥、ルソン島の戦闘終了を声明
七月一七日　米英ソ三国、ポツダム会談を開催
七月二六日　米英華、対日共同宣言「ポツダム宣言」を発表
八月　二日　ポツダム会談終了

降伏の目的は、無駄な抵抗を止め、人命を無用の殺傷から救うことにある。降伏はどちらから申し込んでもよい。戦闘継続中、もはや勝目がないと諦めた軍隊は、白旗を掲げて軍使を派遣して、敵に降伏を申し入れる。だが日本軍には大元帥天皇の命令がない限り、勝手に降伏することは許されない。

米軍は三月一〇日の東京大空襲を皮切りに、日本本土攻撃を本格化した。日本の主な都市に対し、次々と空襲で壊滅的な打撃を与えるようになった。

# 第19章

# 降伏・敗戦

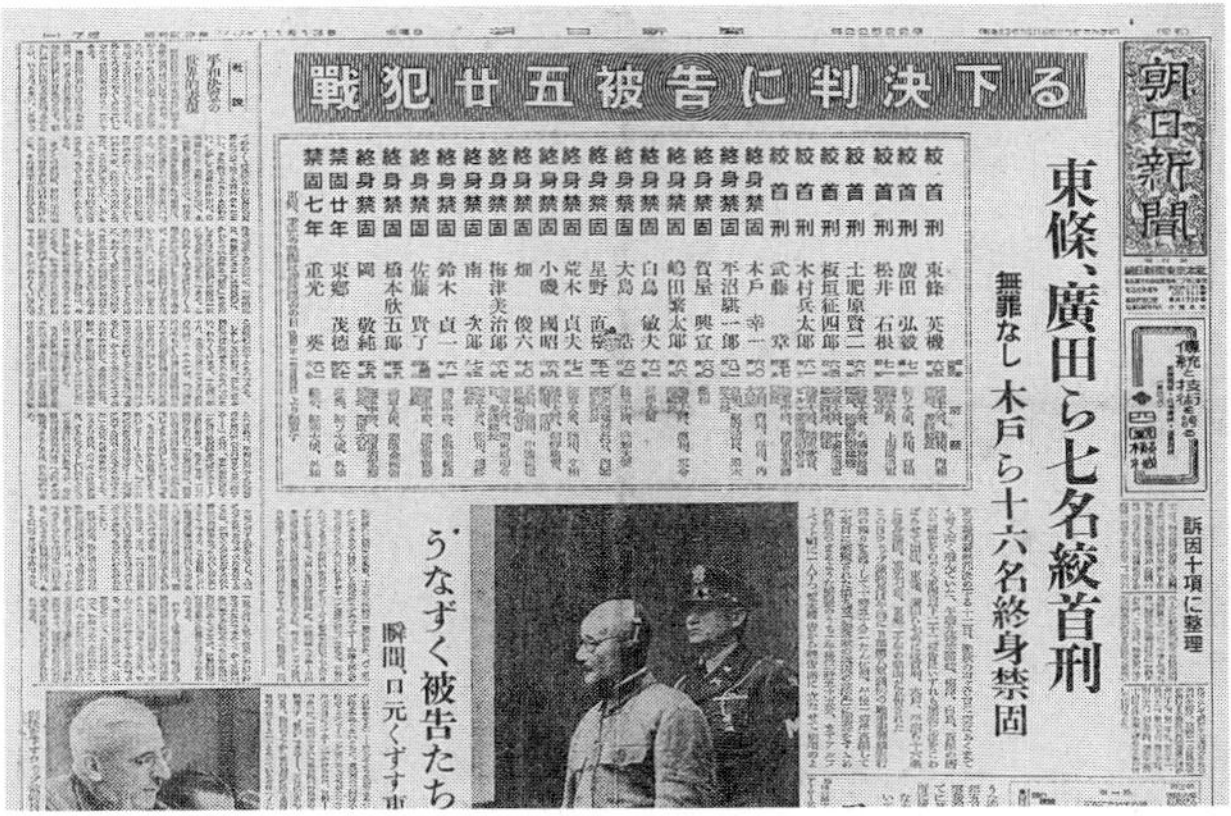

朝日新聞

戰犯廿五被告に判決下る

東條、廣田ら七名絞首刑

無罪なし 木戸ら十六名終身禁固

| | |
|---|---|
| 絞首刑 | 東條英機 |
| 絞首刑 | 廣田弘毅 |
| 絞首刑 | 松井石根 |
| 絞首刑 | 土肥原賢二 |
| 絞首刑 | 板垣征四郎 |
| 絞首刑 | 木村兵太郎 |
| 絞首刑 | 武藤章 |
| 終身禁固 | 木戸幸一 |
| 終身禁固 | 平沼騏一郎 |
| 終身禁固 | 賀屋興宣 |
| 終身禁固 | 嶋田繁太郎 |
| 終身禁固 | 白鳥敏夫 |
| 終身禁固 | 大島浩 |
| 終身禁固 | 星野直樹 |
| 終身禁固 | 荒木貞夫 |
| 終身禁固 | 小磯國昭 |
| 終身禁固 | 畑俊六 |
| 終身禁固 | 梅津美治郎 |
| 終身禁固 | 南次郎 |
| 終身禁固 | 鈴木貞一 |
| 終身禁固 | 佐藤賢了 |
| 終身禁固 | 橋本欣五郎 |
| 終身禁固 | 岡敬純 |
| 禁固廿年 | 東郷茂徳 |
| 禁固七年 | 重光葵 |

訴因十項に整理

うなずく被告たち

瞬間、口元くずす

東京裁判判決を報じる『朝日新聞』，1948 年 11 月 13 日

## 1　降伏勧告・ポツダム宣言の条件

ポツダム宣言は、一九四五年七月二六日、米・英・華三国の名で出された対日降伏勧告である。いってみれば開戦における最後通牒と同じ意味のものである。「降伏勧告──ポツダム宣言を受諾して無条件降伏するか、受諾を拒否して徹底的な攻撃を受けて壊滅するか、どちらかを選択せよ」と、まさにイエスかノーかの選択を迫ったのである。ポツダム宣言が示した条項は、次の通りである。

**ポツダム宣言**

一、吾等合衆国大統領、中華民国政府主席及びグレート・ブリテン国総理大臣は、吾等の数億の国民を代表し、協議の上、日本国に対し、今次の戦争を終結するの機会を与うることに意見一致せり。

（日本に戦争終結の最後の機会を与えることに合意したことを明らかにした）

二、合衆国、英帝国及び中華民国の巨大なる陸、海、空軍は、西方より自国の陸軍及び空軍に依る数倍の増強を受け、日本国に対し最後的打撃を加うるの態勢を整えたり。右軍事力は、日本国が抵抗を終止するに至る迄、同国に対し戦争を遂行するの一切の連合国の決意に依り支持せられ、かつ鼓舞せられ居るものなり。

（ヨーロッパでドイツ軍と交戦していた連合国の軍隊は、今後は日本軍に攻撃を加えるための態勢をととのえた）

三、蹶起せる世界の自由なる人民の力に対するドイツ国の無益かつ無意義なる抵抗の結果は、日本国国民に対する先例を極めて明白に示すものなり。現在日本国に対し集結しつつある力は、抵抗するナチスに対し適用せられたる場合に於いて全ドイツ国人民の土地、産業及び生活様式を必然的に荒廃に帰せしめたる力に比し、測り知れざる程更に強大なるものなり。吾等の決意に支持せらるる吾等の軍事力の最高度の使用は、日本国軍隊の不可避かつ完全なる壊滅を意味すべく、また同様必然的に日本国本土の完全なる破壊を意味すべし。

（連合国がナチスドイツを潰滅させた軍事力よりもさらに強大・強力な軍事力を日本国に行使することは、日本軍の完全な潰滅と日本本土の完全な破壊になる）

四、無分別なる打算に依り日本帝国を滅亡の淵に陥れたる我儘なる軍国主義的助言者に依り日本国が引続き統御せらるべきか、又は理性の経路を日本国が履むべきかを日本国が決定すべき時期は、到来せり。

（二―四条で連合国の戦意と戦力を誇示し、今や降伏の時であると勧告している）

五、吾等の条件は、左の如し。

吾等は右条件より離脱することなかるべし。右に代る条件存在せず。吾等は、遅延を認むるを得ず。

（六条以下の条件を無条件で速やかに受諾して降伏する以外に、戦争終結の最終唯一の機会はないことを明らかにした。そして六条以下の条件をすべて無条件で承認してすぐに降伏せよと迫った）

六、吾等は、無責任なる軍国主義が世界より駆逐せらるるに至る迄は、平和、安全及び正義の新秩序が生じ得ざることを主張するものなるを以て、日本国国民を欺瞞し、これをして世界征服の挙に出づるの過誤を犯さしめたる者の権力及び勢力は、永久に除去せられざるべからず。

（連合国は無責任な軍国主義を世界から追いださない限り、平和も正義も生まれないと主張する。だから日本国民をだまして世界征服―八紘一宇の誤りを犯させた権力［軍部］や軍国主義者は永久に排除されねばならない）

七、右の如き新秩序が建設せられ、かつ日本国の戦争遂行能力が破砕せられたることの確証あるに至る迄は、連合国の指定すべき日本国領域内の諸地点は、吾等の茲《ここ》に指示する基本的目的の達成を確保するため占領せらるべし。

（戦争能力の破壊［軍部の解体］と平和・安全・正義の新秩序を確立させるまでは、連合国軍は日本を保障占領する）

八、カイロ宣言の条項は、履行せらるべく、又日本国の主権は、本州、北海道、九州及び四国並びに吾等の決定する諸小島に局限せらるべし。

（「カイロ宣言の履行を含む領土の削減」は、連合国は日清戦争から今次大戦敗戦に至る間の戦果として日本が獲得した版図及び権益のすべてを奪うという意味である）

九、日本国軍隊は、完全に武装を解除せられたる後、各自の家庭に復帰し、平和的かつ生産的の生活を営むの機会を得しめらるべし。

（「軍隊の武装解除とその家庭復帰」は全般的休戦と講和への準備）

一〇、吾等は、日本人を民族として奴隷化せんとし、又は国民として滅亡せしめんとするの意図を有するものに非ざるも、吾等の俘虜を虐待せる者を含む一切の戦争犯罪人に対しては、厳重なる処罰加えらるべし。日本国政府は、日本国国民の間に於ける民主主義的傾向の復活強化に対する一切の障礙を除去すべし。言論、宗教及び思想の自由並びに基本的人権の尊重は、確立せらるべし。

（連合国は戦争犯罪人を処罰するための裁判を行い、国家主義的思想を否定する。日本は天照大神の血をひく万世一系の現人神＝天皇が、千代に八千代に統治する国である。国民は天皇の臣民として滅私奉公、尽忠報国を果たす。日本は、このような天皇と臣民の関係が永遠に続くという国体原理主義に基づく国家であり、これを日本の国体と称して誇った。戦時中は、民主主義や共産主義、社会主義、自由主義は我が国体と相容れないものであると否定してきた。したがって民主主義的傾向を復活強化し、国民の基本的人権を尊重することは、日本の国体を否定することになる。明治維新以来の天皇制に変革を加えることになる。また一〇条によって、日本国軍の最高司令官である大元帥天皇が、戦争犯罪人にされかねない)

一一、日本国は、その経済を支持し、かつ公正なる実物賠償の取り立てを可能ならしむるが如き産業を維持することを許さるべし。ただし、日本国をして戦争のため再軍備を為すことを得しむるが如き産業は、この限りに在らず。右目的の為、原料の入手(その支配とはこれを区別す)を許さるべし。日本国は、将来世界貿易関係への参加を許さるべし。

一二、前記諸目的が達成せられ、かつ日本国国民の自由に表明せる意思に従い平和的傾向を有しかつ責任ある政府が樹立せらるるに於いては、連合国の占領軍は、直ちに日本国より撤収せらるべし。

(日本が平和的、民主的な国家になったと確認するまで、連合国軍は日本の保障占領を続ける)

一三、吾等は、日本国政府が直ちに全日本国軍隊の無条件降伏を宣言し、かつ右行動に於ける同政府の誠意に付き、適当かつ充分なる保障を提供せんことを同政府に対し要求す。右以外の日本国の選択は、迅速かつ完全なる壊滅あるのみとす。

（全日本軍の無条件降伏を勧告した。英米華は、日本が降伏勧告＝ポツダム宣言受諾を拒否したら、直ちに完全な壊滅状態になるような猛烈な攻撃をするぞと宣言した）

軍部中央の軍人たちは、ポツダム宣言は日本の国体と日本国軍を抹殺するものであるからと受諾に猛烈に反対した。しかし、日本が降伏勧告を無視し、降伏を拒絶することは、「やれるものなら、やってみろ！」という意思表示になる。ポツダム宣言を突きつけられた日本政府と軍部は対応に苦慮した。

七月二八日付新聞に鈴木首相は、軍部の圧力に押されて、ポツダム宣言を黙殺すると発表した。新聞記事は「政府は黙殺　帝国政府としては米・英・重慶三国の共同声明に関しては何等重大な価値あるものに非ずとしてこれを黙殺するとともに、断乎戦争完遂に邁進するのみとの決意を更に固めている」というのである。

この新聞発表で、連合国は当然、降伏勧告拒否と受け取った。ポツダム宣言は、第一三条にあるように、ポツダム宣言受諾以外の日本国の選択は「迅速かつ完全なる壊滅あるのみとす」と警告していた。

## 2　ポツダム宣言受諾と終戦の詔書

米軍は八月六日広島に、次いで九日に長崎に原子爆弾を投下した。一瞬にして広島と長崎の街が壊滅した。広島では二四万人以上が、長崎では約一二万二〇〇〇人が死亡し、多くの市民が被爆した。

八月八日、ソ連が対日宣戦布告をし、九日からソ連軍が南樺太・満洲国・朝鮮へ進撃した。関東軍はこれに先立ち、七月五日に、朝鮮とソ連国境図們江と満洲国の首都新京と関東州の大連を繋ぐ線で囲んだ満洲南東部を確保して持久するという方針を密かに固めていた。この線の外側の確保や防衛は諦め、そこにいる在留邦人の生命と財産は見捨てていたのである。ソ連軍が進攻してきた時、避難できずに大勢の人が死亡し、中国残留孤児を生んだ。ソ連軍と交戦して降伏した将兵はシベリアに抑留されることになった。

ソ連の参戦は大本営や政府に衝撃を与えた。八月九日午前中、最高戦争指導会議が開かれた。もともと陸軍を主体とする本土防衛決戦態勢には、ソ連の参戦を考慮に入れていなかった。それがいきなり背後にソ連軍という敵を迎えることになったために、本土防衛決戦措置構想が根柢から崩れたのである。しかもその会議の最中に長崎にも原爆を投下されたことが報告された。

それなのに軍部はポツダム宣言の受諾に抵抗し続けたのである。そればかりか、もしポツダム宣言を受諾するなら交渉条件をつけろと東郷外相に迫った。その条件たるや話にもならない馬鹿げたものであった。

一、占領軍は我が本土に上陸せざること。

二、我が在外軍は所在において無条件降伏の形式を取らず自発的に撤兵し、復員すること。

三、戦争犯罪人の処刑は本邦側において行うこと。

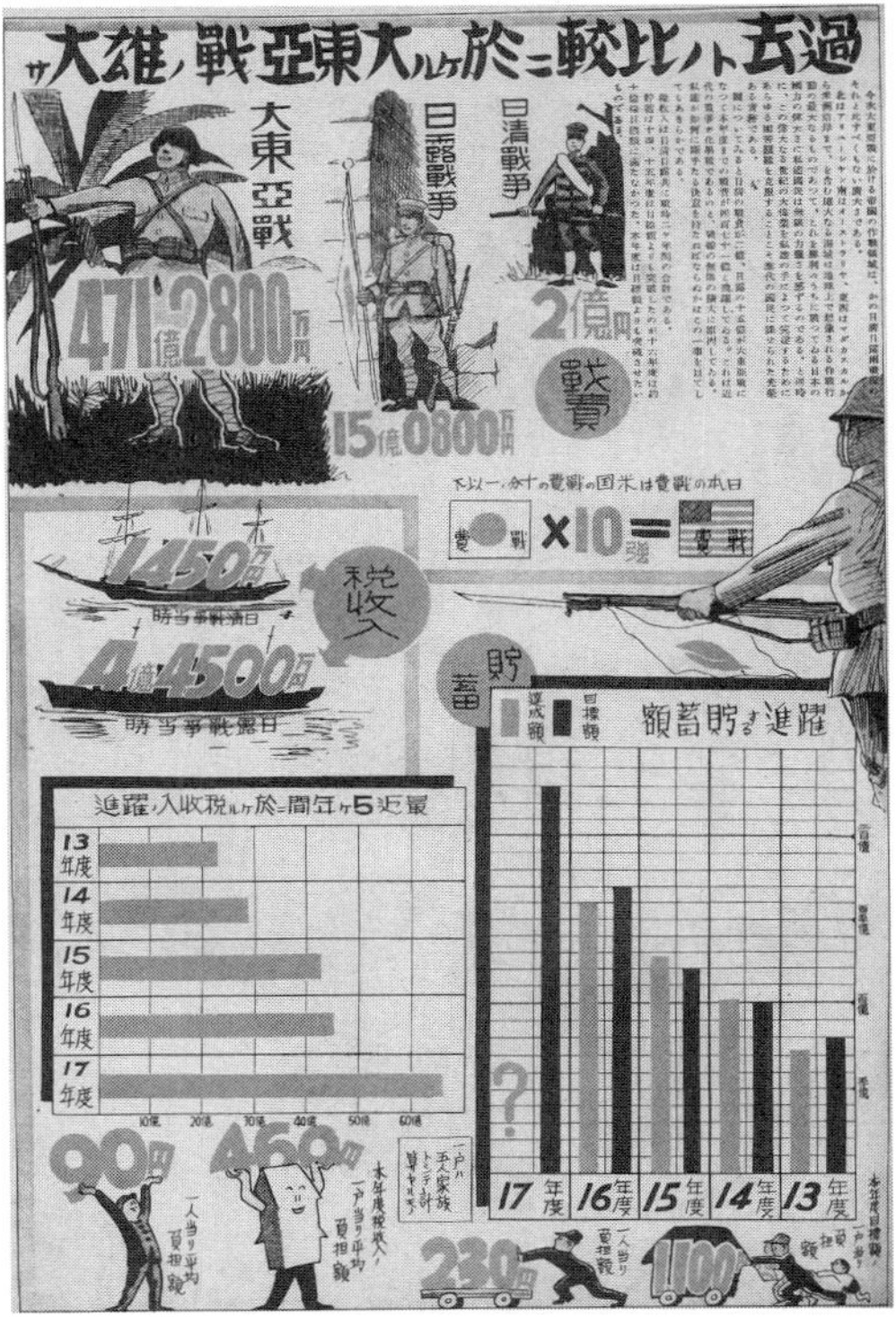


「大東亜戦争」と過去の戦争との戦費比較

東郷外相にあっさり否定されると、軍部は「それなら竹槍玉砕戦しかない」と開き直って脅迫した。人殺しの道具を持ったいい大人が駄々をこねるのだから始末が悪かった。その後閣議が開かれ、同じ問題が討議された。しかし、ここでも国体護持が可能か否かが問題になり、結論がでなかった。八月九日、深夜の二三時三〇分から御前会議を開き、三時間後の八月一〇日午前二時三〇分、天皇の「聖断」という形をとってポツダム宣言を受諾すると決定した。けれども米内光政海相を除く軍部首脳は、あくまでも本土決戦を主張した。

八月一四日、宮中の防空壕内で、閣僚及び最高戦争指導会議のメンバーを召集して最後の御前会議が開かれた。ここで天皇の聖断で「国体護持を条件」にポツダム宣言を受諾することを正式に決定した。政府はただちに中立国のスイスを通じて連合国に通告した。

天皇絶対の国体護持を否定するポツダム宣言を受諾するということは、国体護持の否定を承諾することになる。「国体護持を条件とする」という条件は天皇の期待に過ぎなかった。

八月一五日正午、天皇が「詔書」(「終戦の詔書」)を朗読したレコード(玉音盤)をラジオを通じて全国に放送した。玉音とは天皇の肉声のことである。国民ははじめて耳にした天皇の声で日本が降伏して敗戦したことを知った。

朝日新聞

誓約履行の大詔渙發

詔書

重光、梅津兩全權
降伏文書に調印す
きのふ午前九時 ミズーリ艦上にて

調印する重光外相

降伏文書調印を伝える『朝日新聞』，1945 年 9 月 3 日

——ということになっているが、当時、中学校の二年生だった私は、北海道余市の農家に泊まり込みの勤労奉仕にいっており、宿泊先の近所のラジオで玉音放送を聴いた。ノイズやらハウリングがあって、内容はほとんど聞き取れず、断片的に「……せしめたり」とか「べからざるに至り……」という程度のことしかわからなかった。同宿の級友と「これは非常事態になったから、もっと一所懸命にやれということだろう」と話し合ったが、帰宅した家人から、すぐに日本の降伏だと知らされ、血の気が失せ、頭の中が真っ白になった。この後、何を考えたかについては「まえがき」で書いた通りである。

日本が無条件降伏した時、国外の中国大陸、ビルマ、フィリピン、蘭印などに陸軍二八〇万、海軍約三〇万、合わせて約三一〇万の将兵がいた。彼らは所属部隊の司令官が連合国軍の司令官に降伏して、初めて戦闘停止できる。

八月一六日早朝、アメリカ政府は連合国軍最高司令官

天皇陛下、マッカーサー元帥御訪問

聖上 米記者に御言葉

全世界平和に寄與

民生を確保 社會的安定を達成

天皇のマッカーサー訪問を伝える『朝日新聞』，1945年9月29日．これを情報局出向内務省検閲官が「不敬である」として発禁処分にしたためにマッカーサーが激怒，山崎巌内務大臣の罷免を命じ，東久邇内閣総辞職となった

にダグラス・マッカーサー元帥を任命したことと、速やかに停戦することを通告してきた。八月二一日、日本側は外地の各司令官に降伏すべき相手を明示し無条件降伏をするように指令した。こうして順次各部隊は戦闘を停止した。関東軍や第五方面軍に不手際があって、停戦が遅れた。

八月三〇日午後二時五分、マッカーサーが厚木の飛行場に到着した。この時から、連合国軍最高司令官マッカーサーが天皇の上に立ち、日本の占領統治を開始した。矢継ぎ早に指令(メモランダム=覚書)を出し、ポツダム宣言と降伏文書に基づいて非軍事化・民主化・人権確立政策を実施し、日本を民主主義国家へ変えていった。

九月二日、ミズーリ号艦上で連合国と日本は降伏文書に正式に調印した。ここに全世界をまきこんだ第二次世界大戦の戦闘は完全に停止した。

日本はポツダム宣言の受諾を確認し、その誠実な履行を明文化した降伏文書に署名調印した。これによって敗戦国日本に、誠実に降伏文書の規定条項を守る義務が生じた。ポツダム宣言の諸条項は、対日平和条約に至るまでの連合国軍の日本占領管理政策の指導原則となった。

敗戦直後には厳しく適用されたが、冷戦で米ソの対立がひどくなり、占領が長引くとともに、適用は緩やかになった。ポツダム宣言の諸条項は講和の予備条項の性格があり、それを適用して日本に実施させることは「事実上の講和」「なし崩しの講和」を意味する結果となった。

ポツダム宣言と降伏文書に掲げられた条件を誠実に日本に履行させるために、連合国軍アメリカは日本を保障占領したのである。日本が民主的な平和国家に再建されないかぎり、占領軍は日本から出ていかないし、日本は講和条約を締結して戦争を終了することもできない。つまり日本は、マッカーサーの叱咤と訓育と監督の下で、民主主義国家に変革することを強制されたのである。

戦後民主主義は「占領軍アメリカの押しつけ民主主義」だと言う人がいる。また敗戦後の日本国憲法も「押しつけ憲法」と否定的にとらえる人も多い。とはいえ、天皇がマッカーサーと並んだ写真を見たことで、国民は降伏、敗戦、占領の何たるかを正確に理解し、民主化を進んで受け入れたことも事実である。

## 3　戦争犯罪裁判

さて、ポツダム宣言の第一〇条は、戦争犯罪人を裁判にかけて処罰すると述べている。日本がポツダム宣言を天皇の名において無条件で受諾し、降伏文書に調印したことは、連合国側に戦争犯罪裁判を行う法的根拠を与えた。東京に設置された極東軍事裁判所でA級戦争犯罪人が審理され判決を受けて処罰された。極東軍事裁判を一般に東京裁判というが、今日でも東京裁判を認めず、これを国際法違反の勝者の奢りを押しつけた茶番だといって認めない人がいる。しかし、これは天皇の決定を茶番だと言っているようなものである。

一九七八年一〇月一七日、秋の例大祭の前日に、靖国神社は東京裁判でA級戦争犯罪人として裁かれ、刑死・獄死・未決病死した一四人(東条英機元首相、板垣征四郎元陸相・土肥原賢二元第一四師団長・松井石根元中支方面軍司令官・木村兵太郎元ビルマ方面軍司令官・梅津美治郎元関東軍司令官・武藤章元軍務局長・永野修身元海相・小磯国昭元首相・平沼騏一郎元首相・広田弘毅元首相、東郷茂徳元外相・松岡洋右元外相・白

鳥敏夫元駐伊大使)を合祀した。これが明るみに出たのは一九七九年四月のことで、実は靖国神社は一九七〇年までに厚生省の協力を得て、「BC級戦争犯罪人」の刑死者・獄死者の合祀を既に完了していた。

それ以来、四半世紀が過ぎ、敗戦後六〇年の今日までA級戦争犯罪人を合祀した靖国神社は中国や韓国との外交に影を落とし続けている。ここで戦争犯罪人と軍事裁判所について少し説明しておきたい。

第二次世界大戦での戦争犯罪人を裁判する裁判所には、種々の裁判所がある。最も重要なものは、ニュールンベルクの国際軍事裁判所と東京の極東軍事裁判所である。前者はヨーロッパの特にドイツの主要な戦争犯罪人を裁判するための裁判所であり、後者は日本の主要な戦争犯罪人を裁判するための裁判所である。

ニュールンベルクの国際軍事裁判所と東京の極東軍事裁判所は、国際軍事裁判所、極東国際軍事裁判所と言うことからわかるように国際的な裁判所である。

連合国の米英仏ソ四国政府は、ロンドンで軍事裁判に関する国際会議＝ロンドン会議を開催し、一九四五年八月八日、「欧州枢軸諸国の重大戦争犯罪人の訴追及び処罰に関する協定」(以下ロンドン協定と略す)及び国際軍事裁判所で戦争犯罪を起訴し、裁判するための手続きを定めた「国際軍事裁判所条例」を成立させた。アメリカ代表ロバート・H・ジャクソンは、国務長官に宛てた『R・H・ジャクソン報告書』(一九四七年一二月一五日)のまえがきの中で次のように述べている。

その後、オーストラリア、ベルギー、チェコスロバキア、デンマーク、エチオピア、ギリシャ、ハイチ、ホンジュラス、インド、ルクセンブルク、オランダ、ニュージーランド、ノルウェー、パナマ、パラグァイ、ポーランド、ウルグァイ、ベネゼエラ及びユーゴスラビアの一九カ国がこのロンドン協定と国際軍事裁判所条例に正式に参加した。かくて、この条例の原則により約九億の人民を代表する二三カ国の政府の厳粛な裁判が規制されることになった。さらにニュールンベルク裁判の原則は、国際連合総会によって一般的な承認を受けた。

一九四五年八月八日に成立した国際軍事裁判所条例第一条は、「ロンドン協定に基づき欧州枢軸国の重大戦争犯罪人の公正かつ迅速な審理及び処罰をもって、ここに国際軍事裁判所(以下裁判所という)を設立する」と定め、第六条は、裁判所は次の各犯罪のいずれかを犯した者を裁判し、かつ処罰する権限を有することを定めた。第六条は以下(a)(b)(c)の行為を裁判所の管轄に属する犯罪とし、これについては個人的責任が成立すると規定した。

(a) 平和に対する罪

侵略戦争もしくは国際条約、協定もしくは誓約に違反する戦争の計画、準備、開始もしくは遂行またはこれらの各行為のいずれかの達成を目的とする共通の計画もしくは共同謀議への関与。

(b)　戦争犯罪——戦争の法規または慣例の違反

この違反は、占領地所属もしくは占領地内の一般人民の殺害、虐待、もしくは奴隷労働もしくはその他の目的のための移送、俘虜もしくは海上における人民の殺害もしくは虐待、人質の殺害、公私の財産の略奪、都市町村の恣意的な破壊または軍事的必要により正当化されない荒廃化を含む。ただしこれらに限定されない。

(c)　人道に対する罪

戦争前もしくは戦争中に、すべての一般人民に対して行われた殺害、殲滅、奴隷化、移送及びその他の非人道的行為または犯罪地の国内法の違反であると否とを問わず、裁判所の管轄に属する犯罪の遂行として、もしくはこれに関連して行われた政治的、人種的もしくは宗教的理由に基づく迫害行為。

上記犯罪のいずれかを犯そうとする共通の計画または共同謀議の立案または実行に関与した指導者、組織者、教唆者及び共犯者は、何人によって行われたかを問わず、その計画の遂行上行われたすべての行為につき責任を有する。

この第六条で規定した犯罪はこれまでの戦争法規にはない新しいものだった。さらに、

第七条　国家の元首であると、政府各省の責任のある地位にある官吏であるとを問わず、被告人の公務上の地位は、その責任を解除し、または刑を減軽するものと

して考慮されるものではない。

第八条　被告人がその政府または上司の命令に従って行動したという事実は、被告人の責任を解除するものではないが、裁判所において正義が要求するものと認める場合は、刑の軽減のために考慮することができる。

国際軍事裁判所条例は、国家よりむしろ個人が、犯罪となる国際法違反に対して責任を有するという原則を定め、また、そのような国際法違反者に対して、共同謀議の原則を適用した。これにより、犯罪を行うための共通の計画に関与した者は、その計画の遂行につき共同謀議に加わったその他の者の行った行為についても、責任を負うことを定めた。

また国際軍事裁判所条例は、「国家の行為」であるという抗弁によって、被告人を法律的責任から免れさせることを禁じ、これによって犯罪を犯した政治家が従来持っていたような責任免除の特権を認めることを拒否した。最後に、この条例は上司の命令で行った行為であっても、被告人の責任を解除しないことを規定した。

これは極めて画期的な規定で、この条例により国際法は、新しい時代を迎えることになった。この国際軍事裁判所条例が国際法として定着すれば、挑発されることなくして計画的に攻撃を行う戦争は、普遍的な非難の根拠に値し、その戦争の張本人は、相当の処罰を受けることになるからである。そうなれば、国家の主権(交戦権を行使すること)

にも影響を与える。各国の政治家は自国に対して責任を有すると同様、国際的平和と秩序に対しても責任を有するという前提に立たねばならないからである。

従来なら罪も責任も問われなかった人たちが、ロンドン協定と国際軍事裁判所条例で規定された戦争犯罪を犯したとして、ニュールンベルク裁判にかけられ処罰されることになった。そしてニュールンベルク裁判の原則は「極東国際軍事裁判」(以下「東京裁判」という)にも適用された。

日本の降伏直前に成立したロンドン協定と国際軍事裁判所条例を勝者の奢りだと非難したり、東京裁判は国際法上の合法性を有しないもので、断じて認めることはできないと主張する人がいる。しかし戦争犯罪人を裁判にかけて処罰することは、日米開戦前から反枢軸国間で宣言されており、既にいくつかの重要な宣言や協定や約定が結ばれていた。

**㈠ セント・ジェームズ宮殿における宣言**　一九四二年一月一三日

ロンドンの歴史的な会議で、これに直接参加した九つのヨーロッパ諸国の政府は、ドイツで有罪、有責な者等を裁判で処罰することを、主要な戦争目的のうちに入れるという原則を宣言した。中華民国政府も受諾、ソ連政府も同意した。

**㈡ モスクワ宣言**　一九四三年一一月一日米国国務省により新聞発表

ルーズベルト大統領、チャーチル首相、スターリン首相は「ヒトラー一派の残虐行為に関する声明書」＝「モスクワ宣言」に署名した。米英ソ三国は、ドイツ軍が占領した諸国で行った残虐行為と戦争法規の違反について協議した。そして戦後、ドイツ軍人とナチ党員を、これらの犯罪的行為が行われた国で処罰することを決めた。また主要な戦争犯罪人を連合国政府の共同の規定によって処罰することにした。侵略的な戦争を準備し、開始し、実行した政府と軍部の首脳者を戦争犯罪人とし、従来の戦争犯罪に、新しい重大な戦争犯罪を加えることを決めた。モスクワ宣言において米英ソ三国の間に、初めて戦争犯罪に関する原則的一致が成立した。この意味でモスクワ宣言は非常に重要なものである。

### (三) ロンドン会議　一九四五年六月二六日開催

米英仏ソ四カ国代表の法律家がロンドンに集まりロンドン会議を開いた。ロンドン会議の目的は、原則しか提示しなかったモスクワ宣言を具体的に補完し、ナチ党とドイツの主要戦犯を裁く国際軍事裁判所について四大国の最終的合意を形成することにあった。ロンドン会議をリードしたのは米国代表のロバート・H・ジャクソンだった。実際のところ、このような国際軍事裁判を行う先例も慣例も存在しなかったので、四大国の意見の一致を図るのは容易ではなかった。ロンドン会議と併行して開催されたポツダム会談で、ドイツや日本に対して「吾等の俘虜を虐待せる者を含む一切の戦争犯罪人に対しては、厳重なる処罰を加え」ることを決めると、ロンドン会議の法律家たちは一九四五年八月八日、ロンドン協定と国際軍事裁判所条例を成立させた。

ソ連が宣戦布告した日に、日本の最高戦争指導者たちがポツダム宣言受諾をめぐって紛糾している時に、ロンドン協定と国際軍事裁判所条例が成立した。「歴史にもしもはない」としても、ロンドン協定や国際軍事裁判所条例が成立する前に、広島・長崎に原爆が投下される前に、ソ連が参戦する前に、日本がポツダム宣言を受諾していたら、日本の戦後はどうなっていただろうと、思わざるを得ない。

## 4　東京裁判とBC級裁判

第二次世界大戦は、日本がポツダム宣言を受諾するのを待って終わろうとしていた。最後の枢軸国―日独伊三国同盟国のうち、既にイタリア、ドイツは無条件降伏していた。最後に残った日本も八月一四日に、ポツダム宣言を受諾して無条件降伏した。その結果、東京裁判実施の法的根拠が生じた。連合国側は、ニュールンベルク裁判の原則、基本方針を東京裁判に適用することを決定したので、東京裁判をもう一つのニュールンベルク裁判という。

そこで問題となったのが、第七条の「国家の元首」すなわち「昭和天皇」の戦争責任だった。東京裁判を開廷するに先立ち連合国の間で、天皇の戦争責任を問い、戦争犯罪人として裁判にかけ処罰すべきかどうかが問題になった。最も強硬だったオーストラリア政府は、一九四六年一月九日、連合国戦争犯罪委員会第一回委員会に天皇を含む六二名の日本主要戦犯第一次リストを提出し、その採用を委員会に迫った。これに対してアメリカは天皇を戦争犯罪人として裁くことに消極的だった。

東京裁判開廷前から連合国側は天皇戦犯指名問題をめぐって激しく対立した。もともと連合国は反枢軸国として連合していたに過ぎなかった。連合の必要がなくなったとたん、各国の思惑や国益の違いが露呈した。結論からいえば、米国は占領統治を円滑に行うために、天皇を最大限に利用することを決め、A級戦犯として訴追しない方針をとった。

A級戦争犯罪人に関しては、連合国軍最高司令官陸軍元帥ダグラス・マッカーサーは、一九四六年一月一九日、極東国際軍事裁判所条例を発布した。ただしニュールンベルク裁判での「第七条　国家の元首であると、政府各省の責任のある地位にある官吏であるとを問わず、被告人の公務上の地位は、その責任を解除し、または刑を減軽するものとして考慮されるものではない」の原則のうち「国家の元首」の部分は削除した。

一九四六年五月三日、東京裁判が開廷された。東条ら二八人のA級戦犯容疑者が起訴されたが、東京裁判は昭和天皇を訴追せず、一九四八年一一月一二日、被告二五名に有罪判決を下し、一二月二三日、東条英機等七名を絞首刑にした。

スラバヤ近郊の油田炎上の消火活動に捕虜を使役する，1942 年

靖国神社は東京裁判所に訴追されたA級戦犯以外にBC級戦犯も合祀した。一般にBC級戦犯といっているが、B級戦犯は、非戦闘員（捕虜、一般住民）に対する残虐行為を命令した者、C級戦犯は上官の命令に従って残虐行為を為した者とに区別されている。ドイツの戦犯を裁いたニュールンベルク裁判所の憲章では、B級は通常の戦争犯罪を犯した者、C級は人道に対する罪を犯した者と区別した。けれども日本ではドイツのような区別はなく、すべて通例の戦争犯罪に関して訴追されたので分別せずBC級戦犯と呼んだ。

BC級裁判は、連合国各国独自の法令を根拠として、その所轄地域における戦争犯罪人を臨時軍法会議法廷、軍事委員会等を設けて裁いた。アメリカ（横浜、上海、マニラ、グアム、クェゼリンの各法廷）、イギリス（シンガポール、ラングーン、香港他）、オーストラリア（ラバウル、モロタイ他）、オランダ（バタビア、バリックパパン他)、フランス(サイゴン)、フィリピン(マニラ)、中国国民政府(北京、南京、上海、広東、済南、台北、徐州、瀋陽他)等の各地の法廷で、国際軍事裁判所条例によってBC級戦犯を裁いた。これは一般的にいう裁判所ではなく、軍事法廷であった。

一九四五年一二月五日、アメリカは「戦争犯罪被告人裁判規程」によって軍事委員会を設置し、BC級戦争犯罪人を裁いた。軍事委員会の裁判は、軍の司令官が自己の処罰権を行使するための参考として部下の将校に審理を行わせ、その意見を求めるために開く。軍事委員会の判決は司令官が認可してはじめて執行できる。したがって軍事委員会の判決に対して上訴は認められない。

上官の命令によって俘虜や非戦闘員の一般住民を虐待したり殺害したりした罪でBC級戦犯に問われ、死刑や実刑を科せられた旧日本軍将兵は少なくなかった。日本軍は緒戦で英米蘭軍を撃退し広大な占領地と俘虜を獲得した。それが裏目に出た。日本軍は俘虜を抱えて降伏したので、俘虜の処遇に関して罪を問われたBC級戦犯が多かったが、この問題に関して複雑な背景があった。

戦争法やジュネーブ条約は俘虜を人道的にとり扱うことと規定している。ところが日本はジュネーブ条約に加盟していなかった。そのことも問題だったが、一九四二年四月一八日、米軍機が日本本土初空襲に成功し、東京、名古屋、神戸方面に被害を与えた。

これに衝撃を受けた軍部は、「敵航空機搭乗員処罰に関する軍律」(一九四二年八月一三日支那派遣軍総司令官制定)を定めた。

第一条　本軍律は帝国領土または満洲国または我が作戦地域を空襲し、支那派遣軍の権内に入りたる敵航空機搭乗員にこれを適応す。

第二条　左に記載したる行為を為したる者は、軍罰に処す。

一、普通人民を威嚇または殺傷することを目的として、爆撃、射撃、その他の攻撃を加えること。

二、軍事的性質を有せざる私有財産を破壊または毀損することを目的として、爆撃射撃、その他の攻撃を加えること。

三、やむを得ざる場合の外、軍事的目標以外の目標に対して爆撃、射撃その他の攻撃を加えること。

四、前三号の他、戦時国際法規に違反すること。前項の行為をなす目的をもって帝国領土、満洲国または我が作戦地域に来襲しその未だそれ遂げざる前、支那派遣軍の権内に入りたる者また同じ。

第三条　軍罰は死とす。ただし情状により無期または一〇年以上の監禁をもってこれに代わることを得る。

第四条　死は銃殺す。監禁は監禁場に拘置し、定役に服す。

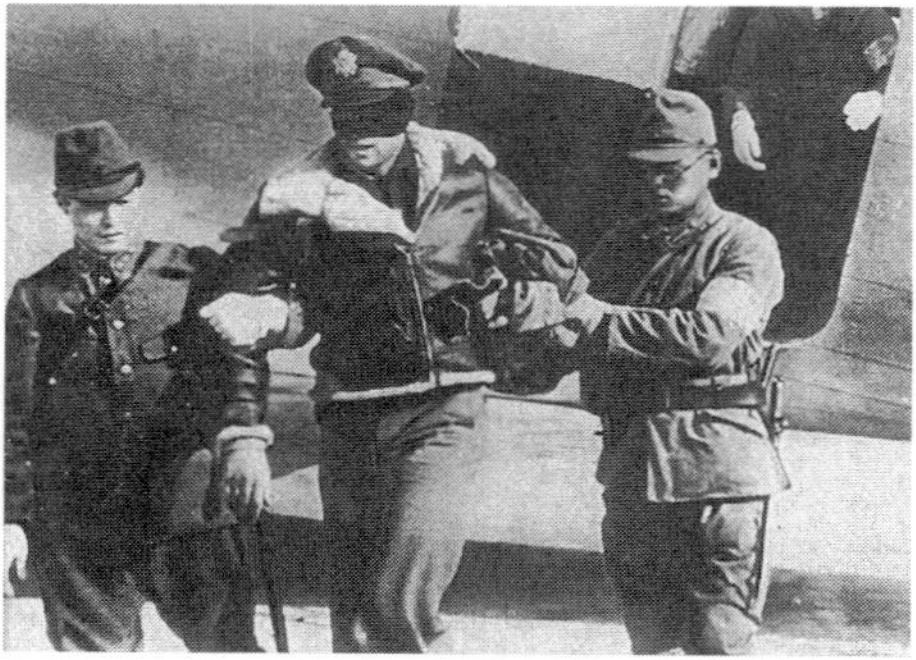
捕えられ目隠しされて護送される，日本本土を空襲した B29 搭乗員

第五条　特別の事由あるときは、軍罰の執行を免除す。
第六条　監禁については本軍律に定めるものの外、刑法の懲役に関する規定を準用す。
付則　本軍律は昭和一七年八月一三日よりこれを施行す。
　本軍律は施行前の行為に対してもこれを適用す。

この軍律に関して、米国大統領は俘虜にされた搭乗員の殺害は、一九二九年七月二七日、ジュネーブで調印された「俘虜の待遇に関する条約」に違反する非人道的行為だと再三抗議をした。けれども日本は違法ではない合法だと突っぱねた。『戦時国際法提要　上』で信夫淳平は、軍律会議の合法性について次のように述べて裏付けした。

俘虜は人道的に扱われるべきだが、俘虜の人道的待遇は、もともと交戦の法規慣例の認める適法の戦闘行為の末に力尽きてやむなく対戦国の権内に陥ったことの、同情的念慮に発したる法則であるから反対にその違法、ことに暴虐的非人道的行為を演じた末に俘虜となった者に対しては、対戦国はこれに人道的待遇の恩典を享有せしむ限りに非ざるは論を待たずで、当然、その情状に適応する処断を加えるに妨げない。昭和一七年四月一八日、我が帝都に空襲を行える米機の乗員に対し、帝国軍憲の加えたる厳罰のごとき、この理に照らし明らかに適法処分で、寸毫の異論を挟み得べき余地はない。当時米国側では、帝国軍憲の処分をもって一九二九年の俘虜待遇条約の違反なりとしてやかましく騒ぎ立てる声も聞こえたが仮に我が国は該条の拘束を受くるものとしても、該条約にはかかる俘虜に対しても尚かつ厳罰を遠慮すべしと命ずる条項とては一も無きにおいて、これを援用して我が措置を非難するが如きは全然見当違いである。

敗戦後、信夫淳平のこの言い分は通らなかった。俘虜になった米機搭乗員を軍律会議にかけて銃殺した罪で、軍律会議に関わった者たちはBC級戦犯として処刑された。一九四三年以降、米英軍が本格的な反撃を開始した。輸送船舶の不足は補給を困難にして、食糧が不足した。物資、食糧不足に苦しみながら占領地を経営し、俘虜の健康を維持するのは非常な困難が伴った。だからといって住民や俘虜や抑留市民を虐待したり殺したりしてよいわけがない。多くの日本兵は軍人勅諭により、上官の命令は天皇陛下の御命令だと言われ、疑うことなく命令に服従した。戦争中は自分が戦争犯罪を犯しているという自覚を持ちようがなかった。そのために敗戦後、BC級戦犯にされた多くの人たちは、理不尽さが先に立ち自分の罪を認めることに抵抗があった。

一九五八年一〇月三一日、東京放送テレビ(TBSの前身)が放映したテレビ・ドラマ『私は貝になりたい』(岡本愛彦演出・フランキー堺主演)も、地方の町の理髪店の平凡な主人が突然MPに拘束されて、BC級戦犯に問われ、処刑されるまでのドラマで、多くの視聴者に衝撃を与えた。何のために処刑されるのか納得できないまま、刑場の露と消えた旧日本軍将兵も少なくなかったであろうと思われる。

だが、そうは思っても、筆者の手許にある「審判書原本綴」は、日本軍占領下の軍律会議がでたらめな審判で現地住民を処罰した生々しい証拠を記録している。被害者がまぎれもなく加害者であった事実を考えると、BC級戦犯に問われても仕方がないのかとも、思ってしまう。

先日物故した知り合いの老人がこっそり話してくれたが、日本の敗戦と知った現地住民が、それまでの日本軍の横暴ぶりに仕返しをするような嫌がらせをしたので、復員船に乗る前夜に、村中を皆殺しにしたというのである。戦後、捕まるかとびくびくして、みんなで仲間内の連絡も絶ち、息を殺していたそうだ。「その島の名前だけは口が裂けても言えないし、いくら観光でも南方へだけは行きたくない」と薄く笑った時、正直言って恐ろしかった。

# おわりに――あの戦争とは何だったのか

敗戦後六〇年が過ぎた今日、隣国の中国や韓国から、「日本は戦争の歴史を学んでほしい」と言われている。本当は「加害者として、日本が戦前・戦時中に中国や韓国で何をやったのかを学んで反省してほしい」と言いたいのだろう。戦後の日本人は世界唯一の原子爆弾被爆国として、平和を願う気持はどこの国よりも強かったと思う。にもかかわらず戦争を国家間の状態として考えず、日本国内や日本人にとって被害をもたらした戦争としかとらえず、中国、韓国、アジア諸国、さらに連合国側に対する視点には欠ける傾向がある。

実際に今回の仕事でアジア・太平洋戦争の歴史を学び直すと、何度も辛く嫌な気分に落ち込んだ。開戦に関するハーグ条約に違反して米英を騙し討ちしたこと、中国を始めアジア諸国に多大な迷惑をかけたこと、思い上がりとしかいえないような理想を掲げ、愚かな誤算と意味のない画一思想に陥って、多くの将兵を悲惨に戦死させた事実に直面すると、悲しみにうちひしがれる。イヤなことは見たくない、知りたくない、加害者としての日本を受け入れたくない、そんな思いが募る。今考えてみると、戦後六〇年その

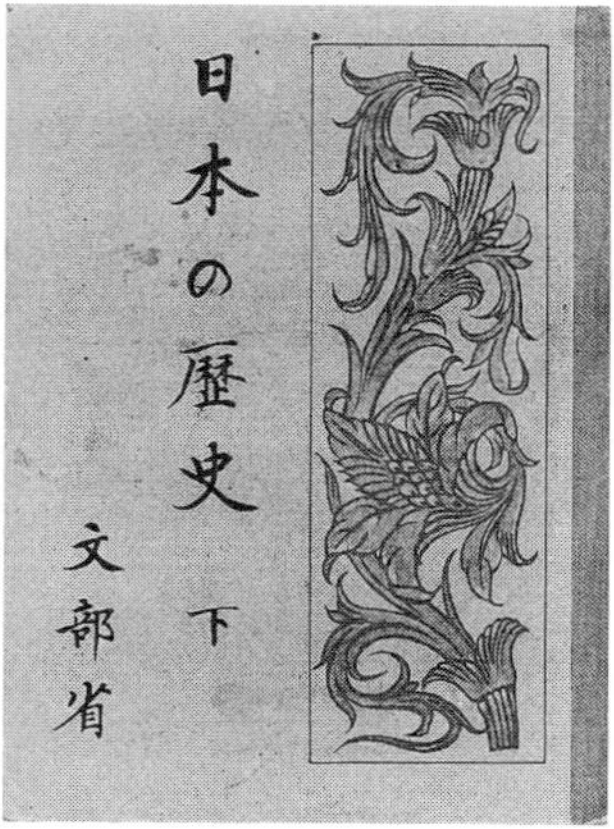

教科書『日本の歴史　下』

思いが日本人を呪縛して、「大東亜戦争」の真実から目を背けてきたように思う。

中国や韓国との外交問題になっている靖国神社については、小著『すっきりわかる「靖国神社」問題』(二〇〇三年・小学館)を参照していただきたいが、靖国神社は国体原理主義に基づく軍事施設としての神社だった。戊辰戦争以来の大日本帝国の国威伸張の戦争で命を落とした軍人を「軍神」として祀った神社である。名誉の戦死を約束し、庶民の厭戦感情や不満を抑圧したり緩和したりする役割も果たした。靖国神社は戦後は一宗教法人となったが、戦後も一貫して天皇が命じた大東亜戦争を聖戦と称え続け、東京裁判を勝者の奢りの茶番劇だと否定している。

小泉首相はA級戦犯を合祀している靖国神社に「平和を祈念するために参拝した」と述べ、中国や韓国にその信条を理解してほしいと訴えるばかりだ。なぜ中国や韓国が首相の靖国神社公式参拝に反対し不快感を示すのかを考えようとしない。これでは両国間の溝は深まるばかりである。

今回、敗戦後六〇年を経て、改めて戦争の歴史を学び直して分かったことは、戦時中は戦争の真実はほとんど分かっていなかったということだった。というのも、私が「日本は戦争には必ず勝つ運命にある」という必勝の信念に、どっぷり浸かって錬成教育されていた軍国少年だったからである。実際に自分が体験した戦争について学んだのは、敗戦の翌年、一九四六年一〇月で、旧制中学三年生の二学期になってからだ。その時のテキストは、戦後初の、そして最後の中学校向け国定教科書『日本の歴史 下』(文部省・中等学校教科書株式会社・定価二円七〇銭)だった。

久し振りに本稿のために引っぱりだして開いてみて驚いた。すでにこの時点で近現代史の改竄《かいざん》が行われていたのである。書かなければならないことを書かず、因果関係も書かず、年表的に戦史を羅列しているだけで、なぜ満洲事変が日華事変になり太平洋戦争になったのか、さっぱりわからない。この教科書では、悪いのはすべて軍部と一部政府指導者で、天皇の戦争責任はいっさい論じられていない。もちろん国体原理主義の解剖など思いもよらないことであった。それはともかく、今、参考までに教科書の第一六章第三節「満洲事変から太平洋戦争へ」からいくつか引いてみよう。

**満洲事変**　蔣介石の南京政府成立後、急速に発展した中国統一運動は、やがて満洲の地にも波及し、その結果、満洲における特殊的地位を主張するわが対中華民国政策と、衝突するにいたった。わが政府及び軍部は、いたずらに旧来の権益を固執して、ともすれば武力を背景とする圧迫的態度に出て、両国関係を悪化させた。外交交渉には、相互の友愛と理解を基礎とする譲歩や、問題の公正・穏当な解決点を見出すことが必要である。にもかかわらず、協調は軟弱であると反対し、外交目的は強硬にさえ出れば達せられると主張する強硬外交論が、軍部あるいは一部政府指導者の間にあった。このような見解は、ややもすると外交政策を左右する力を持った。

かくて、昭和初期からのちしばしばおこった我が国と中華民国の紛争は、両国間の親交を阻害し、相互の敵視を増大する不幸な結果となった。それがついに昭和六年九月の満洲事変をひきおこさせた。すなわち、九月一八日夜、満洲における我が軍は、中華民国軍隊が南満洲で鉄道破壊を企て、かつわが軍に対する総攻撃の第一歩として、わが鉄道守備隊を攻撃したと主張し、ただちに行動を開始し、急速に東北三省の軍事占領を行い、五箇月を出ないうちに、主要都市のすべてを占領した。事変当初、わが政府は不拡大方針を採ったが、軍の行動は政府の意向を無視して事件を拡大させて戦乱は全満洲だけでなく中支方面にまで波及した。

翌七年〔一九三二年〕三月、わが関東軍の支持をうけて満洲国が中華民国から分離独立を宣言した。しかしわが国以外の列国は承認しなかった。

（これでは何のために満洲事変を起こしたのか、訳がわからない。両国関係を悪化させた因果関係の説明がない。もちろん関東軍による謀略ではじめられた事変であることも、天皇が関東軍をほめた勅語を出したことも書かれていない）

**支那事変**　中華民国では満洲事変後、いよいよ国内統一の傾向を強めた。抗日の目標のもとに全民衆・全党派が協力し蔣介石主席指導のもとに旺盛な国家意識を振作していた。しかもわが軍部やいわゆる右翼指導者らは、満洲事変の一応の成功に気がおごり武力外交の意図をあらわにし、華北におけるわが特殊的地位をも要求するにいたった。かくて両国の全面的な衝突は、昭和一二年（一九三七年）七月七日、北平近郊の蘆溝橋における両国軍の交戦を端緒として、ついに支那事変をひきおこした。これこそ宣戦布告なしの中華民国に対する戦いの第一歩であった。（中略）一二月わが軍が南京を占領したとき、同地で行った残虐行為が一そう中華民国を徹底交戦にみちびく結果をもたらした。国民政府は四川省の奥地重慶に移って抗戦を続けた。（後略）

（どうして盧溝橋事件が日華事変にまで拡大したのか、訳がわからない。それにこれが日本の侵略戦争であったとは書いていない）

**太平洋戦争の勃発**（略）

**戦争の経過**　昭和一六年（一九四一年）一二月八日、わが艦載機が宣戦布告に先立って、無警告に真珠湾を攻撃し、ここに戦いがはじまった。同日、米・英両国に対して宣戦が布告され、わが軍は、マレー・シャム・シナなどにおいて大規模な作戦行動を開始した。一二月香港を占領し、翌年一月マニラを、翌月シンガポールを占領した。さらに、ビルマ・ジャバに侵入し、緒戦においては、先制攻撃の結果、有利な地位を獲得した。しかし、このあいだに連合軍の反撃準備はしだいに進み、四月マッカーサー元帥は南西太平洋聯合軍司令官に就任して戦争の指導にあたり、五月珊瑚海海戦、翌月ミッドウェイ海戦がおこり、わが海軍は大打撃をうけ、ついで八月アメリカ軍はガダルカナル島に上陸して反攻が開始された。戦況はここに大転換をきたし、わが軍は守勢の地位となり、後退をはじめた。しかも軍部はなんら真実の発表を行わず虚偽の宣伝を続け、また憲兵・警察によって人民の言動をまったく抑圧した。

昭和一八年に入って、わが軍閥政府は、占領地の偽独立許容や国内議会政治の支配などに熱中していたが、アメリカ軍の反撃はしだいに強力になり、五月にはアッツ島を占領し、九月にはニューギニヤのラエ・サラモアに上陸し、一一月にはギルバート諸島にも上陸しはじめた。昭和一九年に入って、マーシャル諸島クェゼリン・ルオット両島の上陸も開始されラバウルは孤立した。戦局はしだいにわが軍に不利となり、六月アメリカ軍は、太平洋上の戦略拠点サイパン島を攻撃し、翌月全島を攻略した。そしてサイパン失陥と共に東条内閣は瓦解したのであった。これより先、アメリカ潜水艦の活動は、著しくわが輸送力を減殺し、また航空機によるわが本土爆撃もはじまった。

ついでアメリカ軍の攻撃目標はフィリピンに向けられ、一〇月レイテ島に上陸を開始し、一二月にレイテ戦は終了した。

(冒頭の部分で日本はあたかも宣戦布告をしたかのように思わせる記述になっている。すでにして、無通告を無警告と述べているのが怪しい。この教科書の奥付には(APPROVED BY MINISTRY OF EDUCATION)とあり、GHQ〈総司令部〉からクレームがつかなかったのが不思議なくらいである)

**敗戦**　昭和二〇年一月、アメリカ軍はルソン島リンガエン湾に上陸を開始し、翌月マニラを回復した。三月には硫黄島戦が終了し、四月には沖縄本島の攻略がはじまった。

一方欧州戦局をかえりみると、はやく昭和一八年二月、スターリングラードの独軍が潰滅し、九月、イタリアは連合国に無条件降伏を行った。一九年六月、連合国軍は北部フランスに上陸し、二〇年一月、ソビエト軍は最後の冬季攻撃を開始した。三月には、米・英軍はライン河を渡河し、五月、ベルリンは連合国軍の手に落ち、ドイツは連合国に無条件降伏した。

昭和二〇年四月、日・ソ中立条約の不延長通告をうけて小磯国昭内閣は辞職し、鈴木貫太郎内閣が成立した。しかしてアメリカ航空機のわが本土爆撃はますます熾烈となり、六月、沖縄戦は終了し、本土上陸作戦が計画された。七月、米・英・中華民国は、対日共同宣言(ポツダム宣言)を発表したが、八月六日・九日の原子爆弾攻撃、八日、ソビエト＝ロシヤの対日宣戦布告を機として、わが国は一五日ポツダム宣言を受諾し、無条件降伏を行った。天皇は、大詔を発して宣言の受諾を述べ、さらに政府が大本営に降伏を命じ、また国民に武器をすてて抵抗をやめるように命ぜられた。

長々と引用したが、ここに戦後六〇年の歴史教育の原点があるように思われる。つまり歴史は年表を学ぶ学科で、「何時、何処で、何が」を丸暗記するだけの無味乾燥な科目だった。したがって一般向けの歴史解説書も、ここからスタートして、この線から外れることなく、営々と続けられてきた。

二〇〇一年初頭に私は、『新聞は戦争を美化せよ！——戦時国家情報機構史』(小学館)を刊行した。ほとんど未公開の極秘資料を使って情報委員会から情報局廃止に至るまでの経緯を記述した。その際、戦時下の国策司令塔の役割を演じた情報機構が、意外に外国の反応に気遣っていたことを知った。その外国の情報は国家権力によって規制され、国民には知らされなかった。しかもそうしたものも極秘文書という歴史の襞の奥にかくれたままになっており、時がたつにつれて発掘がむずかしくなる。もしかすると資料的価値を理解しないものの手で廃棄抹消されてしまうかもしれない。同時に歴史の概念も時とともに既成のものが動かし難いものになっていく。

その意味で、本書はできるかぎり戦時下の出版物や一次資料で、当時の戦争とともに生きた人々がどのように戦争を理解し捉えていたかをさぐることにした。既成の歴史解説書が取り上げなかったことを、あえてすくいとることに重点を置いた。それで思い至ったことは、東京裁判で連合国側は侵略戦争の計画の共同謀議を裁こうとしたが、それは無理な話であったということである。

日本の戦争指導者たちは、最初から最後まで縄張り意識に縛られていた。国民に一致協力を求めるより、各省庁が一致協力せよと揶揄された。陸軍と海軍の不仲は有名だった。はっきりいって共同謀議なぞやりたくてもやれない状態で、ずるずると戦争をやった。

実際当時の史料を読んでいて、びっくりさせられたのは、戦争は計画的に行われたのではなく、ほとんど行き当たりばったりで行ったという事実である。日本はアジアの盟主でアジア諸国の人民は日本の指導に従うべきだと自分勝手に決めつけて、強引に武力でことをすすめる厚かましさの根拠はいったい何なのか。中国人の民族意識の強固さに比較して、日本人は共同で何かをやるという共同協力意識が乏しい。建前と本音の乖離は甚だしく分裂しているとしかいいようがない。

当時の史料を読めば読むほどに、日本人ぐらい戦争に適さない民族はないと思うようになった。戦争は国家間の状態である。戦前の日本は外交下手で駆け引きができず、国際情勢を読めず、愚かな暴言を吐くだけだった。また資源に乏しく加工貿易で稼いで生きて行くしかない日本には戦争は向いていない。熱しやすくさめやすく忍耐力に乏しく駆け引きに疎い日本は、戦争なぞもっての外である。

敗戦後六〇年が過ぎた今日、日本の政府は憲法を無視してまで自衛隊をイラクに派遣したり、国会できちんと審議をすることもなく重要なことを閣議という密室で適当に決定したりしてしまう。議会や国民を無視しているとしか思えないが、国民もさほど文句もいわない。

今や時代の雰囲気は前向きに改憲で、「戦争を語る」ことは後ろ向きな時代遅れの観がある。その原因と責任は戦中派世代にもあると思うが、戦争は嫌だもうこりごりだといって、学ぶこと、真実を知ろうとする努力を怠ってきたからだと思う。六〇年前のあの戦争は今もベールに隠されたままであると、多くの人が認識してほしいと願っている。

二〇〇五年四月末日

山中　恒

# 参考資料

## まえがき及び第一章　日清・日露戦争

陸軍省『国防の本義と其強化の提唱』(一九三四年)
中村新太郎『日本の陸軍』(一九四四年・アルス)
永井萬助編『明治大正史2・外交篇』(一九三〇年・朝日新聞社)
鴇田恵吉『佐藤信淵　宇内混同秘策』(一九三七年・大同館書店)
井上晴樹『旅順虐殺事件』(一九九五年・筑摩書房)
陶山務『吉田松陰の精神』(一九四一年・第一書房)
鹿島守之助『帝国外交の基本政策』(一九三八年・巌松堂書店)
林毅陸『金玉均伝　上』(一九四四年・慶應出版社)
藤村道生『日清戦争』(一九七三年・岩波新書)
池明観『ものがたり朝鮮の歴史』(一九九八年・明石書店)
李元淳『韓国から見た日本の歴史教育』(一九九四年・青木書店)
『韓国の歴史』(曺昌淳・宋連玉訳・一九九七年・明石書店)
呉知泳『東学史』(梶村秀樹訳注・一九七〇年・東洋文庫・平凡社)
朴殷植『朝鮮独立運動の血史』(姜徳相訳注・全二巻・一九七二年・東洋文庫・平凡社)

朴宗根『日清戦争と朝鮮』(一九八二年・青木書店)

## 第二章　辛亥革命

長野朗『支那国民運動の指導原理』(一九二七年・ジャパンタイムス社)
長野朗『支那革命史』(一九三〇年・改造社)
『支那問題辞典』(一九四二年・中央公論社)
石井寿夫『孫文思想の研究』(一九四三年・目黒書店)
謝国城『支那問題の基礎知識』(一九三七年・哲刀閣)
河野密『孫文の生涯と国民革命』(一九四〇年・ラジオ新書・日本放送出版協会)
『アジア問題講座』(全一二巻・一九三九―四〇年・創元社)
孫逸仙『三民主義に就て』(吉田龍次郎訳・一九二八年・白揚社)
周仏海『三民主義解説　上下』(犬養健訳編・一九三九年・岩波新書)
橘樸『中華民国三十年史』(一九四三年・岩波新書)
北一輝『支那革命外史』(普及版・一九四一年・聖紀書房)
王樞之『孫文伝』(一九三一年・改造社)
高橋勇治『孫文』(一九四四年・東洋思想叢書・日本評論社)
池田誠『孫文と中国革命』(一九八三年・法律文化社)
根岸佶『買弁制度の研究』(一九四八年・日本図書)
後藤孝夫『辛亥革命から満州事変へ』(一九八七年・みすず書房)

**第三章　二一カ条条約**

『青島戦記』（一九一五年・朝日新聞合資会社）
『橘樸著作集　第二巻』（一九六六年・勁草書房）
『新聞集録大正史3・大正四年』（一九七八年・大正出版）
保々隆矣編『打倒日本』（一九三一年・邦文社）
勝田龍夫『中国借款と勝田主計』（一九七二年・ダイヤモンド社）
米田實『太平洋問題』（一九二九年・朝日新聞社）
津久井龍雄『日支国交史論』（一九四三年・昭和刊行会）

**第四章　満洲事変前夜**

駒井徳三『大陸小志』（一九四四年・講談社）
『満洲・上海事変全記』（一九三二年・朝日新聞社）
『中央公論』（一九三一年五月号・中央公論社）
細野繁勝『満蒙の重大化と実力発動』（一九三一年・巧芸社）
江口圭一『日本帝国主義史論』（一九七五年・青木書店）

**第五章　満洲事変**

『初等科国史 下』（一九四四年・文部省）

石森延男編『東亜・新満洲文庫「満洲史話」』(一九三九年・修文館)
小野俊一『大東亜ものがたり』(一九四四年・新潮社)
山浦貫一『森恪』(全二巻・一九四三年・高山書院)
松岡洋右『東亜全局の動揺』(一九三一年・先進社)
松岡洋右『興亜の大業』(一九四一年・第一公論社)
板垣征四郎『満洲国建国の根本理念』(一九三七年・拓務省拓務局)
半沢玉城『満洲事変日録史』(一九三四年・外交時報社)
『東日七十年史』(一九四一年・東京日日新聞社・大阪毎日新聞社)
劉異雲・易顕石・張徳良・陳崇橋・李鴻鈞『中国側から見た「満洲事変」九・一八事変史』(早川正訳・一九八六年・新時代社)
島屋政一『満洲事変』(一九三一年・大阪出版社)
陸軍省調査班『満洲国の容相』(一九三二年)

## 第六章　満洲事変と国際連盟

池田秀雄『満洲統治論』(一九三四年・日本評論社)
矢野仁一『満洲国歴史』(一九三三年・目黒書店)
外務省情報部『満洲事変及上海事件関係公表集』(一九三四年)
満洲中央銀行調査課『満洲中央銀行』(康徳七年)

## 第七章　満洲国がもたらしたもの

陸軍参謀本部『部外秘　満洲開発政策論』(一九三二年)
『経済往来三月号別冊付録　満洲国読本』(一九三四年・日本評論社)
金井章次『満蒙行政瑣談』(一九四三年・創元社)
田村敏雄『満洲国の理念と実体』(一九四〇年・満洲帝国教育会)
樋口弘『動く満洲経済』(一九三七年・ダイヤモンド社)
小関巳太郎『満洲国論』(一九四三年・大同印書館)
猪俣津南雄『軍備・公債・増税』(一九三四年・改造社)
松岡洋右『満鉄を語る』(一九三七年・第一出版社)
右田耕介編『リットン報告書』(一九三二年・東治書院)
岸井寿郎『連盟を脱退すべし』(一九三二年・浅野書店)
陸軍省調査班『リットン報告書の再批判』(一九三二年)

## 第八章　中国幣制改革

ロンドン王室国際問題研究所『英国の観た日支関係』(堀江邑一訳・一九三八年・清和書店)
『初等科国史 下』(既掲)
陸軍省新聞班『転換期の国際情勢と我が日本』(一九三五年)
サンケイ新聞社『蔣介石秘録10』(一九七六年・サンケイ出版)
飯島幡司『支那幣制論』(一九四〇年・有斐閣)

吉田政治『最近の支那通貨事情』(一九三九年・東洋経済出版部)
濱田峰太郎『中国最近金融史』(一九三六年・東洋経済新報社)
木村禧八郎『金本位制の危機』(一九三一年・千倉書房)
井上準之助『金解禁前後の経済事情』(一九三〇年)
『金本位制の研究』(一九三一年・東洋経済出版部)
米倉茂『英国為替政策』(二〇〇〇年・御茶の水書房)

## 第九章　暴走する軍部

教育総監部編『軍人勅諭謹解』(一九三九年・軍人会館出版部)
馬島健『軍閥暗闘秘史』(一九四六年・協同出版社)
陸軍省新聞班『躍進日本と列強の重圧』(一九三四年)
竹下文隆『軍部と政党の協調』(一九三六年・政界春秋社)
満田巌『昭和風雲録』(一九四〇年・新紀元社)
伊藤正徳『軍縮読本』(一九三四年・中央公論社)
伊藤正徳『軍縮』(一九二九年・春陽堂)
小林英夫『昭和ファシストの群像』(一九八四年・校倉書房)
関根郡平『皇国の危機　一九三六年に備へよ』(一九三三年・兵書出版社)
西川平吉『国体の話』(一九四二年・出来島書店)
クラウゼヴィッツ『戦争論 上下』(馬込健之助訳・一九三三年・岩波文庫)

ルーデンドルフ『国家総力戦』(間野俊夫訳・一九三八年・三笠書房)
石川三郎・富田泰次『軍閥官僚ファッショ』(一九四六年・高山書院)
津久井龍雄『日本国家主義運動史論』(一九四二年・中央公論社)

## 第一〇章　華北分離工作と抗日運動

東亜局調査課『海外情報八　北支に於ける密輸入状況』(一九三六年)
吉岡文六『蔣介石と現代支那』(一九三六年・東白堂書房)
村田士郎『混迷支那の全貌』(一九三七年・富士書房)
草野文男『抗日支那相剋の現勢』(一九四二年・人文閣)
姫野徳一『支那の抗日記録』(一九三六年・日支問題研究会)
長野朗『抗日支那の究明』(一九三七年・坂上書院)
尾崎秀実『現代支那論』(一九三九年・岩波新書)
姫野徳一『北支の政情』(一九三六年・日支問題研究会)
太田三郎『日露樺太外交戦』(一九四一年・興文社)
尾崎秀実『現代支那批判』(一九三六年・中央公論社)
尾崎秀実『国際関係から見た支那』(一九三七年・第二国民会出版部)

## 第一一章　盧溝橋事件

大毎こども会編『歴史に輝く支那事変物語』(一九三七年・盛光社)

山崎丹照『内閣制度の研究』（一九四二年・高山書院）
『中央公論』（一九三七年九月号・中央公論社）
『毛沢東選集2』（一九六八年・北京外文出版社）
鈴木利貞編『抗日支那の解剖』（一九三七年・日本評論社）
徳富猪一郎『昭和国民読本』（一九三九年・東京日日新聞社・大阪毎日新聞社）
三島康夫『支那事変の本質と見透し』（一九三九年・実業之日本社）
今井武夫『支那事変の回想　新版』（一九八〇年・みすず書房）
吾孫子豊『満支鉄道発達史』（一九四四年・内外書房）
読売新聞社編輯局『支那事変実記』（全一五輯・一九三七―三八年・非凡閣）
笠井光司『暴虐支那の正体』（一九三七年・内外出版社）
高田功『北支事変の真相と日支関係諸条約』（一九三七年・亜細亜研究会）
井上謙吉他共著『支那の全貌』（一九三七年・信正社）

## 第一二章　聯銀券と北支開発

東京日日新聞社経済部編『時局に躍る帝国経済』（一九三八年）
『実業之日本　付録「北支進出案内」』（一九三八年新年号・実業之日本社）
朝鮮銀行史研究会編『朝鮮銀行史』（一九八七年・東洋経済新報社）
田中直吉『国際政治から観た日支の抗争』（一九三七年・立命館出版部）
米国国務省編『平和と戦争』（坪井正訳・一九四六年・協同出版社）

『日本経済年報・昭和一三年第二輯』(一九三八年・東洋経済新報社)
濱田峰太郎『中国最近金融史』(既掲)
馬場鍬太郎『支那の資源と日本』(一九四三年・講談社)＊中国全土資源地図付き
今村忠男『軍票論』(一九四一年・高山書院)
今村忠男『支那新通貨工作論』(一九三九年・高山書院)
今村忠男『支那新幣制の話』(一九三九年・高山書院)
石濱知行『支那戦時経済論』(一九四〇年・慶應書房)
E・カン『戦時下支那の貿易・金融』(森沢昌輝訳・一九三八年・慶應書房)
石山皆男編『資源開発　北支読本』(一九三七年・ダイヤモンド社)
小島精一『支那経済読本』(一九三八年・千倉書房)
高木陸郎編『北支経済案内』(一九三七年・今日の問題社)
多田井喜生編『続・現代史資料11　占領地通貨工作』(一九八三年・みすず書房)
東亜問題調査会編『大陸の通貨建設』(一九三九年・朝日新聞社)
聯銀顧問室『中国聯合準備銀行五年史』(一九四四年)
東洋協会調査部『事変直前の支那経済状態』(一九三七年・東洋協会)
野田卯一『㊙為替の現在及び将来』(時局資料乙一・一九四〇年・内閣情報部)
豊田正子『私の支那紀行』(一九四三年・文体社)
大田洋子『桜の国』(一九四〇年・朝日新聞社)
川島理一郎『北支と南支の貌』(一九四〇年・竜星閣)

林語堂『北京好日』(佐藤亮一訳・全六巻・一九五一―五二年・河出市民文庫)

## 第一三章　天津租界問題とノモンハン事件

中村敏『満ソ国境紛争史』(一九三九年・改造社)
辻政信『ノモンハン』(普及版・一九五一年・亜東書房)
牛島俊作『米国の重慶援助の全貌』(一九四一年・東亜研究会)
金内良輔『日本・支那・欧米』(一九三九年・改造社)
朝日新聞社編『大陸国策　現地に視る』(一九三九年)
満洲国通信社出版部編『ノモンハン事件の真相』(一九三九年)

## 第一四章　東亜新秩序建設

陸軍省『支那事変の真意義』(一九三九年)
山口梧郎『新生支那事情』(一九三九年・内外出版)
熊谷康『支那郷鎮雑話』(一九四三年・大連日日新聞社)
益井康一『漢奸裁判史』(一九七七年・みすず書房)＊中国関係年表あり
中国総力戦研究所編『中国統制経済の総合研究』(一九四四年・中支那経済年報刊行会)
殿木圭一『上海』(一九四二年・岩波新書)
何幹之『支那の経済機構』(中西功・小泉謙訳・一九四〇年・岩波新書)
陸軍省報道部編『聖戦四年』(一九四一年・東京日日新聞社・大阪毎日新聞社)

上田広『建設戦記』(一九三九年・改造社)
上田広『続建設戦記』(一九四〇年・改造社)

## 第一五章　日独伊三国同盟

福田省三『華僑経済論』(一九三九年・巌松堂書店)
大屋久寿雄『バルカン近東の戦時外交』(一九四一年・同盟通信社)
『ナチスの戦争論』(金平太郎編訳・一九四二年・東邦書院)
鈴木健二『駐独大使大島浩』(一九七九年・芙蓉書房)
ブルックス・エメニー『米国戦争資源の分析』(一原有常訳・一九四二年・紀元社)
企画院研究会『大東亜建設の基本綱領』(一九四三年・同盟通信社)
古野清人編『南方問題十講』(一九四二年・第一書房)
南洋協会編『南洋鉱産資源』(一九四〇年・生活社)
三宅正樹『日独伊三国同盟の研究』(一九七五年・南窓社)

## 第一六章　松岡外相とハルノート

来栖三郎『泡沫の三十五年』(一九四八年・文化書院)
共同通信社「近衛日記」編集委員会編『近衛日記』(一九六八年・共同通信社開発局)
野村吉三郎『米国に使して　日米交渉の回顧』(一九四六年・岩波書店)

## 第一七章　太平洋戦争

石原莞爾『昭和維新宣言』(一九四二年・聯合総会)
徳富猪一郎『必勝国民読本』(一九四四年・毎日新聞社)
匝瑳胤次『日米決戦の海軍戦略』(一九四三年・冨山房)
斎藤栄三郎『大東亜共栄圏の通貨工作』(一九四二年・光文堂)
谷口吉彦『大東亜経済の理論』(一九四二年・千倉書房)
宮下忠雄『支那戦時通貨問題一斑』(一九四三年・日本評論社)
毎日新聞社訳編『太平洋戦争秘史』(一九六五年・毎日新聞社)
高木惣吉『太平洋海戦史　改訂版』(一九五九年・岩波新書)
林三郎『太平洋戦争陸戦概史』(一九五一年・岩波新書)
『キング元帥報告書　上下』(山賀守治訳・一九四七年・国際特信社)
『ニミッツの太平洋海戦史』(普及版・実松譲・富永謙吾訳・一九六六年・恒文社)
サミュエル・E・モリソン『太平洋戦争アメリカ海軍作戦史』(中野五郎訳・全四巻・一九五〇―五一年・改造社)
『マッカーサー回想記　上下』(津島一夫訳・一九六四年・朝日新聞社)

## 第一八章　敗北への急傾斜

太田毅『拉孟』(一九八四年・昭和出版)
石井皎編輯『拉孟・騰越』(一九五四年・雲竜会)

豊田正子『私の支那紀行』(既掲)
水田政吉『石油』(一九三八年・ダイヤモンド社)
ニコル・スミス『滇緬公路』(救仁郷繁訳・一九四〇年・萬里閣)

## 第一九章　降伏・敗戦

粟屋憲太郎『東京裁判への道』(一九九四年・NHK出版)
粟屋憲太郎『東京裁判論』(一九八九年・大月書店)
アーノルド・C・ブラックマン『東京裁判』(日暮吉延訳・一九九一年・時事通信社)
横田喜三郎『戦争犯罪論』(一九四七年・有斐閣)
『戦争犯罪裁判資料第四号　R・H・ジャクソン報告書』(一九六五年・法務大臣官房司法法制調査部)
『戦争犯罪裁判資料第一号　戦争犯罪裁判関係法令集第一巻』(一九六三年)
『戦争犯罪裁判資料第二号　戦争犯罪裁判関係法令集第二巻』(一九六五年)
『戦争犯罪裁判資料第三号　戦争犯罪裁判関係法令集第三巻』(一九六七年)
朝日新聞社編『終戦記録』(一九四五年)
外務省編纂『終戦史録』(一九五二年・新聞月鑑社)
林茂編『日本終戦史』(全三巻・一九六二年・読売新聞社)

## 【総記】

井上清『日本帝国主義の形成』(一九六八年・岩波書店)
石島紀之『中国抗日戦争史』(一九八四年・青木書店)
『アジア問題講座第一二巻　アジア人名辞典・綜合アジア年表』(一九四〇年・創元社)
『日偽政権銀行貨幣図鑑』(一九九一年・中国社会科学出版)
東京日日新聞社・大阪毎日新聞社編『新経済メモ』(一九四〇年)
吾孫子豊『満支鉄道発達史』(一九四四年・内外書房)
葛生能久『日支交渉外史　下』(一九三九年・黒龍会出版部)
大津淳一郎『大日本憲政史』(全一〇巻・一九二七―二八年・宝文館)
日本国政事典刊行会『日本国政事典』(全一〇巻・一九五三―五八年・聯合出版社・日本国政事典刊行会)
『橘樸著作集』(全三巻・一九六六年・勁草書房)
外務省外交史料館・日本外交史辞典編纂委員会編『日本外交史辞典』(新版・一九九二年・山川出版社)
国際法学会編『国際法辞典』(一九七五年・鹿島出版会)
外務省編『日本外交年表竝主要文書　上下』(一九六五年・原書房)
『国民百科大辞典　別巻地図』(冨山房・一九三七年)
東亜問題調査会編『最新支那要人伝』(一九四一年・朝日新聞社)
防衛庁防衛研修所戦史室・戦史部『戦史叢書』(全一〇二巻・一九六六―八〇年・朝雲新聞社)

『太平洋戦争への道』(新装版・全八巻・一九八七―八八年・朝日新聞社)
『昭和の歴史』(全一〇巻・一九八二―八三年・小学館)
原田熊雄述『西園寺公と政局』(全九巻・一九五〇―五六年・岩波書店)
ジョン・キーガン編『第二次世界大戦歴史地図』(滝田毅他訳・一九九四年・原書房)
藤田元春『大東亜南方圏地図帖』(一九四四年・日本統制地図)
東洋経済新報社編『日本経済年報』(第一輯―第五六輯・一九三〇年八月―一九四四年五月)
白柳秀湖『明治大正国民史』(全五巻・一九三六―三八年・千倉書房)
三宅雪嶺『同時代史』(全六巻・一九四九―五四年・岩波書店)
『中央公論』(一九三一年以降)
『改造』(一九三一年以降)
『日本評論』(一九三七年以降)
立作太郎『戦時国際法論』(一九三一年・日本評論社)
海軍大臣官房『戦時国際法規綱要』(一九三七年)
前原光雄『戦争法』(一九四三年・ダイヤモンド社)
信夫淳平『戦時国際法提要　上下』(一九四三―四四年・照林堂書店)
金冲及主編『毛沢東伝　上下』(村田忠禧・黄幸監訳・一九九九―二〇〇〇年・みすず書房)
『毛沢東選集』(全三巻・一九六八年・中国国際書店)
英修道『中華民国に於ける列国の条約権益』(一九三九年・丸善)
日本銀行特別調査室『満洲事変以後の財政金融史』(一九四八年)

竹村和夫『大東亜経済資源大観』(一九四二年・日蘇通信社)
馬寅初『中国新金融政策論』(森下修一訳・一九四三年・ダイヤモンド社)
内田智雄編『支那固有名詞辞典』(一九四二年・生活社)
『支那問題辞典』(一九四二年・中央公論社)
時局研究会編『時局認識辞典』(一九三九年・日本書院)
『時局解説百科要覧』(一九三七年・平凡社)
太田正孝編『新経済辞典』(一九四二年・冨山房)
『東亜関係人士要覧』(第一・第二輯・一九四二—四五年・東亜研究所)
山崎惣與『満洲国地名大辞典』(一九三七年・満洲国地名大辞典刊行会)
『陸海軍昭和一八年版・軍事年鑑』(一九四三年・軍人会館図書部)
『週報』(一—四五二号・一九三六—四五年・情報委員会・内閣情報部・情報局)
『朝日新聞』(一九三一年以降)
『毎日新聞』(東京日日・大阪毎日・一九三一年以降)
『読売新聞』(読売報知・一九三一年以降)
『帝国議会衆議院議事速記録』(一—八五・一九七九—八五年・東京大学出版会)
『現代史資料』(全四五巻別巻一・一九六二—八〇年・みすず書房)
『続・現代史資料』(全一二巻・一九八二—九六年・みすず書房)
読売新聞社編輯局『支那事変実記』(全一五輯・一九三七—三八年・非凡閣)
サンケイ新聞社『蔣介石秘録』(全一五巻・一九七五—七七年・サンケイ出版)

『臨時軍事費決算参考　自昭和十二年七月／至昭和二十一年二月　臨時軍事費特別会計始末』（刊記無し）

# 岩波現代文庫版へのあとがき

原著が岩波書店から刊行されたのは、二〇〇五年七月のことである。前年の一〇月、戦後六〇周年特別企画の一環として、「戦時下の少国民」から、平和への願いを込めたメッセージとしての戦争史を書いてみてはどうかと打診された。たまたま自分でも少国民時代に教え込まれた戦争の歴史が、国体原理主義に基づく我田引水的なものであったことや、戦後の中等歴史教科書でも戦時史についてはかなりおざなりなものだったことに気づき、いつか自分なりに客観的な戦争史を書いておきたいと戦時下の出版物や政府機関の極秘資料などを渉猟していたこともあって、渡りに船と引き受けたものである。

それから一〇年の歳月が流れ、政権が替わって戦後七〇周年になっても、相変わらず靖国神社参拝問題などで、中国・韓国から「歴史をきちんと認識せよ」とクレームがつけられている。無理もない。靖国神社に参拝するということは、一宗教法人靖国神社が主張する独特の靖国史観を支持することだからである。その靖国史観とは、かつて大日本帝国がいかに暴力的に韓国を併合し、いかに過酷な植民地政策を施行したか、いかに横暴に中国大陸を侵略し、いかに中国人民を痛めつけたかという事実を無かったことにする史観である。つまり「日本がやった戦争は、すべて自衛のための陛下の思し召しによる聖戦であった」とする認識、東京裁判を勝者の奢りの茶番劇として否定し、A級戦争犯罪人をあえて神として祀り、ポツダム宣言を受諾することで、連合国に降伏した事実も認めようとしない独特の史観であって、正しい歴史認識ではないのである。

しかし今の「戦争の出来る国日本」を目指す安倍政権の下では、自衛聖戦論が幅をきかせ、保守系出版社の検定教科書にも、そうした傾向が出始めている。しかも首相安倍晋三は安保法案審議にあたり「自分はポツダム宣言など読んだこともない」と大いばりである。これでは歴史認識を疑われても仕方がないだろう。ポツダム宣言はアジア・太平洋戦争の終末期にどういう状況で出された対日降伏勧告宣言であるかは、すでに本書を読まれた読者には理解していただけたと思う。その事実さえ無視しようとする浅薄な歴史認識には驚かざるを得ないが、そうした風潮が一般化しようとしている。

こうした厳しい状況の中で、このたび原著を岩波現代文庫に組み入れてくれ、新しい若い読者と巡り会えるチャンスを与えてくれた岩波書店には深く感謝している。また最初に声をかけてくれた編集の馬場公彦さんと現代文庫へ組み入れる提案をしてくれた佐藤司さんのお二方にも感謝している次第である。

二〇一五年八月一五日

山中　恒

本書は二〇〇五年七月、岩波書店より刊行された。
文庫化に当たり上下二分冊とした。

アジア・太平洋戦争史（下）―同時代人はどう見ていたか

2015年8月18日　第1刷発行

著　者　山中《やまなか》　恒《ひさし》

発行者　岡本　厚

発行所　株式会社　岩波書店
〒101-8002 東京都千代田区一ツ橋2-5-5
案内 03-5210-4000　販売部 03-5210-4111
現代文庫編集部 03-5210-4136
http://www.iwanami.co.jp/

印刷・精興社　製本・中永製本


ISBN 978-4-00-603290-6　Printed in Japan

# 岩波現代文庫の発足に際して

新しい世紀が目前に迫っている。しかし二〇世紀は、戦争、貧困、差別と抑圧、民族間の憎悪等に対して本質的な解決策を見いだすことができなかったばかりか、文明の名による自然破壊は人類の存続を脅かすまでに拡大した。一方、第二次大戦後より半世紀余の間、ひたすら追い求めてきた物質的豊かさが必ずしも真の幸福に直結せず、むしろ社会のありかたを歪め、人間精神の荒廃をもたらすという逆説を、われわれは人類史上はじめて痛切に体験した。

それゆえ先人たちが第二次世界大戦後の諸問題といかに取り組み、思考し、解決を模索したかの軌跡を読みとくことは、今日の緊急の課題であるにとどまらず、将来にわたって必須の知的営為となるはずである。幸いわれわれの前には、この時代の様ざまな葛藤から生まれた、人文、社会、自然諸科学をはじめ、文学作品、ヒューマン・ドキュメントにいたる広範な分野のすぐれた成果の蓄積が存在する。

岩波現代文庫は、これらの学問的、文芸的な達成を、日本人の思索に切実な影響を与えた諸外国の著作とともに、厳選して収録し、次代に手渡していこうという目的をもって発刊される。いまや、次々に生起する大小の悲喜劇に対してわれわれは傍観者であることは許されない。一人ひとりが生活と思想を再構築すべき時である。

岩波現代文庫は、戦後日本人の知的自叙伝ともいうべき書物群であり、現状に甘んずることなく困難な事態に正対して、持続的に思考し、未来を拓こうとする同時代人の糧となるであろう。

（二〇〇〇年一月）

S265
## 日本の農山村をどう再生するか
保母武彦

過疎地域が蘇えるために有効なプログラムが求められている。本書は北海道下川町、島根県海士町など全国の先進的な最新事例を紹介し、具体的な知恵を伝授する。

S266
## 古武術に学ぶ身体操法
甲野善紀

桑田投手が復活した要因とは何か。「ためない、ひねらない、うねらない」、著者が提唱する身体操法は、誰もが驚く効果を発揮して各界の注目を集める。〈解説〉森田真生

S267
## 都立朝鮮人学校の日本人教師
―一九五〇―一九五五―
梶井陟

朝鮮人の子どもたちにも日本人の子どもたちと同じように学ぶ権利がある！ 冷戦下、廃校への圧力に抗して闘った貴重な記録。〈解説〉田中宏

S268
## 医学するこころ
―オスラー博士の生涯―
日野原重明

近代アメリカ医学の開拓者であり、患者の心を大切にした医師、ウィリアム・オスラー。その医の精神と人生観を範とした若き医学徒だった筆者の手になる伝記が復活。

S269
## 喪の途上にて
―大事故遺族の悲哀の研究―
野田正彰

かけがえのない人の突然の死を、遺された人はどう受け容れるのか。日航ジャンボ機墜落事故などの遺族の喪の過程をたどり、悲しみの意味を問う。

S270
## 時代を読む
―「民族」「人権」再考―
加藤周一
樋口陽一

「解釈改憲」の動きと日本の人権と民主主義の状況について、二人の碩学が西欧、アジアをふまえた複眼思考で語り合う白熱の対論。

S271
## 「日本国憲法」を読み直す
井上ひさし
樋口陽一

日本国憲法は押し付けられたもので時代にそぐわないから改正すべきか？　同年生まれで敗戦の少国民体験を共有する作家と憲法学者が熱く語り合う。

S272
## 関東大震災と中国人
―王希天事件を追跡する―
田原　洋

関東大震災の時、虐殺された日本在住中国人のリーダーで、周恩来の親友だった王希天の死の真相に迫る。政府ぐるみの隠蔽工作を明らかにするドキュメンタリー。改訂版。

S273
## NHKと政治権力
―番組改変事件当事者の証言―
永田浩三

NHK最高幹部への政治的圧力で慰安婦問題を扱った番組はどう改変されたか。プロデューサーによる渾身の証言はNHKの現在をも問う。各種資料を収録した決定版。

S274-275
## 丸山眞男座談セレクション（上・下）
丸山眞男
平石直昭編

人と語り合うことをこよなく愛した丸山眞男氏。知性と感性の響き合うこれら闊達な座談の中から十七篇を精選。類いまれな同時代史が立ち上がる。

2015. 8

# 岩波現代文庫［社会］

S276
## ひとり起つ
―私の会った反骨の人―
鎌田　慧

組織や権力にこびずに自らの道を疾走し続けた著名人二二人の挑戦。灰谷健次郎、家永三郎、戸村一作、高木仁三郎、斎藤茂男他、今も傑出した存在感を放つ人々との対話。

S277
## 民意のつくられかた
斎藤貴男

原発への支持や、道路建設、五輪招致など、国策・政策の遂行にむけ、いかに世論が誘導・操作されるかを浮彫りにした衝撃のルポ。

S278
## インドネシア・スンダ世界に暮らす
村井吉敬

激変していく直前の西ジャワ地方に生きる市井の人々の息遣いが濃厚に伝わる希有な現地調査と観察記録。一九七八年の初々しい著者デビュー作。〈解説〉後藤乾一

S279
## 老いの空白
鷲田清一

〈老い〉はほんとうに「問題」なのか？　身近な問題を哲学的に論じてきた第一線の哲学者が、超高齢化という現代社会の難問に挑む。

S280
## チェンジング・ブルー
―気候変動の謎に迫る―
大河内直彦

地球の気候はこれからどう変わるのか。謎の解明にいどむ科学者たちのドラマをスリリングに描く。講談社科学出版賞受賞作。〈解説〉成毛　眞

2015.8

S281
## ゆびさきの宇宙
福島智・盲ろうを生きて
生井久美子

盲ろう者として幾多のバリアを突破してきた東大教授・福島智の生き方に魅せられたジャーナリストが密着、その軌跡と思想を語る。

S282
## 釜ケ崎と福音
―神は貧しく小さくされた者と共に―
本田哲郎

神の選びは社会的に貧しく小さくされた者の中にこそある！　釜ケ崎の労働者たちと共に二十年を過ごした神父の、実体験に基づく独自の聖書解釈。

S283
## 考古学で現代を見る
田中琢

新発掘で本当は何が「わかった」といえるか？　考古学とナショナリズムとの危うい関係とは？　発掘の楽しさと現代とのかかわりを語るエッセイ集。〈解説〉広瀬和雄

S284
## 家事の政治学
柏木博

急速に規格化・商品化が進む近代社会の軌跡と重なる「家事労働からの解放」の夢。家庭という空間と国家、性差、貧富などとの関わりを浮き彫りにする社会論。

S285
## 河合隼雄の読書人生
―深層意識への道―
河合隼雄

臨床心理学のパイオニアの人生に影響をおよぼした本とは？　読書を通して著者が自らの人生を振り返る、自伝でもある読書ガイド。
〈解説〉河合俊雄

2015. 8

S286
## 平和は「退屈」ですか
―元ひめゆり学徒と若者たちの五〇〇日―
下嶋哲朗

沖縄戦の体験を、高校生と大学生が語り継ぐプロジェクトの試行錯誤の日々を描く。社会人となった若者たちに改めて取材した新稿を付す。

S287
## 野口体操入門
―からだからのメッセージ―
羽鳥操

「人間のからだの主体は脳でなく、体液である」という身体哲学をもとに生まれた野口体操。その理論と実践方法を多数の写真で解説。

S288
## 日本海軍はなぜ過ったか
―海軍反省会四〇〇時間の証言より―
澤地久枝
半藤一利
戸髙一成

勝算もなく、戦争へ突き進んでいったのはなぜか。「勢いに流されて――」。いま明かされる海軍トップエリートたちの生の声。肉声の証言がもたらした衝撃をめぐる白熱の議論。

S289-290
## アジア・太平洋戦争史(上・下)
―同時代人はどう見ていたか―
山中恒

いったい何が自分を軍国少年に育て上げたのか。三〇年来の疑問を抱いて、戦時下の出版物を渉猟し書き下ろした、あの戦争の通史。

S291
## 戦下のレシピ
―太平洋戦争下の食を知る―
斎藤美奈子

十五年戦争下の婦人雑誌に掲載された料理記事を通して、銃後の暮らしや戦争について知るための「読めて使える」ガイドブック。文庫版では占領期の食糧事情について付記した。